集人文社科之思　刊专业学术之声

集 刊 名：中国社会工作研究
主办单位：中国社会工作教育协会

CHINA SOCIAL WORK RESEARCH

编辑委员会

主 编 王思斌
副主编 熊跃根
编辑委员会成员（以姓氏笔画为序）：

王思斌（北京大学）　　　　刘　梦（浙江师范大学）

孙立亚（中国青年政治学院）　向德平（华中科技大学）

张和清（中山大学）　　　　陈树强（中国青年政治学院）

何雪松（华东理工大学）　　钱　宁（云南大学）

彭华民（南京大学）　　　　童　敏（厦门大学）

熊跃根（北京大学）

China Social Work Research Vol.23
The Editorial Board

Editor-in-Chief: Sibin Wang
Deputy Editor-in-Chief: Yuegen Xiong
Editorial Board Members:
　Sibin Wang (Peking University)
　Meng Liu (Zhejiang Normal University)
　Liya Sun (China Youth University of Political Studies)
　Deping Xiang (Huazhong University of Science and Technology)
　Heqing Zhang (Sun Yat-sen University)
　Shuqiang Chen (China Youth University of Political Studies)
　Xuesong He (East China University of Science and Technology)
　Ning Qian (Yunnan University)
　Huamin Peng (Nanjing University)
　Min Tong (Xiamen University)
　Yuegen Xiong (Peking University)

第二十三辑

集刊序列号：PIJ-2002-002

中国集刊网：www.jikan.com.cn/ 中国社会工作研究

集刊投约稿平台：www.iedol.cn

中文社会科学引文索引（CSSCI）来源集刊
AMI（集刊）核心集刊
集刊全文数据库（www.jikan.com.cn）收录

中国社会工作教育协会 编

中国
社会工作研究
China Social Work Research

第二十三辑

王思斌　主编

社会科学文献出版社
SOCIAL SCIENCES ACADEMIC PRESS (CHINA)

致　谢

《中国社会工作研究》的出版得到了香港凯瑟克基金会的慷慨资助，特此表示感谢。

ACKNOWLEDGEMENT

The publishing of *China Social Work Research* has been generously funded by the esteemed Keswick Foundation Ltd., Hong Kong.

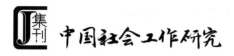中国社会工作研究

（第二十三辑）
2024年12月出版

共享繁荣与美好生活：大变革时代中国社会政策创新发展的理论思考

熊跃根　吴富兰*

摘　要　对现代社会来说，国家的繁荣与公民的富足生活是核心发展目标。自改革开放以来，中国经济快速发展对推动人民生活水平的提高产生了重大的影响。今天，中国处在一个前所未有的大变革时代，如何从发达国家的共享繁荣实践中加强政策学习，从政策教训中避免误区，并在深入总结自身的社会政策改革经验基础上探究社会政策创新发展的路径，是中国式现代化道路和共同富裕的核心问题。本文试图从经验与理论两个层面，论述中国式现代化背景下促进共同富裕与实现美好生活的社会政策创新发展的逻辑关系。

关键词　共享繁荣　美好生活　大变革　社会政策创新

一　问题的提出

在人类长久的历史长河中，经济发展与社会繁荣，是现代国家的核心目标。而现代国家实现繁荣的重要结果，则是帮助作为国家主体的公众实现美好生活的夙愿。本文的目的就是试图阐述国家繁荣与美好生活的内在联系，并结合大变革背景下发达国家的社会政策变革与作为一个转型国家的中国社会政策改革实践经验，从理论上探究中国未来社会政策的创新发展。

过去 40 多年来，作为一个发展中大国，中国通过卓有成效的经济体制

---

* 熊跃根，北京大学社会学系教授，北京大学中国社会与发展研究中心研究员，研究方向为社会政策、比较福利体制、社会工作理论；吴富兰，北京大学社会学系 2023 级博士研究生，研究方向为社会政策。

改革和对外开放政策，通过农村土地制度改革、企业经营权和产权制度革新以及社会领域的诸多改革，在促进国家总体经济社会发展和提高人民生活水平两个主要方面都取得了令人刮目相看的成就（Gao，Yang & Zhai，2019；Liu et al.，2020）。进入21世纪后，伴随2001年成功加入世界贸易组织（WTO），中国也快速进入全球化进程。全球化既是一种以资本和技术推动的经济过程，也是一种国家权力主导的政治过程。作为一种重要的政治、经济和文化力量，全球化对包括中国在内的广大发展中国家或经济转型国家，都产生了深远的影响。在国际劳工组织的积极推动下，起源于欧洲的社会保障或社会保护制度进一步扩散至全球，并构成了今天我们熟知的现代福利国家的核心。在当下，全球几乎所有国家，即使是最贫穷的国家，也都建立了某种程度的社会保障制度并实施了相应的社会政策（Schmitt et al.，2015）。20世纪80年代以来，随着新自由主义浪潮在世界范围内的兴起，"华盛顿共识"成为西方国家对发展中国家的主要政策范式，也深刻地影响了发展中国家的经济与社会政策。但与此同时，全球南方部分地区也受到反新自由主义全球化运动的影响，其社会保护政策范围日趋扩大（Harris & Scully，2015）。很显然，在过去30多年里，作为经济全球化的一个重要参与者，中国也受到这一进程的全方位的深远影响。中国不仅受益于经济全球化——提升了经济实力，提升了技术与管理水平，促进了就业并提高了居民的收入及生活水平——也深受全球化进程中不可预见的政治、经济与社会风险的影响。尤其是近十年来，全球化进程明显受到西方国家极化政治和由民粹主义引发的社会运动的双重影响，一些国家采取的贸易保护主义政策与技术出口及转让限制等措施，严重损害了全球贸易体系中的互惠、公平与公正的基本原则，破坏了全球化进程中的一般议事与问题处置的规则，严重损害了包括中国在内的广大发展中国家的利益与经济发展环境。基于此，中国应在经济与社会发展上进一步通过自主发展增强自主性，通过改革和创新来提升制度发展的潜力。在社会发展领域，在中国式现代化发展的道路上，中国社会政策创新之路有很大的探索空间。

回首过去，可以说，社会政策的兴起与创新发展由来已久。在欧洲，18~19世纪兴起的工业革命，促进了资本主义商品经济的发展和现代市场经济制度的形成。然而，在缺乏有效的法律规则和国家干预的情形下，19世纪中期至20世纪初以来的自由放任资本主义发展，一方面使工人阶级贫困化的处境未能得到改善，另一方面来自市民社会的保护性反向运动又在不断增多，嵌入社会的市场与基于强制的国家权力系统出现了裂痕，经济转型催生了社会领域的制度变革，其典型案例就是济贫法的改革导致的社会后果，引发了深远的社会变革（波兰尼，2017）。而自21世纪以来，无论是发达国家还是发展中国家，经济发展、国家能力建设与社会转型都在呼唤社会政策创新（Sherraden，Slosar，and Sherraden，2002；Mkandawire，2007）。

在一个大变革、大调整和国际风云变幻的新时代，党的二十大报告明确提出，中国式现代化发展是推进中华民族伟大复兴的核心任务和战略，也是着力解决人民日益增长的美好生活需要和不平衡不充分的发展之间的矛盾的途径。新冠疫情，在某种程度上成为全球政治、经济和社会发生重大转折的一个分水岭。疫情结束后进入了一个全新的发展时代，在实现全面建成小康社会的总体目标后，中国提出了在21世纪中期前后实现中国式现代化的目标和蓝图，这一重大的社会工程不仅是经济总量和人均收入水平要迈向一个更高的层次，而且在政治文明、经济高质量发展、社会治理和环境可持续发展等所有方面，都要实现国家能力的实质性的跃升。中国要实现具有自身特色的现代化目标，必须走共同富裕的发展道路，而共同富裕的关键在于经济发展成果的共享与社会发展责任的共担。基于此，如何在促进国家经济社会不断繁荣发展的基础上，实现人民生活水平的稳步提高，从本质上提高全体中国人民的生活质量，是中国未来发展的核心内容。时代如滔滔江水，促进人类发展的思想与行动不进则退。作为一种基于工业化早期的社会问题，用于回应贫困、失业和社会不平等的制度安排，无论是贝弗里奇式的社会保险及相关服务，还是俾斯麦的社会保险体制，到今天都无法有效回应变化的社会结构与劳动力市场带来的挑战。如果社会政策不能从现实的社会问题与社会需要出发，创造性地发展出更新的体制和制定更为符合人类发展需求的社会政策，一个国家的稳定与繁荣很可能变成昙花一现的幻象。经济学家阿马蒂亚·森曾富有预见性地提出，一个国家尤其是低收入国家的发展，增进穷人的福祉应与提高广大贫困人口的能力（教育、医疗和生活水平）紧密联系在一起，是国家发展过程中"能动性"和促进社会平等的关键所在（森，2008：42～47）。作为20世纪非常有影响力的经济学家之一，凯恩斯曾批判性地指出，与既得利益的侵蚀所造成的影响相比，思想对人们的影响远远被低估了（凯恩斯，1999：397）。一个国家或地区的繁荣发展与富强，本质上在于制度变迁。新制度主义经济学创始人道格拉斯·诺思明确指出，作为"社会的游戏规则"，包括正式和非正式制度的存在价值就是促使经济发展过程中交易成本不断减少，进而实现社会环境与经济发展的均衡（诺思，1992）。美国经济史学家乔尔·莫克尔在书中开篇就提出，在欧洲工业化漫长的历史进程中，经济变化在很大程度上取决于人们相信什么（莫克尔，2020：1）。在一个变迁的时代背景下，在一个较长的时期内，国家的稳定繁荣与发展，制度的形成与影响是关键因素，2024年诺贝尔经济学奖三位获得者的研究成果，进一步回应并深化了诺思早期的观点（Acemoglu and Robinson，2012；Acemoglu and Johnson，2023）。

在现代社会，国家的繁荣，是人民大众实现美好生活的前提和保证。同时，从更广泛的层面来看，一个国家的财富积累与分配，尤其是经济政策与社会政策的实践，在很大程度上决定了国家与个人的命运。作为促进经济与社会发展的一种核心手段，社会政策的重要目标之一，就是通过加强社会保护提升低收入阶层的基本生活水平，同时通过普惠的社会服务提高全体公民的生活质量，并试图以多方参与的社会治理模式来回应有需要的社会群体的利益诉求，建构一种和谐有序的国际-社会关系。从这个意义上说，国家治理的本质就是一种社会治理，而社会治理必须通过社会政策的实施来完成，因此，社会政策在任何时候，都不仅仅表现为一项社会工程，更是一项政治工程。本文论述的宗旨就是从理论上探究，社会政策与中国实现共同富裕与人民美好生活的内在联系，具体研究问题主要包括以下几方面。第一，从政策学习的视角来看，发达国家共享繁荣的体制和社会政策实践对当下中国有何意义。第二，作为一项核心的社会福利制度，中国的社会救助政策在大变革背景下的主要历程与实践经验是什么。深入理解这一点，是进一步深入理解中国制度和中国道路的基础。第三，从理论上如何实现中国式现代化背景下促进共同富裕与美好生活实现的社会政策创新发展。

现代国家的发展目标的核心在于制度发展，而制度发展离不开福利体制的构建与社会政策的发展。因此，中国式现代化发展与目标的实现，不仅仅是经济目标的实现，更是社会制度的本质超越，实现建设一个持久稳定、和平与繁荣的国家，确保公众生活在普遍实现基本生活需要的前提下，自由和有效地参与社会政治生活，最终实现作为公民个人的幸福与国家繁荣发展的命运紧密联系在一起。

二　发达国家福利体制背景下共享繁荣与社会政策的变革及发展：域外经验与教训

福利国家是二战结束后福利资本主义发展的一个普遍产物，也是工业化发达国家的一种相似的制度安排。从 20 世纪中期到 20 世纪 70 年代，福利国家体制经历了快速发展的黄金岁月，自 20 世纪 80 年代起开始进入危机与改革并存的时代。而全球化作为一个新的发展进程，对福利国家体制产生了诸多影响。福利国家与全球化能否共存，长期以来是一个颇具争议性的问题（Brady，Seeleib-Kaiser，and Beckfield，2005；Nooruddin and Simmons，2009；Kauder and Potrafke，2015）。在实践中，对诸多发达国家而言，全球化时代福利国家体制如何保持可持续发展，尤其是高水平的福利国家如何与经济发展相协调，对诸多发达福利国家来说，无疑是一个现实的和根本性的挑战。对参与全球化进程的国家而言，全球化本身既带来机遇，也带来一定的挑战，机遇是更加开放的市场、技术和广泛存在的国际合作，而挑战意味着国际劳动者工资标准、社会保障制度规则无疑对一国的社会政策与制度安排产生了很多制约。面对诸多的挑战与内部风险，发达福利国家试图通过采取强化社会投资的策略来增强其经济发展效能，同时提升劳动力市场的绩效，摆脱福利国家在发展过程中面临的制度困境和政治障碍（Yeates，2002；Ferrera，2009）。

1. 人力资本投资

2008 年美国爆发次贷危机，随后欧洲尤其是欧元区面临金融和债务危机，全球资本主义正逐步陷入一种系统性的危机与调整阶段，并由此带来了各种社会运动与后果，包括从"占领华尔街"运动到全球结构性失业与贫穷风险不断增加。这个危机的具体表现为：自20世纪80年代以来，劳动收入占国民生产总值的比例降低、中产阶层薪资所得长期停滞、制造业劳动者工作机会减少、通货膨胀造成薪资所得者痛苦指数上升、劳动市场弹性化造成就业不稳定。第二次世界大战后，民主与资本主义两个原本矛盾的元素透过福利国家的安排取得了既难得又巧妙的结合，不过，这个巧妙的结合在90年代后被强调市场化与私有化的新自由主义逐渐瓦解。现在，发达国家正在品尝这个瓦解后的苦果。随着全球化进程的发展，尤其是伴随亚洲金融危机、美国次贷危机与欧洲金融危机的出现，不少国家出现了规模性的青年人失业、社会不平等（收入差距）扩大。同时，人口转变进程不断加快，老龄化加深，出生率过低，出现了劳动力市场供给不足，经济波动导致政府财政紧缩等一系列问题，传统的福利国家理论与政策应对机制已经无法面对新的社会风险。作为一种新的发展策略，90年代自新自由主义背景下英美福利改革开始，增强福利接受者的能动性和建立社会投资型福利成为世界先进福利国家福利改革的一种主流范式和政策实践（Midgley，1999；Smyth and Deeming，2016；房莉杰，2019；Bakker and Van Vliet，2022）。

社会投资（social investment）理念重视对人力资本和经济资本的投资，初期教育与就业方面的社会政策受到重视，旨在增强人们当前和未来的能力，以便更好地开展社会经济活动，以市场的手段促进生活质量的提升，但是近期逐渐重视社会组织、社会企业及直接了解民众的需求更甚于填写申请表。因此，社会投资被用于因应日益严重的青年失业、不稳定就业、单亲议题、家庭与工作难以兼顾等各种新的风险；希望能将传统的福利支出重点（例如，过去仅是单纯给予失业者救济金的被动性思维）转变成能帮助失业者面向未来发展的人力资本投资；以创造、动员、保障工作者能力、就业技能等作为劳动政策的积极目标。社会投资理念倡导必须从过去修补（repair）的福利制度转为准备（prepare）的福利制度，将消费性的福利制度转为生产性的福利制度，强调投入人力资本，形成积极劳动力市场（Active Labor Market，ALM）的推动力。近二十多年来，主要的欧洲国家如德国、法国、荷兰等，着力加大人力资本的投资力度，较多聚焦儿童早期教育和照顾（Early Child Education and Care，ECEC）、工作与家庭平衡政策、积极就业市场政策（Active Labor Market Policies，ALMPs），国家财政在劳动力市场、家庭照顾等领域进行更多的投入，并重视培训当前市场所需要的认知技能和社会行为技能，以便因应快速变迁的社会对于人力照顾的需求。特别是在经历了 2008 年的金融危机和福利永久紧缩之后，社会投资变成一个政府敢于花大钱的政策项目。

失业是全球范围内令人极为关注的一大社会问题，失业人员的增加无疑也是人力资本的一种浪费。许多欧洲国家目前一方面面临长期居高不下的失业率，另一方面面临一种前所未有的、在某些情况下可以说是灾难性的青年失业率。自 2020 年起，在全球新冠疫情和新技术快速发展的双重压力下，这一长期性的结构问题更加恶化，全球劳动力市场受到前所未有的挑战。全球范围内，失业人数由 2000 年的 1.61 亿人增加至 2019 年的 1.87 亿人，2023 年已超 2 亿人（ILO，2001、2021、2023）。疫情导致就业波动，而技术的快速进步早已开始淘汰部分劳动力，新冠疫情对人力资本和未来生产力造成的创伤如得不到果断医治，就有可能成为永久性创伤。这意味着各国不仅需要建立强大的就业市场，而且应鼓励就业者学习新的技能，以便日后寻找新的工作岗位。在此背景下，发达国家将政策调整的目标定位为提高就业市场的效率，进一步激活生产性资源，尤其是强调对人力资本的充分利用，相应的政策改革领域涵盖教育、技术培训、资质审查，以及就业制度等诸多方面。总体而言，发达国家人力投资的政策改革主要体现在以下六个方面：第一，政府积极拓展技能认证的取得途径，如新西兰政府认可除学历以外的技能认证；第二，开展职业定向培训；第三，政府牵线搭桥，帮助失业者寻找工作，尤其是建设网络人才平台；第四，新定义灵活就业，如美国联邦政府出台的"抗疫失业救助"将司机、技术合同工、家政清洁工等原本无法获得失业补助的岗位的人员纳入救助范围之中；第五，增设相关基础设施，提高就业群体适应性，如英国"千兆位"的基础设施项目和美国涵盖 650 亿元的宽带拓宽计划；第六，推动高等教育迈向终身教育，如新加坡国立大学积极为校友提供在职学历、模块化证书课程、管理人才发展等继续教育项目。后疫情时代，由于经济结构和数字转型加速，对技能培训、再培训和技能升级的需求更加强烈，尤其是在受影响较严重的行业。主要发达国家均在采取综合措施（包括财政复苏措施、积极和消极的劳动力市场政策和社会保护）以应对全球危机对个体生活和劳动机会的影响，促进终身学习和全民优质教育，以及技能再培训和技能升级。

在过去的20多年里，发达国家将社会投资当作一个基本的概念框架，广泛用于经济发展与社会政策，在福祉改善与政策回报上产生了相应的效果（Hemerijck, Ronchi, & Plavgo, 2023）。尽管如此，研究者提出作为一种主导的政策范式，尤其是从保护脆弱人群利益的角度出发，社会投资战略依然存在明显的缺点，决策者应充分认识到上述政策在实践中的张力与冲突（Cantillon and Van Lancker, 2013）。

2. 退休年龄延长

养老金改革无疑是21世纪较大的挑战之一（Ebbinghaus and Möhring, 2022）。自20世纪70年代中后期开始，发达国家相继面临日益严峻的人口老龄化与少子化、财政可持续性危机、全球性挑战等难题，现收现付制公共养老金制度压力重重，劳动力短缺和养老金给付压力增大成为一个显著的社会问题。这也促使经合组织（OECD）国家积极探索应对策略，在20世纪90年代掀起了一波养老金改革浪潮，各国在过去的三十年间进行了多次改革并持续至今。其中，在人均预期寿命和健康水平提高的有利条件下，延长法定退休年龄因兼具有效减支和增收的双重功能受到决策者的青睐，成为越来越多国家的政策选择（Larsen and Pedersen, 2017；Komp, 2018），并在世界范围内得到全面推广。

从政策实践层面，发达国家延长法定退休年龄实际上包含了两层含义：一是延迟退休年龄，其主要目的是延长老年人工作的时间，在老龄化背景下促进劳动力的有效供给；二是延迟领取退休金年龄，其目的是推迟老年人领取养老金的时间，保障养老保险体系的可持续性。根据经合组织（OECD）发布的《2023年养老金概览报告》，近年来，发达国家加快了延迟退休政策的步伐。具体来看，美国自2003年开始分两个阶段延长退休年龄，2003年至2009年为第一阶段，2021年至2027年为第二阶段，两个阶段内每年延长退休年龄两个月，2027年男女退休年龄将延长至67岁；德国法定退休年龄自2012年开始以月为单位逐年递增，2029年将提高至67岁；英国政府2022年10月表态考虑最快将于2035年把领取国家养老金的年龄提高到68岁；法国政府2023年1月公布退休制度改革方案，计划2030年前将法定退休年龄从目前的 62 岁逐步提高至 64 岁，并承诺将提高最低养老金标准，且同时规定自 2027 年起，退休人员只有在缴纳社会分摊金累计达到 43 年的情况下，方可领取全额养老金；瑞典政府自 2023 年 1 月 1 日起实施退休制度改革，内容包括提高缴费养老金的最低退休年龄，提高非缴费养老金和补充福利的退休年龄，以及提高就业保护的终止年龄（OECD，2023a）。总体而言，《2023 年养老金概览报告》显示，截至 2023 年底，在 38 个经合组织（OECD）成员国中，已有 23 个国家提高了法定退休年龄，经合组织（OECD）国家目前正常退休年龄的范围在 62 岁至 67 岁之间。根据已经立法的措施，经合组织（OECD）国家在 2022 年进入劳动力市场的男性的平均正常退休年龄将增加两年，达到 66.3 岁（OECD，2023a）。

　　综合发达国家的改革经验，各国的延迟退休基本上采用循序渐进的政策节奏。从政策研究、政策出台到政策实施，均设置了较长过渡期，以尽量减少改革对于劳动力市场、经济增长、养老金收支等方面造成的冲击，更易于使民众接受。除规定法定退休年龄外，各国普遍规定弹性退休年龄区间，设定提前退休年龄及延迟退休年龄，形成退休年龄窗口期。在弹性自愿原则的基础上，为了抑制提前退休、鼓励延迟退休，特别是充分挖掘低龄老年群体劳动潜力，各国同时建立了提前退休的惩罚和延迟退休的奖励机制①，即"早减晚增"且"增多减少"的弹性养老金计发办法，将退休年龄与养老金待遇高度挂钩（彭希哲、宋靓珺，2021）。例如，日本的弹性退休政策规定，法定退休年龄为 64 周岁，最低退休年龄为 60 周岁，最晚退休年龄为 75 周岁，未达到法定退休年龄自愿退休者每提前一年养老金减发 6%，相反，每延迟一年退休养老金增发 8.4%。

表 1　部分 OECD 及 G20 国家弹性退休相关政策规定（截至 2024 年）

国家	提前退休		法定退休	延迟退休		退休资格条件
	最低退休年龄（岁）	养老金扣除（%）	法定退休年龄（岁）	最晚退休年龄（岁）	养老金奖励（%）	
美国	62	5~6.7	66.83	70	8.0	最低缴费年限满 10 年
英国	57	—	66	67	5.8	最低缴费年限满 35 年

---

①　法定退休年龄，即劳动者正常情况下领取全额养老金的退休年龄；最早退休年龄，即劳动者可以领取养老金的最低年龄；最晚退休年龄，即劳动者开始领取养老金的最晚年龄。

续表

国家	提前退休		法定退休	延迟退休		退休资格条件
	最低退休年龄（岁）	养老金扣除（%）	法定退休年龄（岁）	最晚退休年龄（岁）	养老金奖励（%）	
德国	63	3.6	66	67	6.0	最低缴费年限满35年且每月工作收入不超过525欧元
法国	55	5.0	62.25	66	5.0	工作年限满43年
日本	60	6.0	64	75	8.4	最低缴费年限满10年
韩国	57	6.0	60	65	7.2	最低缴费年限满10年

资料来源：OECD，2023a。

近年来，法国政府启动的退休制度改革在政坛和社会发酵。养老金改革消息一经放出，立马引发了全法国的社会风暴。工会罢工，骚乱不断，如何平衡经济的可持续发展和个人福祉，成为激烈辩论的社会议题。事实上，延迟退休年龄政策实施顺利的国家，在延迟退休年龄政策的设计与实施中尤为重视同步出台一系列配套性政策，采取综合行动，以着力避免延迟退休改革带来的不利影响，减少社会不满和改革阻力。一方面，这些国家重视构建支持老龄人力资本开发的普通教育和职业教育体系、再就业技能培训体系，以及老年创业咨询与服务体系，不断提升老龄人口在劳动力市场上的竞争力；另一方面，在法律法规的层面上不断完善老年劳动者的权益保障制度，破除老龄人口参与劳动力市场的障碍和潜在风险，并为延迟退休专门出台相应的激励性政策。

作为养老金制度改革的先驱，经合组织（OECD）国家的延迟退休改革经过多年发展，老年劳动者的劳动力参与率取得了令人瞩目的进展。2023年第二季度，经合组织（OECD）成员国55~64岁劳动者的就业率达到了创纪录的64%，比十年前高出近8个百分点。此外，38个经合组织（OECD）成员国的养老金资产规模在2022年底总计达到所有成员国国内生产总值（GDP）总和的87%。其中，丹麦、冰岛、加拿大、瑞士、荷兰等七国的养老金资产已超过本国国内生产总值。作为一种减轻养老保障压力的举措，延迟退休年龄虽然在短时期内可以减缓政府财政支出压力与缓和劳动力市场供给不足状况，但是不可否认的是，这一政策改革在不同欧洲国家依然遭遇不同程度的挑战，也给未来进一步的政策完善埋下了伏笔（Hinrichs，

2021）。此外，养老金待遇获得、养老保险缴费时间、延迟工作的伤害与风险等各种因素将对不同就业群体产生不同的压力与影响，政府决策者还需妥善平衡延迟退休政策的收益与决策带来的负面影响。

3. 税制改革

社会政策的实施在很大程度上依赖政府的收入和财政能力，而税收与社会政策息息相关（Collins，Ruane，& Sinfield，2020）。对福利国家而言，税收改革具有两面性：一方面，减税政策通常有利于刺激经济增长和增加居民收入；另一方面，减税也会减少政府财政收入并增加财政赤字。而增加税收（尤其是所得税）的措施，虽然有利于增加政府收入、改善公共社会服务，但是会削弱投资的动力、使居民当前收入减少并由此可能引起公众的不满。如何平衡税收政策与经济发展和保持居民或家庭的生活水平是一个核心议题，对政府的社会政策也是一个考验。自 2008 年金融危机以来，欧洲各国普遍采取了税收改革的措施，以保证商业景气和确保个人或家庭生活水平不至于降低。近年来，在逆全球化和民粹主义思潮的背景下，欧洲福利国家在刺激经济发展和改革税制方面面临多重挑战，而人口老龄化和移民问题又在一定程度上加重了公共社会开支的税收负担（Prammer，2019；Rouzet et al.，2019）。

自 2016 年起，经合组织（OECD）连续九年发布《税收政策改革：OECD 成员国及部分伙伴经济体》年度报告，持续跟踪并比较成员国及部分伙伴经济体的税收收入和结构的最新趋势、税收改革的最新动态。历年报告表明，个人所得税税率下降一直是各国改革的趋势之一，2019 年全球暴发的新冠疫情对经济与社会的强烈冲击更是加速了各国的税制改革步伐。2024 年 9 月，经合组织（OECD）发布 2024 年年度报告，分析了包括所有经合组织成员国在内的 90 个国家和地区近年来的宏观经济状况与税收改革情况。该报告显示，2023~2024 年，主要国家和地区面对不确定的宏观经济前景和持续的结构性挑战，立足于筹集额外的国内资源，同时延长或加强税收减免，将减轻民生负担与刺激经济增长的改革目标并重（OECD，2024）。就具体的政策举措而言，大部分国家的改革集中于以下两方面：一方面，政府进一步保护和扩大国内税基，实施了提高税率或逐步取消现有的税收减免政策；另一方面，改革还保持或扩大了对家庭的个人所得税减免、临时增值税减免或削减与环境相关的消费税。其中，个人所得税削减仍然是支持经济复苏和保障家庭收入的关键工具之一。虽然提高个人所得税免税额度的核心目的在于应对通货膨胀，但一些高收入国家和中等收入国家的免税额度增幅超过了通货膨胀率，因此有效减轻了中低收入家庭的税收负担，帮助他们应对不断上涨的生活成本。

从全球范围来看，各国个人所得税改革总体上侧重于支持低收入和中等收入家庭，缩窄税基措施的数量继续大大超过拓宽税基措施的数量（OECD，2023b、2024）。不过，值得注意的是，进入2023年以来，随着全球通货膨胀的消退和劳动力市场的复苏，针对新冠疫情及随后的高通货膨胀率而出现的减税改革趋势，正显露出逐渐减缓或开始逆转的迹象。在大多数税种中，减税和缩窄税基的措施相对减少，而增税和拓宽税基的举措增多。这一变化突出表现在，各国扩大社会保障税基和提高社会保障税率的趋势日益增强，企业所得税税率削减的趋势则日渐消退。这一新趋势表明，在后疫情时代，大部分国家的税收政策改革逐渐着眼于人口老龄化、医疗成本上升、社会保障需求急剧增加、气候变化的重大威胁等长期的结构性问题，不断推动建立更具韧性和包容性的税收制度。同样，持续的全球不确定性也使一些政策制定者在突发性情境中对税收减免或过快提高税率等举措保持谨慎态度，取而代之的是不断动态调整税收政策。这也意味着，面对内外部的不确定性和不稳定性，一个国家和地区的税收制度需要兼具可持续性和灵活性，既能有效支持个人与家庭渡过危急时刻，又能助推经济复苏和发展，并更好地应对未来的挑战。就学术研究而言，未来如何深入认识福利国家的税收改革与再分配效果，对理解社会政策在变革时代的创新具有重要意义（FitzRoy and Jin，2021）。

三 大变革背景下中国社会政策的稳健发展：以社会救助为例

对任何现代国家而言，社会安全网的建立是国家持续稳定与繁荣的制度基础。改革开放以来，中国在社会领域的一个重要成就，就是建立了基本的社会保障制度，同时普遍建立了发挥社会稳定器作用的社会救助制度（其核心是城乡最低生活保障制度）。中国自2015年下半年以来开始实施的脱贫攻坚计划，在很大程度上也是通过精准扶贫的具体帮扶政策和常规的社会救助制度，来带动数以千万的贫困人口脱贫，从而实现全面建成小康社会的重要目标，从第十三个"五年计划"（2016~2020年）时期开始，中国迈向进一步努力实现乡村振兴与共同富裕的新征程。

自20世纪90年代中期以来，中国加快了市场经济改革的步伐，国有企业改制进程不断推进。为适应新时期经济发展的目标，中国政府采取渐进主义的改革步骤，通过发达地区的改革试点，逐步解决与国有企业下岗与失业问题相关的职工生活保障问题，以确保改革进程平稳，同时维护正常的社会秩序。1993年上海市率先进行最低生活保障制度的试点探索，1999年全国开始在城镇推广覆盖所有城镇居民的最低生活保障制度，建立了一个覆盖所有城镇居民的社会安全网，保障了城镇贫困和低收入家庭的基本生活需要，对稳定社会秩序和安抚困难群众发挥了举足轻重的作用。基于此，2007年国务院下发《关于在全国建立农村最低生活保障制度的通知》，要求将符合条件的农村贫困人口全部纳入保障范围，稳定、持久、有效地解决全国农村贫困人口的温饱问题，确保农村困难群众的基本生活需要得到满足。鉴于城镇与农村低保都已经达到全面覆盖，中国通过《国务院关于进一步加强和改进最低生活保障工作的意见》等中央政令，对低保开展系统性整顿，推动最低生活保障制度从残补型向普惠型的方向转变。经过约30年的发展，最低生活保障制度已趋于稳定，并进入相对成熟的阶段，主要表现为规章制度日渐完备、运行机制不断健全、社会效益日益凸显（韩克庆，2015；杨立雄，2024）。作为社会保障制度的"最后一道安全网"，最低生活保障制度是我国覆盖人数最多、最重要的社会救助制度，在保障城乡困难群众基本生活水平上发挥着重要的兜底作用，已成为中国特色社会保障的基础性制度之一。

统计数据显示，中国最低生活保障领取人数，从2007年的5838.4万人，增长到2011年的最大值7582.5万人，之后开始呈现持续下降趋势。从图1可以直观地看出，城乡低保制度全面建立之初，在"应保尽保"等政策方针的引导下，制度覆盖率呈逐年增长趋势，并一度超过5%，经过一段调整期后开始持续下降。即使是在新冠疫情大流行与国际局势动荡导致低收入家庭受到严重冲击、中等收入群体就业不稳定性加剧的背景下，全国低保覆盖率仍从 2019 年底的 3.06% 下降至 2022 年底的 2.86%。大体来看，2018 年以来最低生活保障领取人数稳定在 4000 万～5000 万人，这也意味着低保制度应对城乡贫困的阶段性目标初步达成。

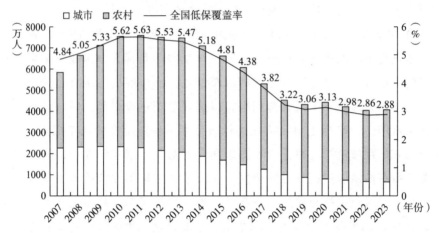

图 1　2007 年至 2023 年城乡最低生活保障领取人数及覆盖率

说明：全国低保覆盖率由城乡低保领取人数除以全国总人口数算得。

资料来源：国家统计局门户网站年度数据。

不过，最低生活保障规模和覆盖率呈现持续下降趋势的现象仍引起了学界的高度关注。回顾现有研究文献，关于该现象的解释有以下两种观点在学界较为凸显：第一种认为是由社会救助制度的结构所导致，包括央地社会救助责任分工不当（杨立雄，2021）、社会救助受益水平降低或社会救助标准设置过低（戴建兵、曹艳春，2012；王宁等，2016；姚建平，2021）；第二种认为是由政策执行趋严和执行偏差所致，包括强化监管责任和问责制度所导致的政策执行趋于刚性化（关信平，2019），以及在反腐压力渐次加大下低保规范管理、动态管理不断强化（岳经纶、胡项连，2018）等。综合上述两种观点，我国低保受助对象持续减少是制度结构和制度环境共同作用的结果（杨立雄、杨兰，2022）。一方面，低保救助政策的发展仍滞后于我国贫困形式所发生的变化，建立在绝对贫困基础上的低保制度未能有效捕捉和满足相对贫困下的中低收入人群的救助需求；另一方面，尽管中央明确提出推动低保提标扩围要求且中央财政持续增加救助资金投入，但基层政策执行者面对执行成本增加、执行资源与能力不足、执行风险攀升的多重压力，往往倾向于"积极清退与消极纳保"（王强，2023），从而进一步加剧了低保受助对象人数逐渐减少。

自党的十八大以来，中国特色社会主义进入新时代，如期完成脱贫攻坚目标任务，实现了全面建成小康社会的目标。党的十九届五中全会提出了"全体人民共同富裕取得更为明显的实质性进展"的远景目标，要求"扎实推动共同富裕"。在深化供给侧结构性改革和加快建设创新型国家等宏观经济社会背景以及社会主要矛盾发生变化的前提下，低保制度也面临着发展方向的新选择。着眼于未来经济社会发展的新形势，我国低保救助政策也进行了重新定位，从原来为经济体制改革而配套及为脱贫攻坚而兜底转向为实现共同富裕而分配。这意味着其在新发展阶段的重点任务是深化城乡统筹，加快实现城乡低保一体化发展，推动形成解决相对贫困问题的长效机制，使发展成果更多惠及全体人民。因此，进入新时代，中国针对最低生活保障制度的改革集中表现在加快推动低保制度城乡统筹和强化分层分类社会救助两个方面。

1. 推动低保制度城乡统筹

在最低生活保障制度建立之初，全国各地保障标准较低。随着经济社会发展以及国家对困难群众兜底保障工作的日益重视，保障标准不断根据当地生活必需品价格变化和居民生活水平提高而适时动态提高。但是，由于城乡低保制度发展缘起的历史背景各异，制度运行长期以来相互分离，且城乡经济形态、收入水平、消费水平和社会治理等多个方面都存在较大差距，城乡低保在审核认定、保障范围、保障标准、资金筹集管理与发放、服务管理等不同环节长期处于二元状态。低保制度的城乡分割，是我国长期以来城乡二元结构的缩影。城乡融合发展需要加快完善城乡一体发展的社会保障制度，把最低生活保障作为我国一项保民生、托底线、事关困难群众衣食冷暖的基础性社会救助制度，推动实现城乡统筹已迫在眉睫。

2011年，民政部、国家发改委、财政部、国家统计局等部委联合下发了《关于进一步规范城乡居民最低生活保障标准制定和调整工作的指导意见》，强调各地在制定、调整城乡最低生活保障标准时，可以采用消费支出比例法、恩格尔系数法或基本生活费用支出法。尽管这一文件明确在政策层面统一了计算方法，但低保调整时间、调整幅度、调整程序等具体操作细节仍由各地自行确定。2012 年《国务院关于进一步加强和改进最低生活保障工作的意见》提出，省级政府要研究制定本行政区域内相对统一的区域低保标准，逐步缩小城乡差距、区域差距。2014 年施行的《社会救助暂行办法》规定，最低生活保障标准由省、自治区、直辖市或者设区的市级人民政府按照当地居民生活必需的费用确定、公布并适时调整，文件中未再提及城乡区别。2014 年《国务院关于进一步推进户籍制度改革的意见》的出台，标志着我国户籍制度的系统性、根本性变革，为消除城乡社会救助体系整合的制度障碍提供了新的契机，也加快了统筹城乡社会救助体系的步伐。

自党的十九大确定了"统筹城乡社会救助体系，完善最低生活保障制度"的目标，"统筹完善"成为我国近年来社会救助制度改革发展的基本思路，全国范围的低保城乡一体化进程也明显加快。2020 年，中共中央办公厅、国务院办公厅印发的《关于改革完善社会救助制度的意见》再次提出，要推进社会救助制度城乡统筹，加快实现城乡救助服务均等化，加大农村社会救助投入，逐步缩小城乡差距，并对低保对象的审核确认提出了新的要求。作为对中央政策和文件精神的回应，2021 年民政部印发《最低生活保障审核确认办法》时，删除了有关城市低保、农村低保的概念，所有规定不再区分城乡，而是统一规范为"最低生活保障"。虽然删除"城市低保"概念和"农村低保"概念并不等于完全弥合了两者的差异，但是这种统一规范依然富有现实意义，因为上述政策变革为低保城乡统筹规范化发展提供了制度支撑，是推动统筹城乡低保制度整合的重要一步。除了审核确认办法取消城乡差别外，政府部门逐步在实践中打破低保申请的户籍限制，这一举措则是另一项加快推进低保制度城乡统筹的重要步骤。在《最低生活保障审核确认办法》颁布之前，户籍是认定低保对象的基本条件。由于各地发展不均衡，不同地区的低保标准、审核认定程序存在差异，户籍的限定因素不仅增加了低保申请难度，也可能使低保对象获得的低保救助无法满足居住地的最低生活需要。而最新的低保审核确认办法明确规定，可以由户籍地和常住地一致的成员向其户籍地申请低保，如果所有成员的户籍地都和常住地不一致，则可以向家庭中任意一名成员的户籍地申请低保，低保资格确认和资金发放由受理地负责。随着取消户籍城乡二元制、以经常居住地登记户口等户籍制度改革的推进，附着在户籍之上因身份差别、地域差别而来的差别待遇都将逐渐得到改变。

着力破解低保标准城乡二元、区域差异带来的"救助不平衡、不充分"难题，建设更加公平、可持续的社会救助制度，是实现共同富裕的必然要求。目前，我国城乡低保在制度体系、申请与审核确认程序、日常管理等方面，已经基本实现城乡统一。不过，由于低保仍是由各级地方政府负责、并非全国统一标准，依然存在地方和城乡差异。在公平待遇层面，目前全国大多数省份的城乡低保保障标准仍存在较大差距，但有些省份相继实现了低保标准统一，且城市低保和农村低保资金支出水平也逐步缩小，城乡低保制度一体化发展已初见成效。例如，北京、上海、南京、杭州、长沙在2015年已全部实现城乡低保标准一体化，浙江、江苏、福建等发达省份更是通过积极推动县域整合、市级类型区统筹、省级一体化三个阶段逐步实现最低生活保障制度城乡一体化的整合。2018年7月，浙江省宣布率先在全国全面实现县（市、区）域范围内低保标准城乡一体化，并在2022年12月宣布全省全面实现了11个设区市低保标准市域同标，且地区差距不断缩小，各市低保标准均已实现每人每月超过1000元①；2020年7月，江苏省宣布全省13个设区市全部完成了新一轮低保标准提标工作，各地全面实现了以设区市为单位的城乡低保标准一体化②。与此同时，一些欠发达地区也积极行动，如贵州省在2022年4月已推动实现城乡低保标准一体化覆盖贵阳市10个区（市、县）和贵安新区③。

2. 强化分层分类社会救助

在全面建成小康社会以后，我国兜底保障所面临的形势发生了明显变化。贫困形态转变、新冠疫情、社会流动常态化等重大冲击对社会救助体系提出了严峻挑战，兜底需求从基本保障向社会服务延伸。因此，兜底需求从基本保障向社会服务延伸，社会救助体系的目标亟须改变，要从解决

① 《浙江率先实现低保市域同标 11个设区市低保标准首次全部突破每月1000元》，《浙江日报》，2022年12月2日，http://zjrb.zjol.com.cn/html/2022-12/02/content_3607554.htm?div=-1。
② 《江苏新一轮"低保"提标完成，两市首"破千"》，新华报业网，2020年7月30日，http://jres2023.xhby.net/js/jj/202007/t20200730_6750399.shtml。
③ 《贵阳贵安在全省率先实现城乡低保标准一体化》，《贵州日报》，2022年5月3日，https://www.gywb.cn/pages/web/2022/05/03/8d518347ab25457987eeca0ea95011b7.html。

绝对贫困的制度安排转变为相对贫困治理的有效工具，要通过高质量社会救助体系建设使之成为低收入群体生活品质和福祉水平的重要手段（张浩森，2024）。

在迈向全面建设社会主义现代化国家新征程的背景下，国家高度重视社会救助体系的完善。党的十九届五中全会立足于满足人民群众对美好生活的更高期待，提出了"健全分层分类的社会救助体系"的具体目标。由此，健全分层分类的社会救助体系，成为新时代社会救助制度发展的重要方向（韩克庆等，2022），一系列相关文件陆续出台。其中，《关于改革完善社会救助制度的意见》明确了建立健全分层分类社会救助体系的重点任务，要求"用2年左右时间，健全分层分类、城乡统筹的中国特色社会救助体系，在制度更加成熟更加定型上取得明显成效"，强调构建综合救助格局、打造多层次救助体系、创新社会救助方式及促进城乡统筹发展。

分层分类社会救助体系要求针对不同类型的困难家庭和人员提供有针对性的、差异化的救助帮扶，目的是形成分层次的梯度救助格局。2023年10月，为了加大低收入人口救助帮扶力度，进一步织密扎牢民生兜底保障安全网，国务院办公厅转发民政部等单位《关于加强低收入人口动态监测做好分层分类社会救助工作的意见》，该文件细化规范了对象分层、内容分类、动态监测、综合救助的机制，明确了低收入人口范围，要求各地民政部门在强化监测预警的基础上，会同相关部门做好基本生活救助、专项救助、急难救助等工作。为落实这一部署，各级民政部门牵头，重点围绕健全城乡低收入人口动态监测和防止返贫监测融合机制、按需定策为特殊困难群体提供服务类社会救助等领域积极探索和实践。

根据民政部举行的2024年第二季度例行新闻发布会，截至2024年5月，全国已有19个省份出台配套文件或落实措施，全国低收入人口动态监测平台监测对象达到8015万人。[①] 这些低收入人口根据困难程度分为低保对象、特困人员、防止返贫监测对象、低保边缘家庭成员、刚性支出困难家庭成员及其他困难人员。过去，最低生活保障制度可能导致低保对象"福利叠加效应"和贫困边缘群体"福利悬崖效应"（郭忠兴，2023），影

[①] 《民政部：全国低收入人口动态监测平台监测对象超8千万人》，央视网，2024年5月10日，https://news.cnr.cn/native/gd/20240510/t20240510_526700070.shtml。

响了社会救助效能。而分层分类社会救助体系建设是为了构建一个机会均等化、力度梯度化的社会救助格局，实现社会救助从"悬崖"到"缓坡"的转变，进而实现救助的公平、精准和高效，助力低收入群体实现共同富裕（张浩淼、谭洪，2023）。在低收入人口动态监测平台的信息支持下，相关职能部门能够充分了解掌握低收入人口的多样化需求，继而按照困难的程度、类型和救助的内容，有效整合各类救助资源，分层分类提供相应的常态化救助帮扶，包括最低生活保障、特困人员救助供养以及医疗救助、教育救助、住房救助、就业救助、受灾人员救助等专项救助。毫无疑问，这将使救助帮扶措施更具针对性、精准性，使救助范围进一步扩大，推动系统地建立起多层次低收入人口常态化帮扶政策体系，让兜底保障安全网扎得更密实更牢靠（林闽钢，2023、2024）。截至 2023 年 10 月底，全国保障低保对象 4024 万人，保障特困人员 471 万人，实施临时救助 544 万人次，全年救助流浪乞讨人员等各类临时遇困群众 70.6 万人次。[1] 2023 年，全国纳入监测范围农村低收入人口参保率稳定在 99% 以上。各项医保综合帮扶政策惠及农村低收入人口就医 1.86 亿人次，减轻农村低收入人口医疗费用负担达 1883.5 亿元。[2]

党的二十大报告鲜明地指出，中国式现代化是全体人民共同富裕的现代化。共同富裕是中国特色社会主义的本质要求，既是一个长期的历史过程，也是一项重要的实践议题。因此，"共同富裕"可以视为一种新的、正在形成中的政策范式，致力于将"个体贫困"转变为一个公共政策议题，继而不断引入新的解决思路与政策工具以回应收入和财富分配问题（王春光、单丽卿，2023）。毫无疑问，在迈向共同富裕的征途中，促进低收入群体的收入增加和生活质量的提高，是促进共同富裕的重点目标与任务，而稳步扩大中等收入群体的规模和提高其收入水平是实现共同富裕的关键。面向共同富裕，我国仍需进一步完善发展型、适应性和可持续的社会保障制度（杨穗、赵小漫，2022），突出社会保障维护社会公平和促进共享发展

---

[1]　《砥砺奋进，为推进中国式现代化贡献民政力量——2023 年民政事业高质量发展综述》，《中国社会报》，2024 年 1 月 14 日，https://www.mca.gov.cn/n1288/n1290/n1316/c1662004999979997208/content.html。

[2]　参见国家医疗保障局《2023 年全国医疗保障事业发展统计公报》，https://www.nhsa.gov.cn/art/2024/7/25/art_7_13340.html。

成果的功能，不断缩小社会保障在城乡、区域和群体等方面的差距，并促进提升社会保障治理效能。从长远来看，中国的社会救助制度中现金救助应逐步发展成为一种普惠的针对低收入群体的现金支持，减少甚至消除政策的区域和人群歧视，实现包容性的社会保护功能。

四 中国式现代化背景下促进共同富裕与美好生活的社会政策创新发展

2024 年 7 月中共二十届三中全会召开，明确了继续深化改革开放和进一步推进中国式现代化发展的战略与目标。实现共同富裕是未来的主要任务。中国政府明确提出，当前和今后一个时期是以中国式现代化全面推进强国建设、民族复兴伟业的关键时期。因此，实现共同富裕既是中国式现代化的主要内容，也是强国富民的核心结果。与此同时，社会政策作为增进民生福祉和促进社会进步的关键手段，在现代社会是实现共享繁荣的重要机制。在中国，中央与地方政府在发展问题上的一个重要出发点，就是满足人民对美好生活的向往，逐步解决人民群众日益增长的物质、经济与文化需要方面的城乡不平衡、区域制度差异、阶层差距和区域不平等问题。而要做到这一点，仅仅靠发展经济或者通过经济增长是远远不够的（人类既有的长期经验证明经济增长不会导致普遍的公共福祉增加或者共富，相反它往往只是使少部分人获利），关键是要在促进经济发展基础上，通过福利体制构建和社会政策的创新发展来实现共同富裕与大众的美好生活目标。

1. 中国式现代化与共同富裕的内在联系

自新中国成立以来，中国政府早在 20 世纪 50 年代就提出国家现代化发展的目标和蓝图规划，在 70 年代逐步形成了较为清晰的政策方向。1978 年以来中国改革开放的实践，无疑是现代化进程最重要的发展例证。21 世纪以来，随着中国经济的快速发展和融入全球化进程的加快，国家的现代化与人民生活水平的提高达到一个新的历史高度。党的二十大报告明确提出，中国式现代化是以人民为中心的、致力于实现共同富裕的现代化。中国式现代化与西方式现代化最本质的区别是，后者是以资本为中心的现代化，无法解决现代化与共同富裕之间的矛盾。因此，中国式现代化的重要出发点是，面对现代化过程中出现的贫富差距问题，选择走共同富裕的道路，实现全体人民对美好生活的向往。因此，实现共同富裕是下一阶段中国经济和社会发展的首要任务，它与全面建成社会主义现代化强国的目标并行一致。为实现共同富裕，中国式现代化发展路径给出了自身的答案：问题导向、发挥社会主义公有制为基础的制度优势、注重整体性与协调性以及提高现代化治理能力。

从理论上说，共同富裕既不是均富，也不是同步达到，更不是劫富济贫。本质上，共同富裕是全体人民从国家经济和社会发展过程中受益，在就业机会、收入、健康、社会及政治参与等多个维度上的水平都得到显著提升。因此，中国人民追求的共同富裕应该包含下列内容：第一，公民自由和有尊严地生活，家庭或个人可支配收入逐步达到发达国家水平；第二，人人享有基本的和有质量保证的公共服务；第三，发展出更先进与更文明的政治制度；第四，生态与社会和谐。由此可见，实现共同富裕绝不是一蹴而就的任务，而是需要在一定时期内解决制度建设、政策实施和公共服务安排等诸多问题。有学者指出，中国要实现共同富裕，就需要在经济-社会领域实现高质量的发展，它涉及更为关键的有关社会治理作为国家治理核心的制度安排与政策统筹：活跃的创新力、升级的产业、公正的财税、有效覆盖的社会服务以及可见的社会流动。同时，社会治理既是一种理念，也是一种制度安排。作为一种共同体，社会治理强调的是让多方主体协作互动，实现共建共治共享。需有效整合各种治理机制，使治理效果相得益彰（顾昕，2023）。在实践中，实现共同富裕目标的核心手段主要是两方面：一是通过有效的社会政策干预，强化社会团结，促进社会关系和谐有序；二是通过促进公共服务均等化的发展，不断加强国家对公民基本权利的保障，最终实现社会治理的伦理目标。

近年来，中国在大力促进经济发展和协同环境保护的过程中，一直注重加大社会政策的实施力度，将不断增强人民群众的获得感、幸福感和安全感作为政策的主要目标。同时，中国政府提出实施社会政策的主要策略是破除瓶颈、补齐短板，打通惠民、利民和便民的难点与堵点。上述政策在提高社会救助兜底保障水平、改善居民人居环境、提升居民就医就学的可及性等方面都取得了显著的效果。在推进中国式现代化进程的背景下，社会政策当前也面临高质量发展的问题和新任务，那就是要在政策目标、政策内容和政策手段等方面做出新的制度安排。从问题界定、民生福祉需求，到资源筹措、组织机制和政策实施，都需要做通盘考虑和基于现实的调查研究，锚定关键问题，用好手中资源，尽最大努力提高人民群众的生活质量，增强广大人民群众的获得感和幸福感。

2. 美好生活与社会政策的创新发展

中国式现代化是促进实现共同富裕，而共同富裕则是实现全体人民美好生活向往的前提保证。社会政策作为解决社会问题，满足公民福祉需要和促进社会公平的核心手段，是在确保公民基本生活保障基础上，再通过更高水平的普惠教育与医疗卫生服务实现全体人民的美好生活目标。在现代国家，共同富裕的目标自然会导向一个好社会（the Good Society）或者美好社会（各美其美和美美与共），而要实现这个目标，除了要具备经济基础外，还需要社会政策的有效干预。人类的生活主要包括物质和精神两个方面，它们是现代国家经济-社会发展的核心目标，也是社会治理的主体内容。"美好生活"既可以指一个人舒适愉悦的生活状态，也可以指一个群体乃至社会所有人的福祉达到比较理想的水平。而在现实社会里，"美好生活"经常与幸福感和主观福祉（subjective well-being）联系在一起。尽管在不同的社会与文化里，人们对"美好生活"的界定可能不同，但是最终的目标大致一样（物质与精神的极大满足）。

人类社会迄今为止，只有极少数发达国家实现了"美好生活"的蓝图，这一结果既是经济-社会发展的体现，也是国家长期实施社会政策试图缩小社会差距和促进社会流动的结果。在经济合作与发展组织（OECD）国家，社会政策与经济发展之间的协调是通过公民美好生活实现的情况来体现的。在实践中，经济合作与发展组织（OECD）成员国采用了一个关键的指标来测量和评价各个国家的共享繁荣发展的水平，即"美好生活指数"（the Better Life Index，BLI），它被用于测量一个国家或地区公民福祉的状态。这一指数包括：人均可支配收入水平、就业、教育、健康、环境质量、住房、社会支持、公共服务与社区参与、生活满意度、安全和工作-生活平衡。无论是什么社会，国家治理的终极目标都是促使所有公民享有美好生活，并在经济-社会发展中最大限度地自由参与、发挥能动性，实现自我价值。美好生活既是个人的追求，也是国家政治发展的目标。"美好生活"可以是一种个人生活方式的选择与追求，也可以是社群努力实现的一种生活状态与方式，还可以是国家主导下发展模式的一种结果。无论是经济发展，还是社会发展，最终都是使人在更大程度上获得自由。正如诺贝尔经济学奖获得者阿玛蒂亚·森（2013）在《以自由看待发展》中提出的，人的实质自由是发展的最终目的和重要手段。其中发展公民的工具性自由是非常重要的，包括政治自由、经济条件、社会机会、透明性保证和防护性保障。

作为社会治理的一种核心策略或手段，社会政策对现代国家实现共享繁荣、促进人们实现美好生活的目标必不可少。在大变革时代，作为社会科学研究者应该认真思考，在新时代背景下中国社会政策创新的政策范式与实践途径。作为一个发展中大国和社会主义国家，中国的社会政策范式绝不可能照搬西方福利国家模式，也绝不可能跌入所谓的"福利主义陷阱"，因为中国不具备跌入这种陷阱的文化伦理与政治经济条件，这不仅是由于文化传统与政党制度的差异，也是由于中国在发展中所拥有的社会时间的特殊性。与发达国家相比，中国处于不同发展阶段，因此应该采取更为贴近自身社会环境与政治经济体制的政策发展理念与策略。在促进共同富裕的历史进程中，中国在未来一段时期内，依然要注重下列一些关键领域和重点方向以着力推进社会政策的决策与实施：确保家庭或个人的基本收入安全、增强就业激活机制、建立健全儿童福利与维持老年人照顾质量的长效机制。哈佛大学教授彼得·霍尔（Hall，1993）在一篇经典的论文中指出，政策不应该视为社会力量单纯向国家施压并促使其做出改变的过程，而应将国家自身视作一个具有能动性的行动主体，根据外部环境与要求通过社会学习来完善政策知识体系与优化行动路径。从这个意义上说，国家的能动性并不完全是社会赋予的，也可以是外部环境与内在学习动力所创造的，这一观点促使了国家自主性学说在某种程度上的复活，也使得研究者需要重新认识政治、政府权力以及决策行为与方式等。作为一个发展中的大国，中国自20世纪70年代末以来，在经济和社会领域推行了一系列的政策改革。由经济改革引发的社会改革，大多数是与人口流动相关的市民权（比如户籍和身份）和社会保障权（如社会保险参保情况），这些在社会领域实施的改革政策，也基本上属于社会政策改革。因此，可以说中国自那个时代起就开始了全世界范围内涉及人口最多和影响面最广的社会政策试验。比起诸多发达国家的社会政策改革，中国的社会政策试验具有自身显著的特点，比如以地方主义和渐进主义为主的政策实践和较长的时间跨域度（熊跃根，2023）。最近有学者提出，中国政府的政策试验在实践中也是一种地方政府与公众沟通的工具。同时，基于这种政策试验，中国政府可以一方面有效传导公众的福利责任，另一方面可以提升大众对政府的信任度（Zhu and Wang，2024）。由于新冠疫情的影响、俄乌冲突和全球经济政治的不确定性，在世界范围内，发展中国家在经济-社会发展领域面临更大的挑战，国家间制度与发展模式的竞争，仍然是全球政治经济体系发展进程中一个主要的角力场。伴随当代科学技术、电子与信息产业的升级以及智能通信手段的普及化，国与国之间价值观和意识形态的竞争，是制度竞争和价值观斗争的一种主要形式，从传统的纸媒和电视媒体转向了网络与智能通信设备，而国家间社会模式优劣的竞争也成为一个重要的赛场。换句话说，国家间竞争不再依靠宣传与权力恫吓产生的敬畏，而是公民对国家所倡导的权利平等与公正的理念与实践的政治哲学是否心悦诚服。正如 20 世纪国际关系理论大师汉斯·摩根索（Hans Morgenthau）曾指出的：“国家的权力不仅依赖于外交的技巧和武装力量的强大，而且依赖于它的政治哲学、政治体制和政治政策对其他国家的吸引力。”（摩根索等，2012：220）一个国家只有从制度上真正实现人民对美好生活的向往，让人民过上平安而富足的生活，才真正称得上一个有影响力的强国。中国在未来应建立适合自己国情的福利制度，而要实现这一目标，社会政策创新无疑任重道远。

五　结论与讨论

处在百年未有之大变局背景下的中国，当前和今后一个时期，是以中国式现代化全面推进强国建设、民族复兴伟业的关键时期。而推进中国式现代化，离不开不断提高人民生活水平，不断提高城乡居民收入，进而更高质量地提高全体人民的安全感、获得感和幸福感，将中国建设成为一个具有高度文明和全方位发展的发达国家。要实现这一宏伟目标，除了政治清明与经济繁荣，社会政策也必不可少。同时，持续有力推进社会政策的实施，则是实现上述目标的核心手段。

2020 年的新冠疫情和 2022 年春开始的俄乌冲突，在很大程度上重创并重塑了世界政治与经济格局，也在一定程度上改变了地缘政治生态。对中国而言，最重要的是在一个充满风险和不确定的时代里，努力把自己的事情做好，保护好人民群众的生命，尽快恢复生产生活。在疫情防控期间，中国政府统筹疫情防控和经济社会发展，即使是在最困难的 2020 年，中国经济仍然保持了 2.2% 的增长率，2021 年快速上升到 8.4%，2022 年保持了 3.0% 的增长率。[①] 疫情结束后，中国经济稳中向好，2023 年经济增长率达到了 5.2%。[②] 然而，我们必须看到，面对复杂的国际环境，尤其是俄乌冲突、巴以冲突、欧盟经济复苏疲软和美国大选引发社会撕裂的情形，依然影响着世界政治格局与经济发展。与此同时，西方的自我中心主义、贸易保护主义和泛滥的民粹主义思潮对中国的外贸进出口与经济复苏发展都带来很大的压力与挑战。2025 年中国将进入"十四五"规划结束之年，并迎来新的发展阶段。从 2025 年到 2050 年，即 21 世纪中叶，正好四分之一世纪（25 年），对中国而言也是发展与复兴的关键阶段。对社会科学家尤其是社会学家来说，正如卡尔·马克思所言，重要的任务或责任不仅仅是解释世界，更重要的是改变世界（《马克思恩格斯选集（第一卷）》，2017）。换句话说，社会科学的伦理责任更重要的是为社会发展做出切实的努力，不仅仅是通过语言或辞藻的分享，还要通过有效的社会行动来促进社会变迁。社会学不应单纯地将价值中立作为护身法宝，而是要深刻认识到自身对促进社会变迁所承担的责任（Deutscher，1966）。

在一切形态的现代社会里，政治的终极目标都应是以实现人民幸福生活为目标。现代福利国家尽管存在不少局限与漏洞，但它依然是通过民主的方式，最大可能满足大多数人的生活需要，无论采取哪一种政治制度，最大可能满足大多数人的生活需要，增强大众的生活满足感都是现代国家

---

① 参见《中华人民共和国 2023 年国民经济和社会发展统计公报》，https://www.stats.gov.cn/sj/zxfb/202402/t20240228_1947915.html。

② 参见《中华人民共和国 2023 年国民经济和社会发展统计公报》，https://www.stats.gov.cn/sj/zxfb/202402/t20240228_1947915.html。

的核心目标。瑞典学者 R. 罗斯坦曾指出，普惠的倾向于平等的福利国家在建立社会团结、减少腐败与增强社会信任等诸多方面，起到了积极的作用（Rothstein，2010）。作为国家能力建设与文明塑造的一种重要机制，社会政策是现代社会的核心政治，也是国家进行社会治理的有效手段。在推进中国式现代化进程中，政府、市场、市民社会和公民个人都应发挥应有的自主性和能动性，从而实现和谐繁荣与共同富裕的社会发展目标。长期以来，就社会政策的范畴和任务来说，人们过多强调和注重国家或政府的主体责任与权力，较少论及市场和市民社会的功能。本课题研究者认为，对建设一个美好社会的远大目标而言，市场的活力与功效、市民社会的积极参与以及公民个人的能动性都必不可少。纵观人类历史，毫无疑问，推动社会变革的因素是多种多样的。但是，正如著名的美国社会学家、美国社会学会前会长兰德尔·科林斯曾指出的那样，自从人类社会进入工业化文明以来，似乎人们很难漠视市场作为一种动力机制在社会变革进程中的重要性（Collins，1990）。因此，对现代国家而言，保护并促进市场经济的运行机制与环境，充分认识市场的非经济性和社会性，对构建一个和谐与充满活力的社会异常关键，政府对市场活动的干预要谨慎和有高度选择性。

基于上述讨论，研究者认为，我们应从当前认真研究和规划未来 25 年内甚至更长时间内，中国社会政策发展的方向与重要领域，绘制中国版的福利路线图。对福利国家研究者而言，今天我们既要警惕对这一人类制度设计的过度幻想，也要避免对这一制度的"污名化"。作为社会科学研究者，我们同样要充分认识到，科学研究的宗旨不是价值观引导的判断，而是基于事实的客观论证。从这一意义上说，就像德裔美国学者阿尔伯特·O. 赫希曼（Albert O. Hirschman）2015 年在其著作中指出的那样，我们在社会政策或社会保障制度的国际对话中，研究者们并不是要解决思想上的分歧，而是努力提升自身的论证水平（赫希曼，2015：122）。新冠疫情大流行期间和后疫情时代里，欧洲与北美一些国家涌现的新社会运动，也充分展现了"民主"与资本主义之间的矛盾。正如约瑟夫·熊彼特（Joseph A. Schumpeter）在其《资本主义、社会主义与民主》一书中所言，"民主"经常成为一种政治手段，而一旦丧失了确保经济效能与社会整合的治理能力，创造性与毁灭性将同在。可以说，这也是我们今天广泛认识到的全球生态危机的制度根源。而社会保险作为一种社会决策，迄今为止大多数国家都已意识到保险制度自身带来的可预期后果，但是挑战的是人们要应对尚不可知的和未能实现的结果。同样，人们不能只选择资本主义的生产体制和市场机制，而自动过滤掉由其产生的个体化与社会分化，这是未来的社会保障制度和社会政策改革需要面对的效率与合法性的张力关系。

中国是一个具有悠久历史和文化传统的亚洲国家，文化上的抗逆力（resilience）使这个国家和人民具有不屈不挠的秉性、豁达乐观和潜在活力，这一点被很多西方国家和普通人所忽视。中国人过去相信，今天乃至未来依然相信，人的命运靠自己主宰，人的生活需要通过每一个人自身的努力和奋斗去创造，人与人的关系的维系对生活质量也至关重要。家庭对个人很重要，同时没有国家的强大，个人和家庭都难以为继。这就是为什么中国相信国家能力首先是要把自己国家的事情做好，一切以人民为中心，坚持和平与发展，实现现代化强国的目标最终是为了实现共同富裕和人民美好生活，而社会保障制度是关键的目标之一。就社会政策未来发展重点方向来说，支持家庭的社会政策和促进年轻人就业的社会政策应作为重中之重，而养老服务的发展应充分调动社会力量，发展多元和人性化的社会服务提供模式，进而促进代际社会团结，也可以缓和人口生育率的持续走低和家庭功能进一步弱化的问题。在推进中国式现代化和促进社会政策的高质量发展进程中，社会科学研究者将面临众多的议题和更多的挑战。社会政策的中国道路如何开辟？民生福祉制度的中国蓝图如何绘制和实现？社会改革的深化进路在哪里？正如德国著名数学家戴维·希尔伯特（David Hilbert）铭刻在墓碑上的那句话："我们必须知道，我们终将知道！"（Wir müssen wissen，Wir werden wissen!）无论是社会体制，还是社会政策，最终的创新来自知识和制度。基于此，在新的时代背景下，中国社会政策创新必须从知识更新与制度创新出发，更进一步讲，从核心的观念变革与制度（福利的生产与分配）创新入手，冲破思想（公私二分法的局限）的樊篱，打破既有的制度牢笼，从技术迭代更新（比如数字技术与人工智能）上做突破，从人与人之间的互动关系（超越传统的雇佣关系）上做新文章，中国式现代化与富民强国才会最终实现。

参考文献

阿马蒂亚·森（2013）：《以自由看待发展》，任赜等译，北京：中国人民大学出版社。

阿马蒂亚·森、玛莎·努斯鲍姆（主编）（2008）：《生活质量》，龚群等译，北京：社会科学文献出版社。

艾伯特·O. 赫希曼（2015）：《欲望与利益：资本主义胜利之前的政治争论》，杭州：浙江大学出版社。

戴建兵、曹艳春（2012）："论我国适度普惠型社会福利制度的构建与发展"，《华东师范大学学报》第 1 期，第 26~31 页。

道格拉斯·诺思（1992）：《经济史上的结构和变革》，厉以平译，北京：商务印书馆。

房莉杰（2019）："平等与繁荣能否共存——从福利国家变迁看社会政策的工具性作用"，《社会学研究》第 5 期，第 94~115、244 页。

顾昕（2023）："共同富裕的社会治理之道——一个初步分析框架"，《社会学研究》第 1 期，第 45~67 页。

关信平（2019）："新时代中国城市最低生活保障制度优化路径：提升标准与精准识别"，《社会保障评论》第 1 期，第 131~140 页。

郭忠兴（2023）："从相邻到反转：低保'悬崖效应'及其形成机制探究"，《社会保障评论》第 1 期，第 119~132 页。

韩克庆（2015）："中国社会救助制度的改革与发展"，《教学与研究》第 2 期，第 29~35 页。

韩克庆、郑林如、秦嘉（2022）："健全分类分层的社会救助体系问题研究"，《学术研究》第 10 期，第 90~100、177 页。

汉斯·摩根索、肯尼斯·汤普森、戴维·克林顿（修订）（2012）：《国家间政治：权力斗争与和平》，徐昕等译，北京：北京大学出版社。

卡尔·波兰尼（2017）：《巨变：当代政治与经济的起源》，黄树民译，北京：社会科学文献出版社。

林闽钢（2023）："分层分类社会救助体系的发展现状和健全思路"，《行政管理改革》第 1 期，第 4~11 页。

林闽钢（2024）："低收入人口常态化帮扶的整体性治理——基于'两项政策'衔接并轨突破口选取的考察"，《行政论坛》第 4 期，第 155~162 页。

《马克思恩格斯选集（第一卷）》，2017，北京：人民出版社。

彭希哲、宋靓珺（2021）："退休年龄改革：社会观念的变革与制度实践的创新"，《社会保障评论》第 3 期，第 39~50 页。

乔尔·莫克尔（2020）：《启蒙经济：英国经济史新论》，曾鑫、熊跃根译，北京：中信出版集团。

王春光、单丽卿（2023）："推进共同富裕的政策目标与实践进路"，《国家治理》第 5 期，第 38~42 页。

王宁、魏后凯、苏红键（2016）："对新时期中国城市贫困标准的思考"，《江淮论坛》第 4 期，第 32~39 页。

王强（2023）："城市最低生活保障受助规模持续缩减的形成机制研究——基于政策执行

视角的分析"，《社会保障评论》第 2 期，第 127~144 页。

王思斌（2004）："社会政策时代与政府社会政策能力建设"，《中国社会科学》第 6 期。

熊跃根（2023）："新时代中国社会政策的理论自觉与学科意识——一种学科史的视角"，《中国公共政策评论》第 23 卷，第 1~24 页。

杨立雄（2021）："低收入群体共同富裕问题研究"，《社会保障评论》第 4 期，第 70~86 页。

杨立雄（2024）："中国社会救助统筹整合研究"，《社会政策研究》第 1 期，第 102~112、135 页。

杨立雄、杨兰（2022）："最低生活保障制度的变化逻辑以及未来发展——基于政策依附性的分析视角"，《社会发展研究》第 3 期，第 16~32 页。

杨穗、赵小漫（2022）："走向共同富裕：中国社会保障再分配的实践、成效与启示"，《管理世界》第 11 期，第 43~56 页。

姚建平（2021）："我国社会救助标准体系建设研究——以最低生活保障制度为中心的分析"，《社会科学辑刊》第 2 期，第 81~87 页。

约翰·梅纳德·凯恩斯（1999）：《就业、利息和货币通论》，高鸿业译，北京：商务印书馆。

约瑟夫·熊彼特（2023）：《资本主义、社会主义与民主》，吴良健译，北京：商务印书馆。

岳经纶、胡项连（2018）："低保政策执行中的'标提量减'：基于反腐败力度视角的解释"，《中国行政管理》第 8 期，第 70~75 页。

岳经纶、颜学勇（2014）："走向新社会政策：社会变迁、新社会风险与社会政策转型"，《社会科学研究》第 2 期，第 92~100 页。

张浩淼（2024）："中国社会救助体系：回顾、反思与展望"，《社会科学战线》第 6 期，第 241~253、282 页。

张浩淼、谭洪（2023）："分层分类社会救助体系：核心概念、国际经验与中国路径"，《社会科学》第 10 期，第 162~172 页。

Acemoglu, D., and Robinson, J. (2012). *Why Nations Fail：The Origins of Power, Prosperity, and Poverty.* New York：Crown Publishers.

Acemoglu, D., and Johnson, S. (2023). *Power and Progress：Our Thousand-Year Struggle over Technology and Prosperity.* New York：Crown Publishers.

Bakker, V., and Van Vliet, O. (2022). "Social Investment, Employment and Policy and Institutional Complementarities：A Comparative Analysis Across 26 OECD Countries." *Journal of Social Policy* 51 (4)：728-750.

Brady, D., Seeleib-Kaiser, M., and Beckfield, J. (2005). "Economic Globalization and the Welfare State in Affluent Democracies, 1975-2001." *American Sociological Review* 70 (6)：921-948.

Cantillon, B., and Van Lancker, W. (2013). "Three Shortcomings of the Social Investment Perspective." *Social Policy and Society* 12 (4)：553-564.

Chen, T., (1947). "The Foundations of a Sound Social Policy for China." *Social Forces* 26 (2)：139-145.

Collins, R. (1990). "Market Dynamics as the Engine of Historical Change ." *Sociological Theory*

8（2）：111-135.

Collins, M. L., Ruane, S., & Sinfield, A. (2020). "Introduction: Taxation and Social Policy." *Social Policy and Society* 19（3）：431-436.

Deutscher, I. (1966). "Words and Deeds: Social Science and Social Policy." *Social Problems*, 13（3）：235-254.

Ebbinghaus, B., and Möhring, K. (2022). "Studying the Politics of Pension Reforms and Their Social Consequences." *Social Policy in Changing European Societies*: 85-100.

Fei, H. T. (1939). *Peasant Life in China. A Field Study of Country Life in the Yangtze Valley*. London: Routledge and Kegan Paul.

Ferrera, M. (2009). "From the Welfare State to the Social Investment State." *Rivista internazionale di scienze sociali*: 3/4: 513-528.

FitzRoy, F., and Jin, J. (2021). "Tax Reform and Redistribution for a Better Recovery." *Journal of Poverty and Social Justice* 29（2）：187-201.

Gao, Q., Yang, S., & Zhai, F. (2019). "Social Policy and Income Inequality during the Hu-Wen era: A progressive legacy?" *The China Quarterly* (237): 82-107.

Hall, P. A. (1993). "Policy Paradigms, Social Learning, and the State: The Case of Economic Policymaking in Britain." *Comparative Politics* 25（3）：275-296.

Harris, K., & Scully, B. (2015). "A Hidden Counter-movement? Precarity, Politics, and Social Protection before and Beyond the Neoliberal Era." *Theory and Society* 44: 415-444.

Hemerijck, A., Ronchi, S., & Plavgo, I. (2023). "Social Investment as a Conceptual Framework for Analysing Well-being Returns and Reforms in 21st Century Welfare States." *Socio-Economic Review* 21（1）：479-500.

Hinrichs, K. (2021). "Recent Pension Reforms in Europe: More Challenges, New Directions. An Overview." *Social Policy & Administration* 55（3）：409-422.

ILO. (2001). *World employment report, 2001: Life at work in the information economy*. Geneva: International Labour Office.

ILO. (2021). *World Employment and Social Outlook: Trends 2021*. Geneva: International Labour Office.

ILO. (2023). *World Employment and Social Outlook: Trends 2023*. Geneva: International Labour Office.

Kauder, B., and Potrafke, N. (2015). "Globalization and Social Justice in OECD Countries." *Review of World Economics* 151（2）：353-376.

Komp, K. (2018). "Shifts in the Realized Retirement Age: Europe in Times of Pension Reform and Economic Crisis." *Journal of European Social Policy* 28（2）：130-142.

Larsen, M., and Pedersen, P. J. (2017). "Labour Force Activity After 65: What Explain Recent Trends in Denmark, Germany and Sweden?" *Journal for Labour Market Research* 50（1）：15-27.

Liu, M., Feng, X., Wang, S., & Qiu, H. (2020). "China's Poverty Alleviation over the Last 40 Years: Successes and Challenges." *Australian Journal of Agricultural and Resource Economics* 64（1）：209-228.

Mkandawire, T. 2007. "Transformative Social Policy and Innovation in Developing Countries. " *European Journal of Development Research* 19: 13-29.

Midgley, J. (1999). "Growth, Redistribution, and Welfare: Toward Social Investment. " *Social Service Review* 73 (1): 3-21.

Miller, J. (2011). "Presidential Address: Social Justice Work: Purpose-driven Social Science. " *Social Problems* 58 (1): 1-20.

Nooruddin, I., and Simmons, J. W. (2009). "Openness, Uncertainty, and Social Spending: Implications for the Globalization—Welfare State Debate. " *International Studies Quarterly* 53 (3): 841-866.

OECD. (2023a). *Pensions at a Glance* 2023: *OECD and G20 Indicators.* OECD Publishing.

OECD. (2023b). *Tax Policy Reforms* 2023: *OECD and Selected Partner Economies.* OECD Publishing.

OECD. (2024). *Tax Policy Reforms* 2024: *OECD and Selected Partner Economies.* OECD Publishing.

Prammer, D. (2019). "How does Population Ageing Impact on Personal Income Taxes and Social Security Contributions?" *The Journal of the Economics of Ageing* 14 (100186): 1-18.

Riekhoff, A. J. (2021). "Pension Reforms, the Generational Welfare Contract and Preferences for Pro-old Welfare Policies in Europe. " *Social Policy & Administration* 55 (3): 501-518.

Rothstein, B. (2010). "Happiness and the Welfare State. " *Social Research: An International Quarterly* 77 (2): 441-468.

Rouzet, D., et al. (2019). "Fiscal Challenges and Inclusive Growth in Ageing Societies. " *OECD Economic Policy Papers*, No. 27, Paris: OECD Publishing.

Schmitt, C., Lierse, H., Obinger, H., & Seelkopf, L. (2015). "The Global Emergence of Social Protection: Explaining Social Security Legislation 1820-2013. " *Politics & Society* 43 (4): 503-524.

Sherraden, M. S., Slosar, B. and Sherraden, M. 2002. "Innovation in Social Policy: Collaborative Policy Advocacy. " *Social Work* 47 (3): 209-221.

Rothstein, B. (2010). "Happiness and the Welfare State. " *Social Research: An International Quarterly* 77 (2): 441-468.

Shils, E. A. (1949). "Social Science and Social Policy. " *Philosophy of Science* 16 (3): 219-242.

Smyth, P., and Deeming, C. (2016). "The 'Social Investment Perspective' in Social Policy: A longue durée perspective. " *Social Policy & Administration* 50 (6): 673-690.

Thewissen, S. and Rueda, D. (2019). "Automation and the Welfare State: Technological Change as a Determinant of Redistribution Preferences. " *Comparative Political Studies* 52 (2): 171-208.

Yeates, N. 2002. "Globalization and social Policy: From Global Neoliberal Hegemony to Global Political Pluralism. " *Journal of Law and Empirical Research* 2 (1): 69-91.

Zhu, X. F., and Wang, Y. (2024). "Policy experimentation as Communication with the Public: Social Policy, Shared Responsibility and Regime Support in China. " *The China Quarterly* 258 (June): 400-4224.

深度社会工作何以可能：基层治理视阈下中国自主知识的建构[*]

童　敏　周晓彤[**]

摘　要　随着我国社会治理下沉以及社会工作专业实践的深入，基层治理逐渐成为中国社会工作专业实践的重要领域，得到国家和社会的认可。这样，如何在解决服务对象现实生活问题的同时促进个人内在心理成长的深度改变，就成为基层治理社会工作迫切需要解决的难题。回顾西方专业社会工作实践逻辑可以发现，由于西方专业社会工作采取主客二元对立实证主义哲学框架，把社会工作"人在情境中"视为人与环境相互作用的二元结构关系，导致人与环境的对立，不是过于强调人的心理成长改变需求，就是突出环境的社会保障或者关系改善要求，使社会工作的现实性与注重个人内在心理成长的专业性长期处于对立中，与基层治理社会工作的双重整合实践诉求相冲突。对此，中国社会工作需要引入中华优秀传统文化有关人与环境关系的多元解释，通过问题解决与行动反思的结合，重构"人在情境中"的人、环境和自我三元结构关系，将社会工作的现实性与专业性紧密结合起来，拓展专业实践的深度，建构中国自主知识体系。

关键词　深度社会工作　基层治理　中国自主知识

一　问题提出

2021年，中共中央、国务院颁布《关于加强基层治理体系和治理能力

* 本文系国家社科基金重点项目"中国式现代化与社会工作自主知识体系建构研究"（项目编号：23ASH002）的阶段性成果。

** 童敏，厦门大学社会与人类学院教授、社会工作系主任、博士生导师，bula2ratu@ 126. com，研究方向为精神健康社会工作、社会工作理论、中国文化与社会工作；周晓彤，厦门大学社会与人类学院博士研究生，xiaotong_ivyzhou@ 163. com，研究方向为健康社会工作、基层治理与社会工作。

现代化建设的意见》，提出要完善社会力量参与基层治理的激励政策。自此，基层治理的"五社联动"机制正式被写入国家政策文件中，它标志着中国社会工作已经从社会治理的实践转向基层治理的探索。同年，民政部办公厅印发《关于加快乡镇（街道）社工站建设的通知》，则进一步明确了中国社会工作在基层治理实践中的具体任务。作为我国基层民政力量补充的社会工作除了需要重点做好社会救助、养老服务、儿童关爱保护等民生服务之外，还需要促进城乡居民的社会参与和社区融入（黄红，2021）。随着中国社会工作在基层治理中的探索深入，它的位置和作用逐渐发生了改变，不仅与居民的现实生活联系更为密切，需要协助政府解决基本民生问题（王思斌，2023a），而且与基层治理的效能提升连接更为紧密，需要配合政府化解基层社会矛盾纠纷（关信平，2022）。这样，中国社会工作专业服务成效不足这一问题就变得越来越凸显，成为妨碍中国社会工作进一步发展的瓶颈。尤其是在 2023 年党和国家机构改革方案实施之后，中国社会工作的"大社会工作"发展格局正在逐渐形成（王思斌，2023b），专业社会工作需要融入我国基层党建和治理中（黄晨熹，2023），它必然面临更加复杂的现实处境（徐道稳，2023）和更为多元的职责边界（张克，2023）。

由于中国社会工作的职业化和专业化发展走了一条不同于西方专业社会工作的发展道路，它关注治理实践，注重实际问题解决以及促进政社多方合作的现实性（杨超，2020）。有时这也被称为"社会性"（陈涛，2022）。值得注意的是，随着我国社会治理下沉以及中国社会工作"社会性"的延展，现实性与专业性之间的矛盾变得越来越突出。从表面上看，强调"社会性"除了不自觉地忽视行政的影响，出现过度行政化的现象之外，还会无视服务对象内在心理成长的要求，无法帮助服务对象实现深度改变（童敏、周燚，2023）。实际上，现实性与专业性的对立源于社会工作观察视角的内在矛盾（殷妙仲，2011），它把专业性与现实性视为社会工作两大相对独立的事业（Olson，2007）。尽管有学者注意到两者并不是"非此即彼"关系，而具有"互构性"（刘振、徐永祥，2019），但是两者如何互构没有明确答案。实际上，现实性与专业性的矛盾反映的是基于主客二元对立的西方专业社会工作科学实证主义观察视角的不足，导致人们一旦关注人与环境之间横向适应的现实关系，就会忽视纵向的个人内在心理成长的深度诉求；

或者人们一旦关注纵向的个人内在心理成长的深度诉求，又会与横向的现实关系发生冲突。正是因为如此，西方专业社会工作的发展始终受困于微观心理改变与宏观社会改革之间的矛盾（Abramovitz，1998），并且因为过于关注人与环境之间的横向现实联系，不得不将社会工作定义为一门关注个人浅显心理改变的助人学科（Goldstein，1995：8-9）。中国社会工作不同，它承担着基层治理创新的责任，既需要加强人与环境的横向现实联系，减少基层的矛盾冲突，也需要拓展人在环境中的纵向心理联系，促进个人内在心理成长和提升基层治理参与能力。为此，有必要回顾西方专业社会工作发展历史及其在拓展个人内在心理成长方面所做的深度实践探索，针对社会工作的现实性与专业性之间的关系开展研究，找到能够同时兼顾现实性与专业性要求的社会工作实践逻辑，创建基于基层治理视角的中国自主社会工作知识体系。

二 西方专业社会工作实践中的现实性与专业性的冲突

"人在情境中"作为西方专业社会工作的基本实践框架体现了社会工作专业实践的双重诉求：一方面，需要促进人的内在心理成长，保证专业实践具有专业性；另一方面，需要推动环境的变革，让专业实践具有现实性（Cornell，2006）。正是因为如此，无论采用何种社会工作理论模式或者何种社会工作服务手法，最终都需要考察人与环境的关系（Howe，2009）。显然，开展社会工作专业实践的目的是促使人在现实环境中实现内在心理成长，达成"助人自助"目标（聂璞、张昱，2023）。这样，如何应对专业实践中的现实性与专业性之间的矛盾就成为西方专业社会工作发展中无法回避的现实挑战。

（一）精神分析还是心理社会

西方专业社会工作发展可以追溯到 19 世纪末 20 世纪初。这一时期不仅出现了注重"在环境中帮助他人"（to help the person in his situation）的玛丽·里士满（Mary Richmond）的个案工作，她将环境视为个人改变不可忽视的重要组成部分（Richmond，1922：89-90），而且产生了注重个人无意识和儿童早期经验分析的西格蒙德·弗洛伊德（Sigmund Freud）的精神分析理论（Brandell，2004：4）。在第一次世界大战期间，西方专业社会工作实践发现，里士满倡导的这种个案工作过于关注运用忠告建议和环境资源搭建等方式回应服务对象的现实需求，无法应对服务对象遭遇的内心精神困扰，于是开始主动吸纳弗洛伊德的精神分析理论，要求将"人在情境中"个别化，找回个人内在的心理感受（Strean，1996a：528）。受里士满影响，高登·汉密尔顿（Gordon Hamilton）在 1951 年《社会个案工作理论与实践》一书中把"人在情境中"解释为"the person-in-his-situation"，第一次将个人与环境紧密联系起来作为社会工作专业实践的基本单位（Hamilton，1951：34）。汉密尔顿的学生弗洛伦斯·郝利斯（Florence Hollis）则尝试将里士满注重环境中的个人改变与弗洛伊德强调的个人内在心理改变结合起来，提出社会工作的心理社会双重视角（Woods & Hollis，1990：28）。

尽管社会工作的心理社会治疗模式提出了心理社会双重视角，似乎能够同时顾及社会工作专业实践的现实性和专业性诉求，但是实际上它并没有解决这一难题，因为没有找到心理社会相互结合起来的统一观察视角，而只是运用了一个非常含混的适切性（match or fit）概念以维护个人内在心理改变与外部环境改善的平衡（Woods & Hollis，1990：29）。美国芝加哥大学社会工作学者海伦·海里斯·波尔曼（Hellen Harris Perlman）则直接从海因茨·啥特曼（Heinz Hartmann）的自我心理学入手，结合约翰·杜威（John Dewey）经验学习的教育学观点，注重个人理性观察和分析的问题解决能力（Perlman，1957：53）。这样，个人的理性自我受到关注，心理社会则被解释为个人运用理性自我解决现实问题的过程（Perlman，1957：17）。波尔曼之后，问题解决模式得到不断修正（Compton & Galaway，1994：44）和拓展（Turner & Jaco，1996：509），成为像任务中心、危机介入和短期治疗等多种治疗模式的核心实践框架（Howe，2009：76），其目的是通过现实问题解决增进人对环境的适应（Perlman，1986：248）。

如果说心理社会治疗模式关注的是在社会工作专业实践中如何维护个人内在心理改变与外部环境改善之间的平衡，那么问题解决模式则直接把个人的理性自我作为核心，通过现实问题解决过程推进人对环境的适应（Hollis，1964：77）。显然，与心理社会治疗模式相比，问题解决模式更为注重社会工作专业实践的现实性（Yan，1998）。不过，这种现实性毕竟是个人对微观环境的适应，一旦放在社会环境中来考核，问题解决模式的现实性就必然遭到质疑（Cornell，2006；Specht & Courtney，1994：27），有"指责受害者"之嫌（Goldstein，1996a）。因此，有学者指出，以问题解决模式所依据的适应观点作为社会工作专业实践的哲学基础存在明显不足（Saari，1991）。

（二）问题解决还是环境变革

随着 20 世纪 60 年代民权运动的兴起，西方专业社会工作开始看到个人环境适应之外的社会变革诉求（Lee，2001：34）。传统的注重个人微观环境的现实性被质疑是一种"创可贴"（band-aid）的工作方法（Tuner，1978：3）。因此，更为广泛的社会现实性需要被吸纳到社会工作专业实践中（Goldstein，1996a）。

美国黑人社会工作学者芭芭拉·索罗门（Barbara Solomon）是第一位通过正式使用"增能"（empowerment）这一概念将社会生活中存在的歧视和排斥现实引入到社会工作专业实践中的人，她强调通过权力赋予过程才能帮助服务对象对抗社会环境中存在的资源分配不公（Solomon，1976：127）。这样，人们就需要把人放在比微观环境更宽阔的社会环境中来理解（Schneider & Lester，2001：75），分析人的对话沟通方式与社会结构之间的关系，了解特定社会环境中个人的成长改变要求以及人与社会环境之间存在的冲突（Fook，2002：18），把创造支持环境、保障基本权益和增强社会身份认同等社会层面的干预作为西方专业社会工作的基本服务内容（Freddolino et al.，2004）。实际上，社会环境除了存在资源分配不公平之外，还存在权力不公平（Dominelli，2002a：38）、性别不公平（Lane，1999：145）以及文化不公平等现象（Sisneros et al.，2008：6）。因此，在引入社会现实的过程中西方专业社会工作的发展越来越强调社会变革的重要性，认为"人在情境中"的"情境"具有社会性，是社会环境，它的目的是帮助人们建设更为合理的社会，绝不是指导人们适应现状（Thompson，1992：146）。

在延伸人与环境的社会性内涵的同时，西方专业社会工作也在拓展人与环境的生态性内涵，假设人与环境的联系不局限于当下可以直接感知的微观环境，还涉及非正式、正式以及社会多个系统之间的互动（Pincus &

Minahan，1973：4）。而且，各系统之间彼此相互关联，构成大于各系统简单相加的整合（Weick，1981）。这样，"人在情境中"的"在"（in）就需要直接删除，变成"person-environment"，即人与环境形成一个既相互影响又不可分割的整体（Kemp et al.，1997：xi）。在此基础上，有学者进一步将"人在情境中"的"在"（in）改为冒号（：），认为人与环境不仅需要直接联系起来，而且需要彼此相互匹配（fit），从而人与环境之间的相互影响（"person：environment"）就能够形成交互作用的循环圈（Gitterman & Germain，2008：53）。尽管生态系统视角采用了与社会视角不同的内涵延伸方式，但是两者都强调"人在情境中"的"情境"不能被简单理解为微观环境，而需要从微观环境中延伸出来，吸纳更广阔的现实环境，使西方专业社会工作更符合"人在情境中"的现实性发展要求（Green & McDermott，2010）。

如果说问题解决模式只是帮助西方专业社会工作在微观环境中实现了现实性，那么社会视角和生态系统视角的引入则帮助西方专业社会工作实现了社会和生态环境中的现实性。这样的专业发展虽然能够逐渐显示社会工作学科在"情境"方面的独特诉求，与专注于个人内在心理健康的心理辅导划清边界，却忽视了人的改变需要内在心理改变力量的调动和自我认同的调整这一现实，这使得西方专业社会工作发展始终面临两难选择：如果注重"情境"的现实性，就会忽视"人"的内在心理成长改变的诉求，缺乏深度改变的专业性；如果强调"人"的内在心理成长改变的专业诉求，就会与"情境"的现实性背道而驰，最终丧失专业服务的现实空间。值得注意的是，一旦注重社会和生态环境的现实性，此时的西方专业社会工作就是一种伦理价值的实践（Dominelli，2002b：25）。它只有借助行动反思才能揭示实践背后所蕴含的权力结构和社会文化脉络（White et al.，2006：47），在现实生活中找到最小伤害的行动应对方式（Ferguson，2018；Taiwo，2022）。这样，行动反思也就具有了在现实环境的社会工作专业实践中透视社会环境（Tretheway et al.，2017）和解放自己（Ruch，2000）的作用。

三 西方专业社会工作的深度实践及其遭遇的困惑

随着西方专业社会工作实践的不断深入，特别是在人本主义思想的影响下，人不再被视为环境的被动适应者，而是作为现实生活的主动参与者和建构者（Payne，2005：89）。个人自我也就具有了主动协调个人的心理以及自我与环境关系的功能，并且能够赋予生活以意义（Strean，1996b：528）。这样，西方专业社会工作在拓展"情境"的社会和生态内涵不断延伸社会工作现实性的同时，也在通过改造自我的内涵探索"人"的内在心理成长改变的可能空间，将专业实践的关注点聚焦于个人的自我，不断深化社会工作的专业性（Goldstein，1996b：195）。

（一）经验自我与周围环境

受美国人本主义心理学家卡尔·罗杰斯（Karl Rogers）的影响，西方专业社会工作在 20 世纪 60 年代开始引入罗杰斯的经验自我概念，假设人生活在此时此刻经验世界中，是自己生活的主动选择者，需要对自己生活经验进行观察、理解和解释，从而形成个人独特的自我（Rowe，1996：77）。有了独特的个人自我，人们才能给予自己生活以独特的价值和意义（Payne，2005：186），并且在现实生活的遭遇中使自己的潜能能够展现出来，达成自我实现（self-actualization）的目标（Payne，2011：11）。这样，西方专业社会工作也就需要学会运用个人自我力量，让人们成为个人自我力量的探索者（Moon，2007）。存在主义社会工作学者唐纳德·科利尔（Donald Krill）接受了经验自我的假设，强调人与环境的对抗和疏离恰恰来自主客二元对立的实证主义自我观，把自我当作掌控环境的工具（Krill，1978：38）。为此，科利尔引入自我过程意识的概念，让人在与周围他人的互动过程中通过自我舍弃（egolessness）和自我超越（ego transcendence）这两种学习方式找到人与环境重新整合的方法，从而创造新的生命意义（Krill，1978：34），承担成长过程中个人选择的自由和责任（Krill，2014）。与人本主义和存在主义社会工作相似，灵性社会工作也关注个人的经验自我，认为人的成长需要与周围环境建立一种积极的生命关联（Canda & Furman，2010：114），能够超越个人狭隘自我（Walsh & Vaughn，1980：165）。这种自我成长不仅具有向个人内心深处延伸呈现个人化特点，而且同时向外拓展，能够加强个人对宇宙生命（cosmic connection）的理解，展现出超越性特点（Audate，2022）。因此，在灵性社会工作看来，个人自我绝不是纯粹个人的自我（Besthorn，2001：37），它始终需要超越个人审视周围环境的要求，是一种超个人视角（Cowley，1996：666）。

把经验自我放在人与环境的互动关系中考察就是社会建构视角。这种视角强调，人与环境之间需要借助语言并且通过生活意义的赋予过程才能相互影响（Blundo & Greene，2008：240）。个人自我经验既是个人的也是环境的，既是主观的也是客观的，主客观结合是"人在情境中"的核心特征（Carpenter，2011：129）。这一特征在叙事治疗（narrative therapy）和精要治疗（solution-focused therapy）中得到很好的体现。在叙事治疗看来，个人叙事是在个人与周围他人沟通协商中出现的，它是有关个人的生活经验故事（Gergen，1985）；同时，个人叙事又是在特定社会文化处境中产生的，受主流文化影响（Lowe，1991）。这样，个人叙事除了具有个人内部心理调适的功能之外，还具有把个人的自我改变与社会改变结合起来的作用（Blundo & Greene，2008：237）。值得注意的是，在叙事治疗看来，个人自我经验常常受社会主流文化的影响，极容易出现被忽视、曲解等边缘化或者矮化的现象（White & Epston，1990：19）。因此，个人的生活意义解释就与个人独特的生活经历紧密联系在了一起（Yang et al.，2023）。它不仅涉及过往经验与当下发展要求的时间维度的结合（Mahoney，1991：95），而且涉及与社会主流文化抗争以及社会层面改变空间拓展的文化维度的诉求（Parton & O'Byrne，2000：52）。与叙事治疗所强调的个人生活意义的经验建构相似，精要治疗主张通过专注解决帮助人们将现实问题的描述转变为现实改变的描述（Lee，2011：463），从而能够重塑自己的生活意义（Franklin & Hai，2021）。

尽管社会建构视角尝试从人本主义经验自我概念的个人主义视角中摆脱出来，把它放在人与环境的横向社会关系中来考察，避免理性自我过于关注环境适应的不足，但是这样的尝试依旧无法避免人与环境之间的冲突以及专业性与社会性之间的对立。究其原因，是西方专业社会工作所秉持的主客二元对立哲学思维方式（Haynes，1998）。正是在这种哲学思维方式的影响下，西方专业社会工作所倡导的社会建构视角也只能是把个人与环境视为对立关系，无法包容个人与环境之间的多元可能（Orme，2003）。

（二）场景实践与默会知识

在 20 世纪 90 年代的全球化和国际化运动影响下，西方专业社会工作逐渐意识到二元对立哲学思维方式存在不足，取而代之的是追求多元化服务逻辑（Dominelli，1997：89）。特别是在后现代主义思潮影响下，差异性和多元化成为西方专业社会工作重点关注的两个核心概念，以尝试突破主客二元对立哲学思维方式（Lloyd，1998）。这样，对于场景实践和默会知识的讨论就受到人们越来越多的关注。

为了应对日益复杂化和多样化的现实生活要求，澳大利亚社会工作学者简·福克（Jan Fook）尝试探索一种"自下而上"的社会工作实践知识的生产方式，试图摆脱西方专业社会工作一直以来秉持的二元对立哲学思维的困境（Fook，2002：29）。福克认为，西方专业社会工作是一种场景实践（contextual practice），它的知识生产过程始终需要放在具体场景实践中来考察，并且构成场景实践的重要组成部分（Fook，2002：233）。为此，西方专业社会工作需要放弃"自上而下"的因果直线思维或者循环思维方式，在具体场景实践中将个人成长与社会改变结合起来（Fook，2003），同时运用行动反思揭示场景实践背后的权力运行机制（Rojek et al.，1988：134）。另一位澳大利亚社会工作学者凯伦·黑莉（Karen Healy）则从西方专业社会工作面临的理论与实践之间存在的鸿沟出发，尝试通过场景联结、场景中个人改变意愿寻找、场景中困难克服以及场景改变实现等步骤深化场景实践的内涵（Healy，2000：51-52），其目的是将日常生活中的专业实践与宏观社会结构的完善联系起来，走一种从微观出发向宏观延伸的社会工作专业实践路径（Lyngstad，2013）。尽管场景实践尝试将纵向个人内在改变与横向社会外在改变结合起来，试图超越人与环境二元对立思维框架，但是由于场景实践忽视了日益多样化和多元化的生活现实以及在此基础上催生的个人内在自主成长的要求，导致这种人与环境的结合趋于浅显化，并没有呈现个人内在心理成长的深度诉求。

在后现代知识观影响下，英国物理化学家和思想家迈克尔·波兰尼（Michael Polanyi）提出"默会知识"（tacit knowledge）这一概念，它与可言传知识（verbal knowledge）形成鲜明对比，是指那些很难被描述出来的知识（波兰尼，2000：6）。其中，身体意识是默会知识的核心（Bergheim，2021）。默会知识的提出对于人们理解社会工作实践性知识具有很大启示，尤其是在技巧习得过程中，那些初始的知觉和感受内化为身体隐性知识也成为专业实践的重要考察部分（舍恩，2018：44~45）。它提醒人们需要在具体场景中定义实践性知识（Morrison，1996）。这种实践性默会知识不仅无法脱离具体场景进行交流和传授，而且依赖双方在具体场景中的体验进行对话（Fenwick & Nerland，2014：4）。显然，默会知识的提出试图克服人与环境二元对立哲学思维框架，把现实场景中人的直觉、预感和体验等非理性心理也纳入社会工作专业实践（Mahajne & Alhuzail，2024）。这种实践性知识的考察就不能依据"科学量化或概念化"的评估方式，而需要依据"艺术和局势的判断"（Parton，1998），具有情境性特征（安秋玲，2019：11）。尽管默会知识的引入凸显了社会工作知识的实践性特点，把它作为专业知识的重要组成部分，并没有弥合社会工作理论与实践之间的鸿沟，也没有缓和社会工作专业性与现实性之间的张力。

值得注意的是，无论场景实践还是默会知识都强调社会工作专业实践的场景性，认为这种专业实践知识依托具体现实场景而被生产出来，它具有"自下而上"的特征，需要人们在具体现实场景中依据自己的经验将个人改变与社会环境改善紧密结合起来，它既是一种场景实践，也是一种默会知识。由于场景实践和默会知识都无视现实环境的多样性和自主性，导致人们在将个人改变与社会环境改善相结合的过程中因过于强调两者的整合，模糊了人与环境的边界，忽视环境的现实性，从而妨碍个人内在心理成长的深入探究以及专业性的实现（Akesson et al.，2017）。

四　基层治理对社会工作专业实践提出的挑战

从表面上看，基层治理是社会治理下沉，是基层的社会治理，但是实际上基层治理与社会治理处理的问题存在根本差异。基层治理针对的是居民在社区生活中的现实问题，这些问题影响居民日常生活安排和生活质量，通常涉及居民非正式支持，属于居民生活领域的实践，它呈现的是"人在情境中"人与地之间的关系。社会治理针对的是居民在社会生活中的现实问题，它影响居民的社会认可和社会融入，常常关乎居民正式支持，属于居民社会领域的实践，它展现的是"人在情境中"的人与人之间的关系（童敏、李诗雨，2024）。相应地，基层治理社会工作更为注重在社区日常生活中帮助居民解决他们遭遇的现实问题，协助他们寻找更为有效应对日常生活压力的办法，从而提升居民日常生活问题解决能力。社会治理与社会工作不同，它更为关注帮助居民解决社会生活中的现实问题，协助居民寻找更为有效应对社会压力的方法，其目的是增强居民在社会领域的融入能力。显然，与社会治理社会工作相比，基层治理社会工作更为注重专业实践的现实性要求，因为它需要协助居民处理人与环境中的人地之间这种物理性关系，这种关系的现实性要求较高。一旦居民忽视人地关系的现实性，就会遭遇现实环境的反噬，甚至出现生存的困扰。

除了现实性要求之外，基层治理社会工作还注重专业性诉求，因为在人地关系相互作用过程中人的内在心理成长诉求就变得尤为重要，人作为行动主体需要直接针对现实环境提出的挑战做出行动选择。此时，人们是否能够主动做出自己的行动选择以及是否能够采取有效的应对策略，决定人们对自己所处现实环境的接纳和融入程度以及对自我的认可程度，这样的结果又会反过来影响人地关系的发展走向。值得注意的是，尽管在周围他人的支持下人们可以维持日常生活安排，但是由于人们无法在这样的日常生活安排中看到自己发挥的作用，也无法在其中找到自己的生活意义和价值，因而这样的日常生活安排总会让人们感受到格格不入，阻碍人们内在自我的成长，促使人们不是进一步依赖周围他人的给予，就是对周围环境充满抱怨和不满。显然，在人地关系建设中，人们内在心理成长潜力的调动不仅是人们认识自身价值和生活意义的基础，而且是推动人们在现实生活中实现成长改变的关键，它是专业实践不可或缺的重要组成部分，是基层治理社会工作的核心所在①。

随着我国社会治理下沉以及基层治理创新实践深入，我国社会工作的

---

① 由于基层治理社会工作需要培育人们社区参与的热情和能力，因而需要提升人们在现实生活中的自主性，它需要同时兼顾现实性和专业性。尽管西方专业社会工作在 20 世纪 80 年代之后倡导综融的社会工作，但是这只是专业方法的综合，并没有讨论个人的自主性与现实性的关系，也就无法避免主客二元对立的哲学视角。

专业发展与基层治理的结合变得尤为迫切。这种基层治理社会工作依据的是"人在情境中"的人地关系，不仅需要中国社会工作者更为关注人与环境的现实性要求，而且需要注重现实环境中人的内在心理成长诉求以及实现这种内在深度改变的专业性要求。这样，在基层治理社会工作专业实践中现实性与专业性需要紧密结合在一起，两者相互依存，缺一不可，共同推动服务对象在现实生活中发生积极有效的改变。然而，现实性与专业性的紧密结合并不是一件容易做到的事，它一直以来困扰着西方专业社会工作的发展，成为西方专业社会工作的理论瓶颈（Haynes，1998）。由于西方专业社会工作发端于实证主义科学理性，始终秉持一种主客二元对立哲学思维方式，把人视为主体，把环境作为客体，导致社会工作专业实践的现实性与专业性总是处于相互割裂的状态中（Orme，2003）。尽管到了 20 世纪 90 年代之后，西方专业社会工作开始尝试引入多元观察视角，但是它只关注人与人之间这种多元主体的经验建构，忽视作为人与人关系基础的人与地之间的双向多元交流，导致始终忽视对现实环境的主体性探索，最终无法突破人与环境二元对立的哲学框架。

值得注意的是，伴随我国现代化步伐的加快，特别是在我国迈进全面建设社会主义现代化国家的新发展阶段以及对基层治理体系和治理能力现代化的强调，社区在人们生活中的重要性不断提升。一方面，社区在不断加速的社会变迁和不断强化的工具理性面前呈现日益疏离的特征，人与人之间的关系变得越来越疏远，情感变得越来越淡漠，尤其是在新建的社区这一特征更为明显；另一方面，人们的生活自主意识不断被强化，生活选择日趋多元化，呈现个性化的特征。人们越来越关注自己生活的意义和价值，喜欢寻找更能展现个人兴趣爱好和价值偏好的生活方式。在这两种生活张力的挤压下，人们在社区生活中的选择变得越来越困难，特别是那些社区生活中的困弱人群，极容易陷入生活选择的两难困境中：想选择自己喜欢的生活，但缺乏必要的社会支持；想获得必要的社会支持，但缺乏选择的能力。这样，只有将注重个人自主选择能力提升的专业性要求与关注社会支持建设的现实性诉求紧密结合起来，才能有效克服我国在现代化建设新发展阶段遭遇的社区生活困扰，帮助人们重建一种既能够提升个人自主选择能力也能够加强社会支持的新型现代化生活秩序。可见，现实性与专业性的相互结合是我国现代化建设新发展阶段社会工作专业实践的核心使命，它使中国社会工作走向了一条不同于西方专业社会工作的发展道路。尽管西方专业社会工作在 20 世纪 90 年代之后也开始探索两者如何结合，但是由于受主客二元对立哲学框架影响，西方专业社会工作采取的是一种以现实性为主导的专业实践，而且现实性与专业性始终处于相互对抗的关系中，妨碍深度社会工作的探索（Goldstein，1995：37）。

五　本土社会工作深度实践中的自主知识建构

如何将现实性与专业性结合起来，既是本土社会工作实现深度实践的关键，也是建构中国自主知识体系的基础。实际上，现实性与专业性的结合有两种不同的方式，这两种不同结合方式依据的哲学观察视角是完全不同的。一种是以专业性为基础的结合方式。它注重以人的内在心理成长为出发点推动社会工作专业实践的现实性。这种结合方式或者采取主客二元对立的哲学思维方式，强调人们内在心理成长的目的是适应周围环境的要求，或者运用主观建构哲学框架，认为人们内在心理成长的目的是抗争周围环境中不公平的社会现象。显然，这种以专业性为基础的结合方式无法有效展现社会工作一直以来所秉持的"人在情境中"的实践框架，不是过于注重周围环境的现实性要求，看不到人在现实环境中可改变之处，就是无视周围环境的现实性要求，过于注重社会现实的建构性。尤其是在基层治理实践中，如何在现实环境中找到可改变之处成为调动居民内在主动参与热情和促进环境改善的关键。这一基层治理实践的核心要求使得这种以专业性为基础的结合方式难以适应我国基层治理社会工作的实践处境。另一种是以现实性为基础的结合方式。它注重在现实问题解决过程中调动人们内在心理成长的潜力，进而实现人们内在与外在改变的积极循环圈，达成深度社会工作干预。这种以现实性为基础的结合方式采取的是一种多元哲学框架，强调人与环境之间是多元主体双向交互影响的关系，不仅环境有自身的变化规律，而且人对环境变化规律的理解是一个逐步深入的过程，始终无法达到彻底认识。这样，人只有把环境作为主体，并且在变化的环境面前找到个人自主成长空间，才能够达成人与环境之间的和谐相处。

这种以现实性为基础的结合方式，首先，它需要人们关注问题解决过程。它假设，人们内在心理成长只有促进现实问题解决，才能够将深度的内在心理成长建立在现实基础上。这样，人们在问题解决过程中既不能只关注问题分析，不顾问题解决，也不能只强调问题解决，不管问题分析，而需要在遭遇问题的具体场景中找到其中可改变的解决之处，把解决作为整个问题解决的中心，并且以此来组织整个问题解决的过程。此时的问题解决过程就是以解决为焦点的问题解决的行动尝试过程。问题解决的行动成为整个社会工作专业实践开展的核心。其次，需要人们在问题解决行动尝试过程中开展行动反思。这样的行动反思是以提升人们的问题解决能力为目标的，它是对人们在现实生活中拥有的内在心理成长潜力的激发，促使社会工作专业实践策略从传统的注重"由外向内"的支持性向"由内向外"的成长性转变，真正协助人们实现内在深度心理成长改变。显然，这种问题解决的行动反思过程能够促进人们现实问题的解决，而现实问题的解决过程又能激发人们内在心理成长潜力。可见，问题解决与行动反思的结合从表面上看是促使人们在现实生活中找到有效问题解决的方式，但是实际上它从根本上改变了西方专业社会工作的实践进路，不再将社会工作专业实践的现实性与专业性对立起来，而是以问题解决的现实性为基础，通过行动反思激发人们内在的深度心理成长的诉求，从而使社会工作专业实践的现实性与专业性形成相互促进的良性闭环。

显然，这种以现实性为基础的结合方式从根本上改变了西方专业社会工作一直以来倡导的"人在情境中"的内涵，它不仅通过问题解决过程呈现人与环境之间相互作用的二元互动关系，而且借助行动反思展现人与环境相互作用之外的自我成长的维度，使"人在情境中"具有了三元结合，即人、环境和自我。这样，通过自我，人与环境之间的互动就具有了经验基础和价值意义的内涵，而借助人与环境的互动，自我则拥有了不断融入和超越生活的内在成长的活力。尽管西方专业社会工作有关自我的讨论有很多，观点纷杂多样，但概括起来不外乎两大类：一类把自我视为个人的心理特征，是心理自我，像心理社会治疗模式、问题解决模式以及任务中心模式等，都是这种观点的坚持者和实践者（Howe，2009：12），或者像人本主义社会工作、存在社会工作以及灵性社会工作等也类似，它们也把自我视为个人内在的心理特征，只是强调这种心理特征是建立在人们的经验基础上（Payne，2011：23）；另一类是把自我视为社会环境中个人与他人进行互动时的行动选择能力，如宏观社会工作所强调的社会自我（Reisch & Garvin，2016：5）和女性主义社会工作所倡导的人际自我等（Miehls，2011：404），都是把自我放在社会关系中来考察，强调自我是调节人与人、人与社会关系的关键元素，呈现个人在社会互动过程中的主动性和自觉性。一旦人们把自我放在人与环境相互作用的问题解决过程中来审视，此时的自我尽管也是个人的心理特征，但是它同时具有行动反思的能力，是人们问题解决行动受阻后对此进行反思时产生的心理特征，这种问题解决行动反思的心理特征同时为人们的个人行动选择创造了条件，只是此时的行动选择关注的是人与环境之间的互动关系，不是人与人或者人与社会的互动关系，具有人地关系的属性。

值得注意的是，借助问题解决与行动反思相结合而产生的"人在情境中"的人、环境和自我三元结构关系，为我国深度社会工作专业实践的开展提供了不同于西方专业社会工作的实践进路。它以人与环境交互作用过程中的问题解决为出发点，使中国社会工作专业实践具有现实性，在此基础上通过问题解决的行动反思激发人们内在的自我成长潜力，保证中国社会工作专业实践具有专业性。显然，这种既有现实性又有专业性的社会工作专业实践方式恰恰是我国基层治理社会工作追求的目标，它不仅需要带动服务对象促进现实问题的解决，而且需要在此过程中激发服务对象内在的自我成长潜力，推动服务对象的社区参与和邻里互助，创建关系和谐的社区生活。

六 "人在情境中"的二元结构关系与三元结构关系的比较

由于西方专业社会工作建基于主客二元对立的科学实证主义之上，"人在情境中"自然也就被理解成人与环境二元结构之间的互动。这样的二元结构关系主要包括三种解释。一是心理适应，即通过调整人的内在心理状态去适应周围环境的要求。这种解释把社会工作理解成心理属性的学科。二是社会支持，即借助社会支持关系的建设为人们提供更具人文关怀和权益保障的良好环境。这种解释常常将社会工作视为社会属性的学科。三是关系平衡，即通过人与环境或者人与人关系的改善建立和谐的互动关系。这种解释偏向于生态属性或者建构属性（童敏、周晓彤，2022）。我国基层治理社会工作所倡导的"人在情境中"的三元结构关系与西方专业社会工作所推崇的二元结构关系存在明显不同，它不仅不再把人与环境割裂开来，关注人与环境相互结合的问题解决这一现实行动尝试过程，而且不再把人的内在主观经验与外部现实环境对立起来，注重通过内外交互作用的行动反思促使自我经验的整合和提升。这样，"人在情境中"的三元结构关系就能够超越西方专业社会工作的二元对立的实践逻辑，使中国社会工作同时拥有的现实性和专业性，能够有效推进深度社会工作的实践，克服西方专业社会工作在深度实践中面临的困扰。

为了帮助中国社会工作者准确理解"人在情境中"的二元结构关系与三元结构关系的区别，表1对其涉及的对象、焦点、目标、方式、基础以及哲学依据做了一一对比。

表1　"人在情境中"的二元结构关系与三元结构关系比较

对比项目	"人在情境中"的二元结构关系	"人在情境中"的三元结构关系
对象	人与环境	人、环境与自我
焦点	互动关系	场景自我
目标	相互适应	个人自主性
方式	"由外向内"提供支持	"由内向外"促进成长
基础	人与人/人与自我的关系	人与地的关系
哲学依据	二元对立的实证主义	多元协同的建构主义

与西方专业社会工作所推崇的"人在情境中"的二元结构关系不同，中国社会工作所倡导的"人在情境中"的三元结构关系除了关注场景自我和个人自主性的发挥以及"由内向外"促进成长的干预方式之外，它是建立在"人在情境中"的人地关系考察基础上的。这种人地关系具有鲜明的特征，就是它的流逝性，即随着时间变化而不断流逝，最常见的表现就是昼夜更替及四季轮转等。显然，这里所说的人地关系的"地"是具有生命力的，它随着时间的变化而呈现"自然"的变化规律，并不像西方专业社

会工作认为的那样，"地"只是固定不变并且等待人们去适应的外部环境条件。由于受到科学实证主义的影响，西方专业社会工作将"地"的"自然"属性物化了，将其视为可以被人们观察和测量的分析对象，从而损害了人地这种相互成就、相互映照的共生共存的关系。实际上，一旦人们在人地交互影响过程中违背这样的"自然"变化规律，就会遭遇现实的困扰，甚至出现身体的病痛。这意味着，中国社会工作需要重新审视"人在情境中"的人地这一基础性、根本性的关系，找回社会工作"人在情境中"的本质，将人地视为多元协同、相互建构的关系。

值得注意的是，中华优秀传统文化一直以来就注重人地交互影响，并且把这一关系作为理解其他一切关系的根本，认为人地关系绝不是适应与被适应的关系，而是人们超越个人自我的局限理解自然宇宙之道的方式。这里有两点值得中国社会工作者特别关注：一是人地关系的"地"是具有生命力的，不能将它物化为需要适应的物理或者社会环境，成为被动的适应对象，忽视了其内在的生命力和主动性（郑家栋，1995；刘森林，2011）；二是人始终需要与地交互作用，它是人们超越个人小我的局限与自然宇宙建立生命联结的过程，让人们具有了超越当下自我局限的学习能力（陈徽，2019）。这样，中华优秀传统文化为中国社会工作者理解"人在情境中"的人地关系提供了全新视角，使之不再局限于主客二元对立的西方专业社会工作的哲学框架内。不可忽视的是，中华优秀传统文化中的人地关系探索只是一种哲学层面的探究，尽管它为中国社会工作者重新理解"人在情境中"的本质内涵提供了新视角，但是无法替代人们在现代性生活中遭遇的具体现实问题及其问题解决的行动反思过程。

因此，在基层治理视阈下中国社会工作需要建构中国自主知识，引入中华优秀传统文化中有关人地关系的多元理解视角，通过问题解决与行动反思的结合，重构"人在情境中"的人、环境和自我三元结构关系，克服西方专业社会工作面临的主客二元对立以及现实性与专业性的割裂，将社会工作的现实性与专业性紧密结合起来，拓展社会工作专业实践的深度。

七　总结

随着社会治理的下沉以及我国社会工作专业实践的深入，基层治理逐渐成为中国社会工作专业实践的重要领域，得到国家和社会的认可。与社会治理中社会工作关注人与人的社会关系改善以及人的社会融入不同，基层治理社会工作更为注重人地关系的调整以及人们日常生活状况的改善，它不仅影响人们对社区生活的接纳和融入程度，而且影响人们对个人自我的认可程度以及主动参与和推动现实生活改变的能力，从而成为化解基层治理矛盾和提升基层治理效能不可忽视的一支专业力量。正是因为如此，如何在帮助服务对象解决现实问题的同时促进他们内在心理的深度成长改变，从而使他们成为自己生活改变的积极参与者和推动者，就成为基层治理社会工作专业实践迫切需要解决的实务和理论难题。

通过回顾西方专业社会工作的实践逻辑就可以发现，由于西方专业社会工作采取的是主客二元对立的实证主义哲学框架，把社会工作的"人在情境中"这一基本实践框架视为人与环境相互作用的二元结构关系，导致不是过于强调人的内在心理成长改变需求就是突出环境的社会保障以及关系改善的要求，使社会工作的现实性与专业性要求始终处于对立中，与基层治理社会工作的双重整合实践诉求相冲突。对此，中国社会工作就需要放弃西方专业社会工作所推崇的主客二元对立的实证主义观察视角，引入中华优秀传统文化对人地关系的多元解释，通过问题解决与行动反思的结合重新审视社会工作的基本实践框架，建构"人在情境中"的人、环境和自我三元结构关系，促使社会工作的现实性与专业性紧密结合起来，在帮助服务对象解决现实问题的同时推动他们实现内在心理的深度成长改变。可见，创建基层治理社会工作不仅是探索中国式现代化道路建设的现实需要，而且是建构中国社会工作自主知识体系的迫切诉求。

参考文献

安秋玲（2019）：《社会工作者实践性知识研究》，华东理工大学出版社。

陈徽（2019）："庄子的'不得已'之说及其思想的入世性"，《复旦学报》（社会科学版）第3期，第1~10页。

陈涛（2022）："把握社会工作的'社会性'，助力乡村产业振兴"，《中国社会工作》第34期，第6页。

关信平（2022）："中国式现代化需要社会工作高质量发展"，《中国社会工作》第33

期，第 1 页。

黄晨熹（2023）："组建中央社会工作部对我国社会工作的重要意义"，《人民论坛》第 23 期，第 36~40 页。

黄红（2021）："专业化高质量推动社工站建设 为基层社会治理现代化赋能"，《中国社会工作》第 31 期，第 25~26 页。

刘森林（2011）："从物化到虚无：关联与重思"，《现代哲学》第 2 期，第 1~9 页。

刘振、徐永祥（2019）："专业性与社会性的互构：里士满社会工作的历史命题及其当代意义"，《学海》第 4 期，第 49~54 页。

迈克尔·波兰尼（2000）：《个人知识：迈向后批判哲学》，许泽民译，贵州人民出版社。

聂璞、张昱（2023）："社会工作中人与环境关系的研究——历史演变与新发展"，《社会工作》第 5 期，第 11~22、104~105 页。

唐纳德·A. 舍恩（2018）：《反映的实践者：专业工作者如何在行动中思考》，夏林清译，北京师范大学出版社。

童敏、李诗雨（2024）："从帮扶到治理：中国社会工作的历史转向与自主知识建构"，《社会工作》第 3 期，第 1~24、151~153 页。

童敏、周晓彤（2022）："超越心理学与社会学：社会工作的在地性审视及其理论重构"，《厦门大学学报》（哲学社会科学版）第 6 期，第 10~17 页。

童敏、周燚（2023）："过度社会性：对基层治理社会工作的反思"，《都市社会工作研究》第 1 期，第 1~17 页。

王思斌（2023a）："在机构改革新格局下发展好民政领域社会工作"，《中国社会工作》第 34 期，第 6 页。

王思斌（2023b）："机构设置新格局下'大社会工作'的均衡发展"，《中国社会工作》第 16 期，第 6 页。

徐道稳（2023）："浅谈中央社会工作部成立对我国现有社会工作发展体制的影响"，《中国社会工作》第 22 期，第 25~26 页。

杨超（2020）："社会性抑或关系性：社会工作属性的反思"，《社会与公益》第 5 期，第 93~95 页。

殷妙仲（2011）："专业、科学、本土化：中国社会工作十年的三个迷思"，《社会科学》第 1 期，第 63~71 页。

张克（2023）："从地方社工委到中央社会工作部：党的社会工作机构职能体系重塑"，《行政论坛》第 3 期，第 72~81 页。

郑家栋（1995）："走出虚无主义的幽谷——中国传统哲学与西方后现代主义辨异"，《中国社会科学》第 1 期，第 128~138 页。

Abramovitz, M. (1998). "Social Work and Social Reform: An Arena of Struggle." *Social Work* 43 (6): 512-526.

Akesson, B., Burns, V., & Hordyk, S-R. (2017). "The Place of Place in Social Work: Rethinking the Person-in-Environment Model in Social Work Education and Practice." *Journal of Social Work Education* 53 (3): 372-383.

Audate, T. S. (2022). "Psychosynthesis as a Spiritual Practice in Clinical Social Work." *Journal of Religion & Spirituality in Social Work* 41 (4): 369-383.

Bergheim, B. (2021). "Accessing Tacit Knowledge: A Street-level Method." *Journal of Social Work Practice* 35 (1): 51-61.

Besthorn, F. H. (2001). "Transpersonal Psychology and Deep Ecological Philosophy: Exploring Linkages and Applications for Social Work." in E. R. Canda and E. D. Smith (eds.) *Transpersonal Perspectives on Spirituality in Social Work*. Binghamton, N. Y.: Naworth Press.

Blundo, R., & Greene, R. R. (2008). "Social Construction." in Roberta R. Greene (3rd ed.) *Human Behavior Theory and Social Work Practice* (pp. 237-264). New Jersey: Transaction Publisher.

Brandell, J. R. (2004). *Psychodynamic Social Work*. New York: Columbia University Press.

Canda, E. R., & Furman, L. D. (2010). *Spiritual Diversity in Social Work Practice: The Heart of Helping* (2nd eds.) New York: Oxford University of Press.

Carpenter, D. E. (2011). "Constructivism: A Conceptual Framework for Social Work Treatment." in Francis J. Turner (5th ed.). *Social Work Treatment: Interlocking Theoretical Approaches* (pp. 117-133). New York: Oxford University Press.

Compton, B., & Galaway, B. (1994). *Social Work Processes* (5th ed.). Pacific Grove, C. A.: Brooks/Cole.

Cornell, K. L. (2006). "Person-in-Situation: History, Theory, and New Directions for Social Work Practice." *Praxis* 6: 50-57.

Cowley, Au-Deane. S. (1996). "Transpersonal Social Work." in Francis J. Turner (4th ed.) *Social Work Treatment: Interlocking Theoretical Approaches*. New York: The Free Press.

Dominelli, L. (1997). "International Social Development and Social Work: A Feminist Perspective." in M. C. Hokenstad and J. Midgley (eds.) *Issues in International Social Work: Global Challenges for a New Century* (pp. 89-112). Washington D. C.: NASW Press.

Dominelli, L. (2002a). *Feminist Social Work Theory and Practice*. Basingstoke: Palgrave.

Dominelli, L. (2002b). "Values in Social Work: Contested Entities with Enduring Qualities." in R. Adams, L. Dominelli and M. Payne (eds.) *Critical Practice in Social Work* (pp. 15-26). New York: Palgrave.

Fenwick, T., & Nerland, M. (2014). "Sociomaterial Professional Knowing, Work Arrangements and Responsibility: New Times, New Concepts?" in T. Fenwick and M. Nerland (eds.) *Reconceptualising Professional Learning: Sociomaterial Knowledges, Practices and Responsibilities*. London: Routledge.

Ferguson, H. (2018). "How Social Workers Reflect in Action and When and Why They Don't: The Possibilities and Limits to Reflective Practice in Social Work." *Social Work Education* 37 (4): 415-427.

Fook, J. (2002). *Social Work: Critical Theory and Practice*. London: Sage Publications.

Fook, J. (2003). "Critical Social Work: The Current Issues." *Qualitative Social Work* 2 (2): 123-130.

Franklin, C., & Hai, A. H. (2021). "Solution-Focused Brief Therapy for Substance Use: A Review of the Literature." *Health & Social Work* 46 (2): 103-114.

Freddolino, P. O., Moxley, D. M., & Hyduk, C. A. (2004). "A Differential Model of

Advocacy in Social Work Practice. " *Families in Society*: *The Journal of Contemporary Human Services* 85 （1）: 119-128.

Gergen, J. K. (1985). "The Social Constructionist Movement in Modern Psychology. " *American Psychology* 40 （2）: 266-275.

Gitterman, A., & Germain, C. B. (2008). *The Life Model of Social Work Practice*: *Advances in Theory and Practice* (3rd eds.). New York: Columbia University.

Goldstein, E. G. (1995). *Ego Psychology and Social Work Practice* (2nd ed.). New York: The Free Press.

Goldstein, E. G. (1996a). "What is Clinical Social Work? Looking Back to Move Ahead. " *Clinical Social Work Journal* 24 （1）: 89-104.

Goldstein, E. G. (1996b). "Ego Psychology Theory. " in Francis J. Turner （4th ed. ） *Social Work Treatment*: *Interlocking Theoretical Approaches* (pp. 191-217). New York: The Free Press.

Green, D., & McDermott, F. (2010). "Social Work from Inside and Between Complex Systems: Perspectives on Person-in-Environment for Today's Social Work. " *The British Journal of Social Work* 40 （8）: 2414-2430.

Hamilton, G. (1951). *Theory and Practice of Casework* (2nd ed.). New York: Columbia University Press.

Haynes, K. S. (1998). "The One Hundred—Year Debate: Social Reform versus Individual Treatment. " *Social Work* 43 （6）: 501-509.

Healy, K. (2000). *Social Work Practice*: *Contemporary Perspectives on Change*. London: Sage.

Hollis, F. (1964). *Casework*: *A Psychosocial Therapy*. New York: Random House.

Howe, D. (2009). *A Brief Introduction to Social Work Theory*. Basingstoke: Palgrave Macmillan.

Kemp, S. P., Whittaker, J. K., & Tracy, E. (1997). *Person-environment Practice*: *The Social Ecology of Interpersonal Helping*. New York: Aldina de Gruyter.

Krill, D. F. (1978). *Existential Social Work*. New York: The Free Press.

Krill, D. F. (2014). "Existential Social Work. " *Advances in Social Work* 15 （1）: 117-128.

Lane, M. (1999). "Community Development and a Postmodernism of Resistance. " in B. Pease and J. Fook （eds. ） *Transforming Social Work Practice*: *Postmodern Critical Perspectives* (pp. 131-148). London: Routledge.

Lee, J. A. B. (2001). *The Empowerment Approach to Social Work Practice*: *Building the Beloved Community* (2nd ed.). New York: Columbia University Press.

Lee, M. Y. (2011). "Solution-focused Theory. " in Francis J. Turner （5th ed. ） *Social Work Treatment*: *Interlocking Theoretical Approaches* (pp. 460-476). New York: Oxford University Press.

Lloyd, L. (1998). "The Post-and the Anti-: Analysing Change Analyses in Social Work. " *British Journal of Social Work* 28 （7）: 709-727.

Lowe, R. (1991). "Postmodern Themes and Therapeutic Practices: Notes towards the Definition. " *Dulwich Center Newsletter* 3 （1）: 41-53.

Lyngstad, R. (2013). "Contextual Social Work and Internationalizing Social Work Education:

Two Sides of the Same Story?" *Journal of Social Work* 13 （4）： 400–418.

Mahajne, I. , & Alhuzail, N. A. （2024）. "Minority Social Workers Share Their Previously Tacit Knowledge： Patterns and Importance of Sharing and the Context. " *British Journal of Social Work* 1–18.

Mahoney, M. J. （1991）. *Human Change Processes： The Scientific Foundations of Psychotherapy*. New York： Guilford.

Miehls, D. （2011）. "Relational Theory and Social Work. " in Francis J. Turner （ed. ） *Social work treatment： Interlocking Theoretical Approaches* （pp. 401–412）. New York： Oxford University Press.

Moon, K. A. （2007）. "A Client-Centered Review of Rogers With Gloria. " *Journal of Counseling & Development* 85 （3）： 277–285.

Morrison, K. （1996）. "Developing Reflective Practice in Higher Degree Students Through a Learning Journal". *Studies in Higher Education* 21 （3）： 317–332.

Olson, J. J. （2007）. "Social Work's Professional and Social Justice Projects： Discourses in Conflict. " *Journal of Progressive Human Services* 18 （1）： 45–69.

Orme, J. （2003）. " 'It's Feminist because I Say So!' Feminism, Social Work and Critical Practice in the UK. " *Qualitative Social Work* 2 （2）： 131–153.

Parton, N. （1998）. "Risk, Advanced Liberalism and Child Welfare： The Need to Rediscover Uncertainty and Ambiguity. " *The British Journal of Social Work* 28 （1）： 5–27.

Parton, N. , & O'Byrne, P. （2000）. *Constructive Social Work： Towards a New Practice*. Bashingstoke： Palgrave Macmillan.

Payne, M. （2005）. *Modern Social Work Theory* （3rd ed. ）. New York： Palgrave Macmillan.

Payne, M. （2011）. *Humanistic Social Work： Core Principles in Practice*. London： Lyceum Books Inc.

Perlman, H. H. （1957）. *Social Casework： A Problem-solving Process*. Chicago： University of Chicago Press.

Perlman, H. H. （1986）. "The Problem-solving Model. " in F. J. Turner （ed. ） *Social Work Treatment* （pp. 245–266）. New York： Free Press.

Pincus, A. , & Minahan, A. （1973）. *Social Work Practice： Model and Method*. Itasca, I. L. ： Peacock Publishers.

Reisch, M. , & Garvin, C. （2016）. *Social Work Practice and Social Justice： Concepts, Challenges, and Strategies*. New York： Oxford University Press.

Richmond, M. E. （1922）. *What is Social Case Work? An Introductory Description*. New York： Russell Sage Foundation.

Rojek, C. , Peacock, C. , & Collins, S. （1988）. *Social Work and Received Ideas*. London： Routledge.

Rowe, W. （1996）. "Client-centered Theory： A Person-center Approach. " in Francis J. Turner （4th ed. ） *Social Work Treatment： Interlocking Theoretical Approaches* （pp. 69–93）. New York： The Free Press.

Ruch, G. （2000）. "Self and Social Work： Towards an Integrated Model of Learning. " *Journal of Social Work Practice* 14 （2）： 99-112.

Saari, C. (1991). *The Creation of Meaning in Clinical Social Work.* New York： Guilford Press.

Schneider, R. L. , & Lester, L. (2001). *Social Work Advocacy： A New Framework for Action.* Belmont C. A. ： Brooks/Cole.

Simon, B. L. (1994). *The Empowerment Tradition in American Social Work： A History.* New York： Columbia University Press.

Sisneros, J. , Stakeman, C. , Joyner, M. , & Schmitz, C. L. (2008). *Critical Multicultural Social Work.* Chicago： Lyceum Books Inc.

Solomon, B. B. (1976). *Black Empowerment： Social Work in Oppressed Communities.* New York： Columbia University Press.

Specht, H. , & Courtney, M. E. (1994). *Unfaithful Angels： How Social Work has Abandoned its Mission.* New York： Free Press.

Strean, H. S. (1996a). "Applying Psychoanalytic Principles to Social Work Practice： An Historical Review. " in J. Edward and J. Sanville (eds.) *Fostering Healing and Growth： A Psychoanalytic Social Work Model* (pp. 1-22). Northvale, N. J. ： Aronson.

Strean, H. S. (1996b). "Psychoanalytic Theory and Social Work Treatment. " in Francis J. Turner (4th ed.) *Social Work Treatment： Interlocking Theoretical Approaches* (pp. 523 - 554). New York： The Free Press.

Taiwo, A. (2022). "Social Workers' Use of Critical Reflection. " *Journal of Social Work* 22 (2)： 384-401.

Thompson, N. (1992). *Existentialism and Social Work.* Aldershot： Averbury.

Tretheway, R. , Taylor, J. , & O'Hara, L. (2017). "Finding New Ways to Practise Critically： Applying a Critical Reflection Model with Australian Health Promotion Practitioners. " *Reflective Practice* 18 (5)： 627-640.

Turner, F. J. (1978). *Psychosocial Therapy.* New York： Free Press.

Turner, J. , & Jaco, R. M. (1996). "Problem-solving Theory and Social Work Treatment. " in Francis J. Turner (4th ed.) *Social Work Treatment： Interlocking Theoretical Approaches* (pp. 503-522). New York： The Free Press.

Walsh, R. & Vaughn, F. (1980). *Beyond Ego： Transpersonal Dimensions in Psychology.* Los Angeles： J. P. Tarcher.

Weick, A. (1981). "Reframing the Person-in-Environment Perspective. " *Social Work* 26 (2)： 140-143.

White, M. , & Epston, D. (1990). *Narrative Means to Therapeutic Ends.* New York： W. W. Norton & Company.

White, S. , Fook, J. , & Gardner, F. (2006). *Critical Reflection in Health and Social Care.* Berkshire： Open University Press

Woods, M. E. , & Hollis, F. (1990). *Casework： A Psychosocial Theory* (4th ed.). New York： McGraw-Hill Publishing Company.

Yang, Z. , Hamidi, M. , & Abd Wahab, H. (2023). "Narrative Therapy as an Intervention Technique: A Qualitative Study from the Geriatric Social Work Field in the Chinese Mainland. " *International Social Work* 11: 1-15.

Yan, M. C. (1998). "Social Functioning Discourse in a Chinese Context: Developing Social Work in Mainland China. " *International Social Work* 41 (2): 181-194.

应急社会工作的概念逻辑与发展路径

——基于大安全大应急框架*

黄　红　刘明明**

摘　要　应急社会工作是在应对各种突发事件和危机情境中，专业社会工作者开展的旨在维护国家安全、社会稳定和个人及家庭安全的服务活动。如何在"大安全大应急框架"下厘清应急社会工作的概念逻辑与发展路径是其有效融入应急治理体系的关键。本文基于总体国家安全观，将我国应急社会工作政策与实践发展放置在"大安全大应急框架"下进行系统考察，从叙事基础与知识生产、问题意识与实践场域探讨了应急社会工作的概念逻辑；从"对象—行动—主体"三个维度考察了应急社会工作的生成基础，提出我国应急社会工作未来需要在制度嵌入、人才培养、专业能力提升三个方面共同发力。

关键词　应急治理　应急社会工作　总体国家安全观

一　引论

随着全球化和信息化的不断深入，人类社会已经步入一个高度复杂、不确定且多元化的经济社会环境。与此同时，全球性风险的挑战也日益严峻。在这样的背景下，基于"风险"的重大政策制定和实施，不仅决定着发展方向和战略目标，而且直接影响社会的稳定与安全。党的二十大报告

---

　*　本文系国家社科基金年度项目"社会工作参与重大突发事件应急管理的合法性困境研究"（21BSH162）的阶段性成果之一。

　**　黄红，黑龙江省社会科学院副院长、研究员、高级社会工作师，研究方向为社会工作与社会政策、社会治理；刘明明，黑龙江省社会科学院副研究员，研究方向为历史社会学、城市社会学。

明确指出，要"建立大安全大应急框架，完善公共安全体系，推动公共安全治理模式向事前预防转型"。"大安全大应急框架"突出系统性和整体性，是实现公共安全治理水平现代化的核心内容和关键举措，也是新时期进一步完善公共安全体系的结构性抓手，更是推动应急治理模式由事中型向全过程转换的基石（詹承豫、徐培洋，2023）。重大政策的制定和实施可能会改变不同主体的风险认知、态度和行为，进而引发社会稳定风险的产生与扩散，因此，如何在"大安全大应急框架"下厘清主体角色就成为政府有效风险治理的关键，也是完善国家治理体系和实现治理能力现代化的重要环节。

2019 年末，重大突发公共卫生事件作为检验应急治理能力的"黑天鹅"出现后，包括社会工作在内的中国社会科学界对应急治理模式进行了深刻的反思，尝试透过理论对话现实，呈现各自领域的观察图式。一是从贝克（U. Beck）的风险理论出发，通过"正常/不正常"的标识，将重大突发公共卫生事件标示为一个不正常的风险现象，由此展开对应急治理模式的反思，相关学者普遍认为重大突发公共卫生事件治理体系的构建能够显著提高国家治理能力现代化水平（高志宏，2020；陈彪、贺芒，2021；秦浩，2021；单册，2022）。然而，当"突发"特性在一年后逐渐模糊时，如何在"不正常"与"正常"之间进行治理转换成为学界反思的重点。二是从卢曼（N. Luhmann）的风险理论出发，借由"可调控性/不可调控性"对应急治理能力进行反思，进一步将风险社会标示为治理对象，相关学者从应急管理的原则（宋林飞，2020）、结构路径（陈晓红等，2022）、法制架构（宋华琳、徐曦昊，2023）、数字治理（徐艳晴、姚洪，2023）等视角，考察了如何在应急管理体系和日常管理体系之间提高政府的应急管理能力的问题。三是从吉登斯（A. Giddens）的风险视角出发，经由"确定性/不确定性"的观察图式，认为现代社会是一个以不确定性为本质的现代化阶段，应对应急协调能力进行常态化建设，相关学者普遍认为该项能力的高低直接影响应急治理资源的整合成效（朱静辉、熊万胜，2020；欧阳桃花等，2020；高志宏，2021），该方向的研究多为学理探索。

在社会工作学界，基于突发事件（包括自然灾害、事故灾难、公共卫生事件和社会安全事件四大类）内含的风险综合性及主体多元性，社会工作参与应急管理的专业合法性得到了共识（王思斌，2020；文军，2020a、

2020b；徐选国，2020；卫小将，2020；李迎生，2020；关信平，2020），但总体而言，目前国内社会工作学界对应急治理的研究"切口"较为精细，尚缺乏国家应急治理层面的整体性讨论，未能针对应急治理模式及其风险进行体系性嵌入式考察。本文首先引入知识生产的视角，审视"应急"与"社会工作"的契合性，探讨应急社会工作的概念逻辑；从过程性和系统性出发，采用总体国家安全观的视角，从"对象—行动—主体"三个维度，考察应急社会工作的生成基础；最后根据经验提炼出应急社会工作三重合法性生成机制，以期为专业社会工作有效融入应急治理提供启发性的思路。

二 何以可能：应急社会工作的概念逻辑

（一）作为"专业"的应急社会工作：叙事基础与知识生产

作为一种建构主义的叙事（narrative）研究，是近年来国际上研究主体行为、意义的一种热点研究方法，它在帮助研究者理解社会现象（Shanahan et al.，2011）、赋予政府行为以意义（Garud et al.，2014）、对社会现实进行解构（Krebs，2015）等方面，具有重要的范式意义。近年来，叙事研究在国内也获得了较多的关注，并在社会治理领域形成了三类研究志趣。一是以叙事模式理解社会现象（隋岩、唐忠敏，2020；李阿琳，2021），并探讨其在行政决策（费久浩，2021）、公共治理（韩志明，2019）等方面的应用。第二类研究志趣是以叙事视角重新理解知识生产（朱正威、吴佳，2021）和学科构建（罗梁波，2020；徐扬、赵有声，2020）。三是对叙事方法（刘子曦，2018）、叙事框架（李文钊，2017；宋雄伟等，2019；郭跃等，2020）的细致梳理，分析什么样的叙事框架才能完整理解社会现象等重要问题。在理解专业社会工作在应急治理中的作用时，可以从权威叙事基础与自我知识生产两个角度切入。

在历史跟哲学思考的观点中，现象的产生不会只是单一的事件，它是一种社会建构，也是脉络连续发展的结果。为探明权威叙事对于"社会工作"的角色定位问题，本文通过NVivo12软件对收集到的2019年至2023年末的政策文本进行词语挖掘，将57份政策文本涉及社会工作参与突发事件应急治理的政策条款逐条单独导入软件，设置词语最小显示长度为2，在剔除常见无意义词语后得到"心理"、"支持"和"救灾"等计数超过 100 的 13 个高频词（表 1）。

表 1　社会工作参与突发事件应急管理政策高频词

词语	长度	计数
心理	2	499
救灾	2	183
社区	2	182
组织	2	176
支持	2	173
应急	2	128
专业	2	125
精神	2	125
疫情	2	119
灾害	2	110
卫生	2	109
疏导	2	107
工作者	3	104

　　2019 年前政策话语的应急管理叙事中对于"社会工作"的定位来源于实用主义传统，反映出一种"临时"的状态（黄红，2024），即将应急治理认知为短时间内需要向某一特定时空调动大量资源，但不需要为此进行大规模治理结构调整的突发事件。聚焦于风险治理，我国于 2022 年末完成了第一次全国性的自然灾害综合风险普查。其后，应急治理模式开始向事前预防转型，促使风险防范与应急处置等更紧密协同配合，政策话语应急管理叙事中对于"社会工作"的定位逐渐由"临时"转为"常态"，关系、逻辑、叙事的重组和构建进入了新的阶段。在建构导向的应急认知框架下，宏观的制度变迁受到权威主体外多元主体的建构过程影响，2019 年后的五年间，我国应急管理制度的变迁路径与相关主体的主观建构紧密相关，主体关系亦在多元博弈平衡中动态调整。

　　行动形塑了我们的经验，但经验需要被整理才能产生知识。恢复重建 30 年来，我国社会工作的不同领域形成了不同的理论基础。着眼于应急管理的不同环节，专业社会工作基于实践的知识生产主要有以下四个方面。一是从风险治理视角出发，集中于预防性青少年社会工作、社区矫治、矛盾调处等方面的专业实践。在应急社会工作领域，侧重于全过程的角色作用，倡导社会工作着眼于特定对象防范或减少突发事件的负面影响，打破恢复重建单一环节的固有介入样态，提前介入预防减灾（方琦、范斌，2020）。二是从社会支持视角出发，较多关注医务社会工作和家庭社会工作，以微观场域的专业实践提升社会工作应对重大社会风险的能力（向德平、张坤，2021）。在应急社会工作领域，可理解为社会工作介入突发事件中受影响社区或灾区的社会秩序恢复。三是从优势视角出发，着眼于服务对象具有自身能力和潜在优势，通过发现和利用这种优势，协助服务对象摆脱困境。在应急社会工作领域，既有的实践集中于灾害救援和恢复重建，面向丧亲者、儿童、老年人、残疾人等群体，提供情绪辅导、课业辅导、成长陪同、照护、生计支持等专业社会工作服务，初步形成社会工作介入灾区的工作模式（王思斌，2020），并逐步应用于灾害应急管理的全过程。四是从社会系统理论出发，将社区或灾区作为一个社会生态系统，着眼于社区资源与社会力量之间内外资源、内部结构及其功能的协调性，通过联盟形式开展联合行动，寻求愿景目标、行动能力和各自资源的协调（颜烨，2021）。

（二）作为"实践"的应急社会工作：问题意识与实践场域

党的二十届三中全会通过的《中共中央关于进一步全面深化改革 推进中国式现代化的决定》将推进国家安全体系和能力现代化单列一部分，"总体"蕴含着内容丰富的大安全理念。具体来说，总体国家安全观强调大安全理念，回应了世界之变、时代之变、历史之变，实现了对各类风险的总体理解和宏观把控（钟开斌，2020）。中国特色应急社会工作的构建，必须从我国应急治理的改革发展实践出发，实现理论构建与实务创新的互构互促、良性发展（李迎生，2019）。在这里，社会工作的主体性和时代性必然是以实践为基础的。

社会工作是现代社会的产物，并紧密伴随城市化和工业化进程而发展。在西方，后工业化时代人类生活生存面临的困境极有可能潜藏生存威胁，促使社会工作开始关注与之相伴而生的各种问题与需求；二战后的社会工作组织模式、实施路径与方式等也体现出强烈的时代特征，可以说从内容到形式都打上了风险社会演进的深深烙印。关于应急领域的社会工作文献，最早可见的是社会工作介入精神病紧急救助的实践（Golan & Carey，1969），后逐步拓展至医务社会工作，包括儿童、老人、孕妇等急诊服务①。社会工作介入灾害应急管理的研究主要集中于突发事件发生前后，社会工作同应急准备、应急响应之间的联系，以及社会工作者的实践内容，如公众心理抚慰、适应力提升、社区边界拓展、社会工作者自我照顾等（Stewardson & Nicolette，2012），认为社会工作者和其他城市应急管理主体一样，既要减灾，又要重视急救生命，但社会工作者在后续的危机干预、社区心理健康促进和创伤治疗过程中，要将复原力放在首位（Wong，2018）。

2008 年汶川地震后，我国社会工作在参与灾害救助中发挥着越来越重要的作用（陈锋等，2019）。十余年间，社会工作介入的应急场域由自然灾害救援逐步拓展到医务社会工作、突发公共事件处置等多个领域。专业社会工作在实践的"情景切入"和"自我觉醒"的反身性自觉中，从功能主义、集体行动等视角总结介入模式，基于"政府-社会"的关系探索社会工作在应急治理场域的价值、原则、方式与任务等。基于社会工作专业的时代性、实践性样态，本文更倾向于将"大安全大应急框架"下的应急社会工作称为广义应急社会工作，即综合运用社会工作的专业理论与方法，将"应急元素"与"社会元素"紧密结合，按照"行动—结构—系统"的逻辑链条，实现应急治理场域整体性治理和宏观与微观互动的过程性实践。

三 何以必要：应急社会工作的生成基础

从社会科学的一般规律分析，由于社会工作在不同时间、不同地区的显著差异性，或许很难归纳出一种能够适配的专业能力"最优解"。然而，却可能存在特定的空间和时间限定下，适用于某个地区在某个时间段的理想模式。

---

① 关于这一领域的文献，可参见：Nash，1970；Bunker et al.，1989；Wrenn and Rice，1994；Maidment，2013；Lewis et al.，2015；Hamilton et al.，2015；Palmer and Murphy-Oikonen，2019。

（一）对象维度：从"灾害"到"应急"的领域扩展

2008 年被称为我国"灾害社会工作元年"，汶川地震之后国内学界逐渐开始进行社会工作参与突发事件理论研究及实践探索。随着理论研究和实践探索的推进，国家相关部门也开始逐步出台该领域的政策，如《国家综合防灾减灾规划（2016—2020）》（国办发〔2016〕104 号）、《民政部救灾应急工作规程》、《民政部关于支持引导社会力量参与救灾工作的指导意见》（民发〔2015〕188 号）等，这些法规政策使专业社会工作逐渐成为国家防灾减灾体系的有机组成部分。

2020 年前，国家及地方层面对于应急治理场域专业社会工作的角色集中于"技术"层面。从制度变迁路径来看，技术导向的专业社会工作定位所引致的是所涉领域的窄化。如在 2014 年"8·3 鲁甸地震"后，政府开始有组织、有计划地引入专业社会工作充实救灾力量，2017 年的"6·24"茂县山体垮塌、2017 年"8·8"九寨沟地震等灾害场域已经常态化涌现社会工作力量。以上的事例可以呈现一条政策惯性演进线，即当对于专业社会工作之功能认知的技术导向共识达成之后，相关政策议程及安排会惯性围绕技术层面展开，2014 年后的相关政策多将专业社会工作置于灾害应急领域的技术标准、操作流程、预警技术等方面。在此认知框架之下，应急场域的专业社会工作角色被惯性定位为纯技术问题，其角色路径主要在心理援助层面展开，而极少触及应急管理的深层体制变革。

2019 年末，重大突发公共卫生事件的出现，引致相关制度的变革。如深圳作为我国较早开展社会工作探索和实践的城市，于 2020 年末颁布了《深圳市人民政府办公厅关于印发深圳市提升社会工作服务水平若干措施的通知》（深府办规〔2020〕11 号），首次将"应急处置"明确为专业社会工作的服务领域。相对于"技术"导向的角色功能认知，这样的领域拓展可理解为"建构"导向的角色功能认知，即强调应急治理场域与应急多元力量之间联系的主观建构性（马小飞，2023），进而改革社会工作服务供给方式。从建构导向诠释政府一方的灾害认知演进过程，可以发现灾害话语场域的边界被不断放大，并逐渐拓展到应急管理制度层面。随着政策窗口的开启，应急管理的体制性与机制性问题被纳入相关政策的反思之中，至

2022 年,《灾害社会工作服务指南》(DB4403/T 211-2021)首次将专业社会工作在应急场域的服务对象定位为受到"自然灾害、事故灾难、公共卫生事件、社会安全事件等突发事件影响的人员",在应急治理主体的认知博弈中,从"灾害"到"应急"的地方性治理机制转变,逐步传递到国家层面对于应急治理主体的应急认知、价值判断以及行为规范。

(二)行动维度:从"单流程"到"全过程"的实践整合

斯蒂文·芬克(Fink,1986)认为危机发展存在四段论模式,即"潜在期""突发期""蔓延期""解决期"。应急管理循环是美国 FEMA(Federal Emergency Management Agency,联邦应急管理署)在 20 世纪 80 年代以自然灾害应急管理为基础发展出来的经典理论,也是 CEM(Comprehensive Emergency Management,综合应急管理模式)的制度支撑之一(张海波、童星,2015)。该理论提出应急管理是全灾种全过程管理,全过程管理就是把应急管理视为一个包括"减灾""准备""响应""恢复"四个阶段的循环过程,2011 年"9·11"事件后,增加了"预防"环节。2024 年 11 月 1 日开始施行的新修订的《中华人民共和国突发事件应对法》将应急管理的阶段划分为预防与应急准备、监测与预警、应急处置与救援、事后恢复与重建。无论是斯蒂文·芬克的危机四段论、美国 FEMA 的应急管理循环理论还是《中华人民共和国突发事件应对法》中的法律文本规定,均对各个阶段应急管理多主体的角色、功能与相互关系做出了界定。政府是突发事件应急管理的核心主体,例如,在"潜在期"政府应当调动力量对危机进行全面解读和预测并据此做好防控预案,在"突发期"政府应当积极动员各种力量参与防控并灵活调整方案、开展进一步的研究,在"蔓延期"政府应当保持紧急防备状态并且高度警惕次生、衍生危机的发生,在"解决期"政府应当及时宣布危机的结束、安抚民心并且对之前的作为进行总结和反思以不断完善应急机制。总结来说,在整个过程中政府是应急工作的主导,与各方力量进行着风险方面的沟通并且动员和协调着各种资源。

社会工作是应急管理主体中的一元,在参与突发事件应急管理的各阶段采取的行动看似各自独立却又相互关联。从近十余年来我国专业社会工作在地震、灾害事故中的服务实践来看,作为服务主体,专业社会工作在突发事件应急管理的各阶段发挥了重要作用。集中体现在应急处置与救援、事后恢复与重建阶段。

应急社会工作在突发事件处置和救援期的实务目标是用专业服务帮助受灾（难）家庭、个人及救援人员以稳定的状态回归正常生活轨道。专业社会工作者所提供的服务内容应随着每个突发事件应急管理阶段的目标与需求不同而有所改变，透过动态与不断修正服务内容，回应应急治理的救助目标。在汶川地震、河南洪灾等自然灾害的应急社会工作实践中，专业社会工作者的角色功能主要体现在微观和中观两个部分。在微观层面，社会工作者的角色功能包括对灾民及其家属的心理重建、协助个人与家庭链接资源、重建社会支持网络、提供资讯等。在中观层面，社会工作者同时发挥了资源开发及协调、社会力量整合、社区福利传导、倡导相关政策的改变、参与各种组织为服务对象发声、减少受灾居民被标签、增权服务对象、协助灾害重建准备的功能等（黄红，2022）。

社会重建是一个抽象范畴，而实践的前提就是要将抽象的社会重建对象化，因此社会工作介入社会重建的先导就是要将对象范畴操作化，而操作化中最重要的环节就是找到社会工作的介入点（黄红，2022）。在恢复重建期，除传统生产恢复、社会网络重建、心理重建等社会工作接入点外，还应关注应急管理面临的种种社会风险。首先，应急状态激发过多，可能会在社会层面产生"应急疲劳"，导致政府部门的运转效率下降，治理效果减弱。其次，政府职能在日常状态和应急状态之间的转换中，社会的总体认知往往难以随之进行及时的调整，二者可能在时间维度产生延迟效应，在空间维度产生错位效应，从而在民众和政府之间形成张力，甚至引发政府行为和民众认知之间出现空间和时间维度的多层割裂。第三，应急状态往往会在社会和网络中激发一定的负面舆论，考验政府对民意舆情的把控能力。此外，长时间的应急状态可能会导致社会公众将其与永久性的状态产生混淆，出现对未来的悲观预判和对政府不满情绪的积累，以上这些也是应急社会工作的介入点。

从"应急治理"的框架出发，本土应急社会工作实践已经显现，社会工作在突发事件中的角色功能从"单流程"到"全过程"实践整合。从全过程看，预防与应急准备、监测与预警阶段和恢复重建期，社会工作有更大的专业服务空间需要拓展。

（三）主体维度：从"参与"到"协同"的角色递进

结合国际风险管理理事会（IRGC，2006）和国际影响评估协会（Vanclay，2003）的经验，本文认为危机治理主体能否有效参与到治理进程中，取决于三个重要的机制，即风险沟通机制、风险评估机制和风险反应机制。专业社会工作通过三个机制，在突发事件的应急管理中，实现了从"参与"到"协同"的角色递进。

应急社会工作的沟通机制。沟通机制是连接其他各类机制的风险应对核心能力（IRGC，2006）。在当今社会时空特征持续变化的背景下，传统的单纯依靠政府的动员、监督和评估风险的机制受到挑战，需建立包容、开放的沟通机制，对社会变化进行及时反馈，方能对风险综合体的源头进行动态监测和实时预警。在应急治理场域，灾害社会工作的沟通角色主要体现为动员倡议者、信息沟通者、关系协调者和协作管理者。从动员倡议者角色来看，近十余年，各级社会工作行业组织均针对突发性事件"第一时间"迅速反应，发表倡议书，倡议和动员全社会和广大社会工作者尽其所能参与救助行动，如中国社会工作教育协会在历次重大突发事件后，第一时间倡议会员单位发挥专业优势，参与救助活动。从信息沟通者角色来看，因为突发事件的紧急处置需要快捷信息，事件现场的社会工作者要与政府部门、专业救援力量、医务人员、媒体、社会工作系统内部、伤亡者家属等保持必要的信息沟通。从关系协调者角色来看，无论是应急阶段的救援，还是后期的恢复重建，应急社会工作者都应该在政府、社会组织、灾区及居民之间进行人际关系、资源关系、行政关系等的协调，保持高效救援和有效重建。从协作管理者角色来看，应急社会工作者与政府管理者、专业施救者、新闻工作者、医学工作者等均存在专业协作关系，尤其是管理个案、管理团队方面更要体现出专业优势。

应急社会工作的评估机制。应急评估机制是依据一套逻辑与程序对风险进行确认，风险评估同风险知识、风险感受一起被置于社会理性与科学理性相互建构的脉络中。一旦我们承认风险是在不确定性的脉络中被生产出来，便意味着风险评估与风险感受都只是一种建构，风险就是一种集体建构的过程。应急社会工作角色功能包括风险估判者等，与专业人员或政府部门一道，对重大风险点、风险源和风险等级程度进行全尺度评估和判断，确保风险可控可预防。全尺度代表着充分考虑社会中的不同空间和不同因素。此外，全尺度也意味着准确识别不同的利益相关者，如在叙事模式的争论中，持续关注并实时评估政府、媒体、意见领袖、物资供应商、医药企业、普通民众等不同群体的逻辑出发点和实际需求，以此梳理和平衡各方的利益和风险分配。由于社会各类因素的时空变化，以及不同群体的利益调整，全尺度的评估也要相应体现出鲜明的动态调整特征。全过程评估与传统的静态评估差异显著，意味着对各类变化随时保持警醒，从变化的萌芽到其显化，一直到变化消失或被另一种新的变化所取代，持续评估其对叙事模式的影响和可能造成的风险。

应急社会工作的反应机制。在评估机制对时空特征的变化进行持续把控、沟通机制协助信息收集的基础上，治理模式的动态调整依赖于空间适配、行动灵活的反应机制。可以想象，如果结构冗杂、行动迟缓，在紧急情况下依然不能快速实现叙事模式的转变，那么危机将无法在最短时间内得到控制，其持续恶化将难以避免。当然，理想状态下的反应机制的"适配""灵活"，与不成熟机制的"随意"有本质区别。在应急治理场域，应急社会工作者在不同阶段匹配不同的反应机制，其特征更强调"协同性"。如在响应阶段，专业社会工作者作为临场施救者和心理危机干预者亲临一线，在政府临时指挥部领导下与专业救援人员一道抢险救灾、抢救幸存者、运送伤病员，发挥专业优势，开展心理危机干预。

四　何以可为：应急社会工作的发展路径

社会工作在过去十余年"突发""灾害"的时间面向上透过决策与治理系统关联起来，如何使应急社会工作服务得以常态化践行，从而发挥它的重要作用和实现其专业价值，就涉及社会工作者在应急治理领域的"实践权"问题。

（一）规制：应急社会工作的制度嵌入

社会工作作为突发事件应急治理的重要主体，已经写入了新修订的

《中华人民共和国突发事件应对法》，如第五章第八十一条规定了"国家采取措施，加强心理健康服务体系和人才队伍建设，支持引导心理健康服务人员和社会工作者对受突发事件影响的各类人群开展心理健康教育、心理评估、心理疏导、心理危机干预、心理行为问题诊治等心理援助工作"。此规定以法律形式明确了社会工作参与突发事件应对的合法性，如前文所述，相关政策文本也对社会工作参与应急治理的合法性予以明确。但我们看到，《中华人民共和国突发事件应对法》中仅明确了在"应急与救援阶段"中社会工作的参与合法性，而在"事后恢复与重建"中没有明确社会工作的角色功能，而恢复重建恰好是社会工作者的重要工作领域，因此，政策法规中专业社会工作的合法性还需进一步明晰，同时，应制定应急社会工作的标准规范，采取激励保障措施，明确社会工作参与突发事件应急治理中违法行为边界和具体处理措施，实现社会工作依法有序参与突发事件应急治理。

（二）队伍：应急社会工作的人才培养

我国社会工作教育至今已经走过了近百年历程。我国社会工作教育的发展变迁和历史轨迹，既是观察社会总体时代性与结构性特征的窗口，也是在不同历史环境中社会工作发展不同范式的产物（徐永祥，2020）。应急社会工作人才是应急管理体系中的关键力量，他们不仅需要具备扎实的专业知识和技能，还需要具备高度的责任感和良好的心理素质（王斯彤等，2024）。从我国当前的社会工作专业布点来看，偏重应急（灾害/危机）类社会工作方向的院校主要分布在西南（地震多发）、华南（洪涝、台风多发）地区。四川省主要集中在四川大学、西华大学等高校的社会学或社会工作专业；重庆市主要集中在西南大学、重庆师范大学等高校的社会学和社会工作专业；广东省主要集中在中山大学、广州大学、华南理工大学等高校的社会学或社会工作专业；北京市主要集中在中国社会科学院大学、北京师范大学等高校的社会学或社会工作专业；上海市主要集中在复旦大学、华东师范大学、华东理工大学、上海大学等高校的社会学或社会工作专业。从与社会工作相关的专业布点来看，属于社会工作与应急管理专业交叉的比较少，公开招生的仅见四川大学与香港理工大学合办的灾后重建与管理学院的应急管理社会与心理干预专业方向。2023 年，应急管理大学的筹建则是教育领域回应国家应急管理体系与能力现代化的现实举措。

应急社会工作人才培养需要在以下几个方面发力，一是培养实战能力。具备条件的高校要增设应急社会工作方向，结合国家大安全观与大应急观的要求，明确应急社会工作人才的培养目标，即培养一批具备高度责任感、扎实专业知识、卓越应变能力、优秀实战能力和良好心理素质的复合型人才。建立应急社会工作课程体系，涵盖应急管理基础理论、法律法规、风险评估、预案编制、应急处置、灾后恢复等多个方面，尤其是加强实践教学环节，通过模拟演练、案例分析、实地考察等方式，提升学生的实战能力。二是加强师资队伍建设，培育一批既有丰富实践经验又具备深厚理论功底的应急社会工作领域师资队伍。三是完善培训体系。建立多层次、多形式的应急社会工作继续教育体系，包括在职培训、国际交流、案例分析等，不断提升从业人员的专业素养和服务能力。四是建立健全激励机制，包括设立专项基金支持应急管理科研项目和人才培养项目，对在应急管理工作中表现突出的个人和集体给予表彰奖励；畅通职业发展通道，为优秀应急社会工作人才提供更多晋升机会和更广阔的发展空间。五是推动机制创新。建立政府主导、多方参与的协同育人机制，推动产学研深度融合。探索建立多方联动协作机制，形成服务合力，提升服务效能。

（三）能力：应急社会工作的专业能力提升

在新时代背景下，国家大安全观与大应急观的确立，为应急管理和社会工作领域带来了新的机遇与挑战。应急社会工作作为连接政府与民众、融合专业救援与人文关怀的桥梁，其重要性日益凸显，对于社会工作基于知识与技术的能力要求也极大提高。

在专业知识层面，对于专业灾害应急社会工作，应急管理知识与社会工作理论知识两方面最为基础，这是决定应急社会工作技能的知识基础。应急管理知识从四个环节来看，重点包括风险评价与预测预警理论方法、现代信息化技术知识、应急组织指挥与管控理论方法、灾后评价理论方法等。与应急救灾密切关联的社会工作理论知识大体有：危机介入理论方法、个案和小组方法论知识、社区为本与营造理论方法、社会生态系统理论、全人康复理论、优势视角理论知识等。两者在管理学知识方面比较重合。作为社会工作者，还应具备心理学、医学、法学、民俗学等学科的必备知识。在操作技能层面，应急救灾的精细化是一场最大的考验，从应急管理和救援角度来看，这些基本能力如预测评估分析技术（对风险演化的程度分析）、伤口包扎技术、心肺功能复苏技能、灭火器使用技巧、救援装备和设施佩戴方法、现场如何与上下左右进行信息沟通、现代信息化应急系统使用技能、灾后评估指标构建与技术等具体的技能方法。从社会工作角度来看，这些基本能力包括与政府或灾区建立专业关系的方法、沟通（问话／倾听）技巧、应激心理技术、个案登记与管理技能、队伍管理技能、文宣演讲与培训技能、案主赋权增能技术、案主或群体潜能激发技巧、社区生计规划技术、灾后调研评价技术、社区永续发展技能等。

五　余论

党的二十届三中全会通过的《中共中央关于进一步全面深化改革 推进中国式现代化的决定》提出"聚焦建设更高水平平安中国"，就"完善公共安全治理机制"做出重要部署，提出"完善大安全大应急框架下应急指挥机制，强化基层应急基础和力量，提高防灾减灾救灾能力"。时代的召唤和实践的沃土呼唤应急社会工作的诞生，应急社会工作应在中国"大安全大应急"治理转型的背景下反思和定位自己，进而实现理念的转换、方法的革新和内容的拓展，最终实现应急治理场域专业社会工作的全方面、立体化范式转型。

作为一个新生的社会工作领域，应急社会工作在获取社会价值肯定性、展示专业活动有效性和呈现服务多元化等方面已展现出其实践价值，如何在此基础上进一步走向发展、完善和创新，追求新的卓越，创造新的成绩，开创新的愿景是未来一个时期需要着重考察的核心议题；如何在实践场域下完整呈现其实践主张、理念原则、策略路线、方法技巧等，则是对社会工作者或其组织机构合法性的考验。

参考文献

陈彪、贺芒（2021）："整体性治理的精准指向：突发公共卫生事件治理的一个解释框架"，《求实》第 1 期。

陈锋、汪龙鑫、陈涛（2019）："中国的灾害救助与社会工作：汶川地震十年来相关研究述评"，《社会工作》第 5 期。

陈晓红、周艳菊、徐选华、汪阳洁（2022）："突发公共卫生事件下的应急运作管理研究"，《管理科学》第 1 期。

单册（2022）："党的十八大以来我国突发公共卫生事件应急管理体系建设的重大成就和重要经验"，《管理世界》第 10 期。

方琦、范斌（2020）："突发公共卫生事件中社会工作的实践机制：结构性组织与阶段性服务"，《华东理工大学学报》（社会科学版）第 1 期。

费久浩（2021）："公共政策的间断式变迁何以发生？——以全面'禁野'政策的出台为例"，《公共管理学报》第 3 期。

高志宏（2020）："突发公共卫生事件应对权：合法性、正当性及法律边界"，《学术界》第 11 期。

高志宏（2021）："突发公共卫生事件应对中政府公权的扩张及边界"，《学术交流》第 11 期。

关信平（2020）："加强制度建设，充分发挥社会工作在抗疫治理中的专业优势"，《社会工作》第 1 期。

郭跃、何林晟、苏竣（2020）："'工具-叙事-反馈'：一个行为公共政策的研究框架"，《中国行政管理》第 5 期。

韩志明（2019）："国家治理的信息叙事：清晰性、清晰化与清晰度"，《学术月刊》第 9 期。

黄红（2022）："社会工作参与重大突发事件应急管理的合法性建构——以灾害社会工作的角色实践为例"，《学习与探索》第 8 期。

黄红（2024）："社会工作介入应急治理场域的身份形塑——基于历史制度主义的分析框架"，《吉林大学社会科学学报》第 3 期。

李阿琳（2021）："地方身份的规划叙事——一个乡镇城市化的案例"，《社会学研究》第 3 期。

李文钊（2017）："叙事式政策框架：探究政策过程中的叙事效应"，《公共行政评论》第 3 期。

李迎生（2019）："中国特色社会工作体系建设初探"，《人文杂志》第 9 期。

李迎生（2020）："将社会工作纳入国家重大突发公共事件治理体系"，《社会建设》第 4 期。

刘子曦（2018）："故事与讲故事：叙事社会学何以可能——兼谈如何讲述中国故事"，《社会学研究》第 2 期。

罗梁波（2020）："公共管理研究的中国方式——基于社会工程的理解和行动框架"，《中国行政管理》第 8 期。

马小飞（2023）："建立大安全大应急框架的几点思考"，《中国应急救援》第 5 期。

欧阳桃花、郑舒文、程杨（2020）："构建重大突发公共卫生事件治理体系：基于中国情景的案例研究"，《管理世界》第 8 期。

秦浩（2021）："突发公共卫生事件的整体性治理框架与优化策略"，《中国行政管理》第 12 期。

宋华琳、徐曦昊（2023）："行政法中机构协调的法治架构——以公共卫生治理为例证"，《南开学报》第 2 期。

宋林飞（2020）："国家公共卫生应急管理原则与指标体系"，《社会学研究》2020 年第 4 期。

宋雄伟、张翔、张婧婧（2019）："国家治理的复杂性：逻辑维度与中国叙事——基于'情境-理论-工具'的分析框架"，《中国行政管理》第 10 期。

隋岩、唐忠敏（2020）："网络叙事的生成机制及其群体传播的互文性"，《中国社会科学》第 10 期。

王思斌（2020）："发挥社会工作专业优势深入参与新冠肺炎疫情防控战"，《中国社会工作》第 10 期。

王斯彤、龙雪城、刘伟（2024）："大安全大应急下公共卫生应急管理人才培养的实施路径"，《中国安全科学学报》第 1 期。

卫小将（2020）："公共危机治理现代化中的社会工作研究"，《中国特色社会主义研究》第 1 期。

文军（2020a）："新型冠状病毒肺炎疫情的爆发及共同体防控——基于风险社会学视角的考察"，《武汉大学学报》（哲学社会科学版）第 3 期。

文军（2020b）："疫情防控中的社会工作：可为与不可为"，《社会工作》第 1 期。

向德平、张坤（2021）："社会工作参与疫情防控的角色定位与实践方式"，《社会工作与管理》第 1 期。

徐选国（2020）："专业自觉与体系之外：社会工作介入新冠肺炎疫情初期防控的双重逻辑及其反思"，《华东理工大学学报》（社会科学版）第 2 期。

徐艳晴、姚洪（2023）："供需视角下重大突发公共卫生事件数字治理研究"，《中国行政管理》第 10 期。

徐扬、赵有声（2020）："现代性叙事的反思：西方公共行政的历史溯源"，《中国行政管理》第 8 期。

徐永祥（2020）：《社会工作发展论》，上海：华东理工大学出版社。

颜烨（2021）："应急社工专业的理论基础与实践初探"，《社会治理》第 12 期。

詹承豫、徐培洋（2023）："基于系统韧性的大安全大应急框架：概念逻辑与建设思路"，《中国行政管理》第 8 期。

张海波、童星（2015）："中国应急管理结构变化及其理论概化"，《中国社会科学》第 3 期。

钟开斌（2020）："习近平关于公共安全的重要论述：一个总体框架"，《上海行政学院学报》第 2 期。

朱静辉、熊万胜（2020）："治理滞距：新公共卫生事件对现代治理体系的挑战"，《探索与争鸣》第 4 期。

朱正威、吴佳（2021）："理解中国之治：中国共产党的治理语汇与韧性"，《中国行政管理》第 7 期。

Bunker, J. P., Gomby D. S., Kehrer B. H. （eds.）1989. Pathways to Health: The Role of Social Factors. Menlo Park, C. A., Henry J. Kaiser Family Foundation.

Fink, S. (1986). *Crisis management: Planning for the Inevitable.* New York: *American Management Association.*

Freedman, L. (2020). "Strategy for a Pandemic: The UK and COVID-19." *Survival* 62 （3）.

Garud, R., Gehman, J., & Giuliani, A. P. （2014）. "Contextualizing Entrepreneurial Innovation: A Narrative Perspective." *Research Policy* 43 （7）.

Golan N., & Carey H. （1969）. "The Emerging Role of the Social Worker in a Psychiatric EmergencyService." *Community Mental Health Journal* 5 （1）.

Hamilton, Ronda, Hwang, et al., 2015. "The Evolving Role ofGeriatricEmergency Department Social Work in the Era of Health Care Reform." *Social Work in Health Care* 54 （9）.

IRGC. (2006). "White Paper on Risk Governance: Toward an Integrative Approach." https://www. epfl. ch/research/domains/irgc/publications/.

Krebs, R. R. （2015）. *Narrative and the Making of US National Security* （vol. 138）. Cambridge University Press.

Lewis, J., Green Stock J., Caldwell K., et al., 2015. "Working Together to Identify Child Maltreatment: Social Work and Acute Healthcare." *Journal of Integrated Care*23 （5）.

Maidment, J. 2013. "Social Work Disaster Emergency Response Within a Hospital Setting." *Aotearoa New Zealand Social Work* 25 （2）.

Nash, K. B. 1970. "Social Work in a University Hospital: Commitment to Palmer, and Murphy-Oikonen. 2019. "Social Work Intervention for Women Experiencing Early Pregnancy Loss in the Emergency Department." *Social Work in Health Care* 58 （4）.

Shanahan, E. A., Jones, M. D., & McBeth, M. K. （2011）. "Policy Narratives and Policy Processes." Policy Studies Journal 39 （3）.

Social Work Teaching in a Psychiatric Emergency Division. ", *Archives of General Psychiatry* 22 （4）.

Stewardson A. C., & Nicolette C. （2012）. "Reflections from the End of the Earth: Social Work Planning, Preparation and Intervention with Evacuees on Haemodialysis Treatment Following the 2011 ChristchurchEarthquake." *Aotearoa New Zealand Social Work* 25 （2）.

Vanclay, F. (2003). "International Principles for Social Impact Assessment." *Impact Assessment and Project Appraisal* 21 （1）.

Wong, J. (2018). *Disaster Social Workfrom Crisis Response to Building Resilience.* New York: Nova Publisher.

Wrenn, K., and Rice N. 1994. "Social-work Services in an Emergency Department: an Integral Part of the HealthCare Safety Net." *Academic Emergency Medicine* （1）.

构型、集合与定性比较分析

——社会工作服务效果评估的新观念与新方法[*]

刘 江[**]

摘 要 受主流因果观念和研究方法的影响，社会工作服务效果评估通常以变量导向的思路作为指导，通过实验法、基于统计控制的回归分析等方法来检验服务与结果（或目标）之间的因果关系。然而，社会工作服务内嵌的复杂因果关系使变量导向的方法不适切于社会工作服务效果评估。为回应这一困境，在因果观念上，本文基于社会工作服务内嵌的因果复杂性，在构型理论的指引下找到适切于复杂因果关系的新因果观念（殊途同归、多重并发、非对称性）。在分析思路上，本文以集合理论作为指导，将社会工作服务与结果（或目标）之间的关系处理成集合之间的关系（非变量间统计关系），如必要条件、充分条件、INUS 条件等。在分析方法上，本文以布尔代数为核心算法的定性比较分析（QCA）对集合之间的关系进行分析。最后，本文以一个政府购买社会工作服务项目效果评估为例，对比分析了变量导向的分析方法和本文所倡导的新观念和新方法。

关键词 社会工作服务 效果评估 构型理论 集合理论法 定性比较分析

一 问题提出

效果是社会工作服务必须回应的核心议题。从效果评估的角度看，对

---

* 本研究是国家社会科学基金重大项目"中国特色社会工作制度体系研究"（编号：19 ZDA144）和国家社会科学基金青年项目"新时代社会工作服务的赋权评估实践体系研究"（编号：21CSH065）的阶段性成果。

** 刘江，社会学博士，南京理工大学公共事务学院副教授、硕士研究生导师，研究方向为社会工作评估、社会工作理论、社会工作量化分析。

社会工作服务效果的回应主要关注"服务是否起作用"。从更加严格的角度讲，对社会工作服务效果的回应就是要检验特定的服务是否产生特定的结果。这个观点暗示了社会工作服务与特定目标之间存在线性因果关系。因此，效果评估的核心工作就包括两个方面，一是确定目标是否达成，二是检验服务与目标之间的线性因果关系（刘江，2016；刘江、顾东辉，2021；罗西、弗里曼、李普希，2002）。根据这一思路，社会工作服务效果评估就可以转化为主流社会科学研究中因果效应检验（或因果推断）。进一步，以反事实理论为基础的随机控制实验法、倾向值匹配法，以及以统计控制为核心的一般线性回归分析方法等常用方法，均可用以检验社会工作服务与其结果（或目标）之间的因果关系。这些方法具有明显的变量导向（variable-oriented）特征。具体处理方法是将社会工作服务及结果（或目标）处理成可测量的变量，然后检验变量之间的统计关系。此外，这些方法的共同特征是寻找"净效应"（net effects）（Delbridge and Fiss，2013；Meyer，Gaba，and Colwell，2005；Ragin，2008）。其关注的是在排除（或者控制）所有与服务不相关的干扰因素的情况下，服务与结果（或目标）之间的净效应。

社会工作服务以特定的人为服务对象，关注的是人的改变。社会工作通常以全人视角（whole person）来理解作用于服务对象身上的服务及其结果。受生态系统理论、"人在情境中"（person in situation）等理论或理念的影响，社会工作通常以"综融性"的服务方式实现服务对象的改变。也即，社会工作服务在提供过程中会采用多种不同的服务方法和技术来实现服务对象的改变。这些服务方法和技术不是孤立地发挥作用，而是以某种特定的方式相互勾连而起作用。并且，这种勾连不是固定不变的，会因服务对象的不同而呈现多种不同的组合形态。由此，将社会工作服务效果评估处理为检验服务和结果（或目标）变量间的净效应，既无法实现对服务对象的"全人"关照，也无法适切地呈现社会工作服务的综融性特征。

基于变量导向的净效应分析无法适切地呈现社会工作服务的综融性特征，因为其因果性（causality）的本体论假定。变量导向的净效应分析认为因果性具有单决性（unifinalty）、叠加性（additive）和对称性（symmetry）（杜运周、贾良定，2017；Misangyi et al.，2017；Rihoux and Ragin，2009；Schneider & Wagemann，2012）。也正是在这样的因果性本体论假定基础上，基于变量导向的净效应分析才获得了深层次的合理性。因此，要破解基于变量导向的净效应分析无法呈现社会工作服务综融性特征的困境，关键在于从本体论出发，探索符合这种综融性的因果性本体论假定。然后在此假定基础上延伸出与之对应的方法论及具体方法。

基于上述简短分析，本研究围绕社会工作服务综融性特征，对因果性的本体论假定、方法论和具体方法等进行论述，为社会工作服务效果评估提供一种可供选择的新观念和新方法。具体地，首先，本研究对主流的变量导向分析内涵的因果性假定，及其与社会工作服务内嵌的复杂因果关系的适切性进行分析；其次，引入构型理论（或称组态视角），并提出适切于复杂因果关系的新因果观念；再次，基于新因果观念，纳入集合理论（set-theoretic），将因果关系转换为集合之间的关系（必要条件、充分条件、INUS① 条件等），并引入定性比较分析（Qualitative Comparative Analysis，QCA）来分析集合之间的关系；最后，给出研究案例以对比呈现传统因果观念和本研究倡导的新因果观念。

二 困境与出路：从变量导向分析到基于构型理论的新因果观念

（一）困境：从变量导向分析基础瓦解到新因果观念的需求

1. 变量导向分析的本质特征及其与社会工作服务的适配性困境

长久以来，受到还原论思潮和社会科学主流研究方法的影响，社会工作服务及其效果的评估通常采用变量导向的研究和分析思路。也即，将社会工作服务及其目标处理成可测量的变量，并借助统计分析技术检验它们之间的统计显著性。在"净效应思想"（net effecting thoughts）（Delbridge & Fiss, 2013；Meyer, Gaba, and Colwell, 2005；Ragin, 2008）的指导下，通常使用实验设计或者统计控制等方法检验某一服务单独地对目标所起的作用。虽然这个分析策略与社会科学主流研究方法一致，且有其合理性，但是，将其运用于分析社会工作服务时有以下一些潜在特质值得说明。

---

① INUS 是 Mackie（1965）提出的，其全称是"insufficient but necessary part of condition which is itself unnecessary but sufficient"。这也是 Mackie 对单一原因条件的界定。

首先，将人假定为"均值人"（叶启政，2018）。从人的角度出发，变量导向的方法将人视为许多变量的聚合体，关注的是变量而不是具有整体性的个人。将人还原为变量使用统计分析检验社会工作服务与结果（或目标）之间的关系成为可能。然而，统计分析检验的核心是"平均干预效应"（average treatment effect）（Mahoney，2008；Vis，2012）。平均干预效应涉及组间均值差异和变异量。"不论是均值还是变异量，它所操作的对象并不是个体人的'本身'，而是一个个之个体所赋予的，且具某种特殊社会性意涵的属性。尤其重要的是，这些具特殊社会性意涵的属性，又必须具有外显性，可以以某种经验实作方式（特别是加以量化）来操作。因此，这样的操作化使得'人'的概念必然是有所化约的。"（叶启政，2018：147）因此，在以平均干预效应为计算核心的变量导向方法中，"人"不再是其本身，而是以"均值人"的形式存在。研究者看到的是无差别的、代表个人各类属性特征且相互独立的变量。在这种假定中，人的完整性、独特性等被屏蔽。

其次，单决、叠加与对称的因果观念。从因果观念的角度出发，变量导向的方法认为变量之间的因果关系具有三个特征：单决性、叠加性和对称性（Rihoux and Ragin，2009；Schneider and Wagemann，2012）。单决性假定对于一个给定的结果变量，一定存在一个最佳的原因变量（Fiss，2007）。可以通过统计分析比较标准化系数等方法找出对结果变量最具影响力的变量。进而对这个最具影响力的变量给予足够多的重视。叠加性假定任何一个单一原因变量可以独立地影响结果变量（Rihoux and Ragin，2009：9）。可以采用各种"控制"手段检验单一原因变量对结果变量的影响效力。在技术上可以使用不同类型的实验设计，或者在统计分析中使用控制变量和倾向值分析等高阶统计方法来实现。对称性假定自变量高时，结果变量的取值也高；自变量低时，结果变量的取值也低（夏鑫、何建民、刘嘉毅，2014）。这明显地体现了原因变量和结果变量的线性共变特征。具体来说，可以通过核查变量系数的方向（正或负）来判别共变方向。总之，在单决性、叠加性和对称性等因果观念的指引下，基于变量导向的分析方法聚焦于分析个别原因变量与结果变量间简单对称的线性关系，而非多因并发的复杂因果关系（Furnari et al.，2021）。

虽然基于变量导向的分析方法被用于研究和分析各种社会现象，并得到广泛认可，但是其"均值人"、单决性、叠加性和对称性等假定，决定了将其用于分析社会工作服务及其效果时存在一定的适配性困境。这与它同社会工作专业对人的假定，以及对服务及其产生效果的假定存在冲突有关。

2. 社会工作服务的综融性及其对因果分析法的新需求

作为一个助人的专业，社会工作有着其特有的对人的本质假定。这些本质假定完全不同于变量导向分析方法中关于"均值人"的假定。社会工作专业对人的本质假定又决定了其服务具有强烈的综融性特征。

首先，作为整体完全的人，社会工作服务的对象是具体的人。受到"全人"视角的影响，社会工作服务通常以整体视角（holistic perspective）来看待具体的个人。人因其所处的文化情境、人际环境等不同而有别于他者，不存在任何意义上无差别的个体。社会工作专业通常将人视为完整且独特的个体，并将之置于其所处的微观日常情境与宏观结构情境来认知。在生态系统等理论视角的指导下，社会工作服务通常会从"身""心""社""灵"等维度对服务对象开展全面的问题诊断、需求分析和方案设计。为了能够实现对"全人"的观照，社会工作通常将服务对象置于其所处的不同层次的系统（如家庭系统、学校系统、社区系统等）中进行考察，以求全面地满足服务对象的需求，解决问题。这种系统性的服务特征要根据服务对象的问题和需求，综合地使用不同理论和实务方法（如个案、小组、社区）①。由此，将人视为无差别的"均值人"，并将人还原为不同变量组合的分析方法，便与社会工作对人的假定存在本质的冲突，其适配性也随之遭到质疑。

其次，作为完整的独立个体，服务对象会因服务的推进而成长和变化。这就使得社会工作服务要具备即时性特征。同时，作为完整独立的个体，服务对象被置于不同系统中进行综合考察。受到"人在情境中"理念的影响，社会工作者通常会对各类系统及随时发生变化的情境比较敏感。这会进一步促使社会工作者根据即时性情境来调整服务。由此，社会工作服务

---

① 这里讲的实务通常指的是发生在真实场景中的实务，区别于带有研究性质的"证据为本的实务"（或称循证实践）。事实上，证据为本的实务也受到了社会科学主流研究方法的影响。

又具备权宜性特征。即时性和权宜性进一步折射出社会工作服务不是恒定不变的，而是随着服务对象的成长不断变化的。因此，社会工作服务内容和工作方法会在实务过程中或增加，或删减，或重新组合。由此，社会工作服务便具备了综融性特征。社会工作服务的这些特征进一步说明，对于服务效果而言，作用于服务对象的各类服务和方法或许不存在哪一个最优，而只存在合适与否的问题。因此，需要识别实务过程中出现过的不同服务、服务组合，以及它们对于服务结果（或目标）的适切性。以青少年偏差行为介入为例，社会工作者对青少年开展服务通常是一个系统工程。社会工作者可能从青少年同辈氛围、学校支持系统、亲子关系等方面开展多维介入。在介入过程中甚至会串联多个维度形成新的干预系统，以矫正青少年偏差行为。在这种情况下，为回答社会工作服务和方法是否给服务对象带来改变这一问题，社会工作者需要对服务过程中使用过的服务和方法，以及它们的不同组合形态进行梳理和分析，以判断它们在服务目标达成上所起的作用。

社会工作服务的综融性、权宜性、即时性等特征使得服务与结果（或目标）之间的关系变得复杂。这些特征一定程度上瓦解了变量导向分析方法单决性、叠加性、对称性的基础，进而使变量导向分析方法的适切性也随之遭到挑战。

3. 社会工作服务内嵌的因果复杂性及变量导向分析的解释困境

根据前文的分析，社会工作服务具有权宜性、即时性、综融性等特征。这些特征使得在一个自然情境中展开的社会工作服务不是一成不变的。社会工作服务会高度敏感于服务对象的变化而时刻进行"服务提供—评估—方案修订—服务提供……"的服务循环。在此过程中，为推动服务对象的改变，社会工作者还会综合使用多种不同的服务内容和实务技术，甚至建构出全新的服务内容和实务技术组合。社会工作服务的这些特征体现了服务与目标之间较为复杂的因果关系，用单决性、叠加性和对称性不足以揭示社会工作服务内嵌的复杂因果关系。

从社会工作服务内嵌的复杂因果关系出发，要回答服务与结果（或目标）之间的因果关系，重点是识别服务全过程中所使用过的服务，以及这些服务相互之间的勾连（或组合）与目标实现与否之间的真实关系。就服务相互间的勾连（或组合）与目标之间的关系，有研究者提出可以在传统的多变量回归分析中通过纳入交互项来检验服务之间的组合（Clark et al.，2006），进而弥补回归分析中叠加性的困境。但是，这种方法又会面临新的困境。从社会工作实务角度看，社会工作服务之间的组合可能是两两组合，也可能是多个服务的组合。这就意味着需要在传统回归模型中放入两个甚至多个变量的交互项。然而，从统计分析的角度看，一方面回归分析中超越两个变量的交互项并不多见，另一方面超过两个变量的高阶交互项的实质含义的阐释（非仅限于统计学解释）不太容易（Brambor et al.，2006；Kam and Franzese 2007；Vis，2012）。因此，通过在传统回归分析中纳入服务之间的交互项来应对社会工作服务相互之间的勾连（或组合）便不可取。

　　总之，不论是对人的本质假定、社会工作服务及其产生效果的特质，还是社会工作服务内嵌的因果复杂性，都对传统的变量导向的分析方法的适配性提出了挑战，而对新的分析理论和方法提出了新的需求。

（二）出路：构型理论及其应对因果复杂性的新观念

　　面对变量导向分析方法无法适配于社会工作服务及其效果分析的适配性困境，需要找到一种新的理论及与之对应的因果观念。以整体视角为核心的构型理论（configurational theory）可以提供新的学理支撑。

　　何谓构型理论？"构型理论坚持整体视角，并认为社会实体的各个部分只有置于其整体中才有意义，任何部分不能够孤立地被理解。"（Meyer，Tsui，and Hinings，1993）构型理论关注作为整体的各个部分之间如何互动才使整体得以维持。因此，构型理论具有明显的系统性和整体性特征，可以使各个部分之间互动而成的模式（而非单个变量）与特定的结果相关（杜运周、贾良定，2017；杜云周等，2021；Delery and Doty，1996；Fiss，2007）。在契合性方面，构型理论对整体的关切、否定部分对结果的单独作用、强调部分之间的互动与结果的关联等内涵，恰好与前文所述的社会工作全人假定、服务综融性等特征适配。

　　在应对因果复杂性方面，构型理论亦有独特的理解。不同于变量导向分析中单决性、叠加性和对称性的因果假定，构型理论从三个方面来界定因果复杂性，分别是"殊途同归"（equifinality）、"多重并发"（conjunction）、"非对称性"（asymmetry）①（张明、杜运周，2019；Mahoney，2008；Misangyi et al.，2017；Ragin，1987，2008；Schneider and Wagemann，2012）。这三个方面分别与传统线性因果的"单决性"、"叠加性"和"对称性"对应。"殊途同归"意指达至某个特定结果的路径不止一条；"多重并发"意指任何一个可能的结果都不是单一原因导致的，而是由许多不同的原因条件相互勾连导致的；"非对称性"意指在一个构型中（也即一个由多个原因组合构成的"因—果"关系中）构成原因条件的某种属性，在另一个构型中可能并不构成原因条件（Katz and Kahn，1978；Schneider and Wagemann，2012）。对"非对称性"，需要进一步解释的是，对于同一个原因条件，它对于结果的影响不是恒定的，要视它与其他条件的组合情况而定。这些特征与社会工作服务相互勾连和组合而产生特定的效果，在内涵上高度适配。基于上述三种界定，研究者应该彻底放弃基于变量导向的分析思路，以不同的条件组合构成的构型为焦点，通过比较不同构型而识别不同条件之间可能存在的互补、替代或者抑制关系（张明、杜运周，2019）。

构型理论对整体的关切、强调部分之间的互动及其与结果的关联等内涵，与社会工作全人假定和社会工作服务的综融性、权宜性、即时性等特征高度适配。它为社会工作服务与结果（或目标）之间的关系提供了理论合理性。同时，构型理论倡导的以"殊途同归""多重并发""非对称性"为特征的因果观念，为社会工作服务与结果（或目标）之间关系的探索在方法论层面开启了新的方向。

三 方法转向：集合理论法与定性比较分析

（一）集合理论法

1. 集合理论法的内涵

在构型理论提出新的因果观念后，变量导向分析方法不再适用。此时，需要在方法论层面探索新的理论，以指引新的分析方法的开发。集合理论

① "equifinality"和"conjunction"两个概念在翻译上比较难找到简洁且传神的译法。本文根据其在英文文献中的界定，以及对照中文文献中的表述后，选择张明和杜运周（2019）的译法。

法（set-theoretic approach）能够反映构型理论内涵，且能够为三种新的因果观念提供操作指引（Mahoney，2008；Fiss，2007；Fiss，Marx，& Cambre，2013；Ragin，1987，2008）。

集合理论法完全不同于基于变量间关系的相关分析法（Fiss，2007）。集合理论法通过分析产生特定结果的必要性或充分性来探寻案例之间的共同特征（Misangyi et al.，2017）。具体来说，集合理论法通过如下三个特征来展现机构构型理论的三种新因果观念：（1）关注集合中所含案例的隶属关系，而非变量；（2）将社会现象之间的因果关系视为集合关系（子集或超集），而非变量之间的相关关系；（3）集合关系根据充分性、必要性，以及从中推导出的其他原因形式（如 INUS 条件和 SUIN 条件）来进行解释（Ragin，2008；Schneider and Wagemann，2012）。在这些特征的指引下，研究者不必纠结于哪个原因对结果更重要。研究者可以理所当然地认为不同原因对于结果产生具有同等重要的意义，并且思考不同的原因之间以何种组合形式对结果产生相同的作用。

2. 充分条件、必要条件和 INUS 条件

充分条件（sufficient condition）、必要条件（necessary condition）和 IN-US 条件等如何表达出基于集合理论的因果关系呢？所谓充分条件就是指，如果一个条件在所有案例中都存在，并且结果也在所有案例中存在，那么可以认为该条件是实现给定结果的充分条件。可以表示为 X→Y[①]，意为 X 是 Y 的子集。集合 X 中的案例数量小于集合 Y 中的案例数量（X<Y）。集合 X 包含于集合 Y。此时，X 与 Y 之间的因果关系可以理解为：条件 X 是结果 Y 的充分因。进一步地，当 X 是 Y 的充分条件时，（1）X 和 Y 会同时出现在研究的案例中，（2）不会出现 X 和-Y（非 Y）的案例，（3）不会出现-X（非 X）和 Y 的案例（Schneider & Wagemann，2012）。

所谓必要条件就是指，如果想要结果 Y 存在，那么条件 X 就必须存在。换句话说，如果条件 X 不存在，那么必然不会有 Y。可以表示为 X←Y，意为 Y 是 X 的子集。集合 X 中的案例数量大于集合 Y 中的案例数量（X>Y）。集合 Y 包含于集合 X。此时，X 与 Y 之间以统计为基础的因果关系可以理

---

① 这里的箭头并不表示 X 导致 Y，不表示 X 和 Y 之间具有传统意义上的因果关系，而是表示两个集合之间基于集合的逻辑关系。后面必要条件中的箭头之意与此一致。

解为：条件 X 是结果 Y 的必要因素。此外，根据必要性的意涵，在进行研究时必须关注已经发生的结果。这意味着在进行必要性分析时，研究对象必须选取那些结果得以发生的案例（Schneider and Wagemann，2012）。

与构型理论对应，集合理论法坚持案例导向（case-oriented），因此不会像变量导向的分析方法那样将单个变量（或单一条件）视为某个给定结果的充分条件。集合理论法在处理原因条件和结果关系时通常以"多重并发"（conjunctional cause）作为指导，以探索某个原因条件如何与其他条件相互勾连或组合而产生特定的结果。由此，在进行具体分析时，通常会将单个原因条件置于 INUS（Mackie，1965）条件中来理解。根据 Mackie（1965）的界定，"原因是构成一个组合条件的必要非充分部分，对于特定结果来说，这个（单一）原因本身不是必要条件，但是充分条件"。简言之，对于产生特定结果的单一原因，指的是某个充分不必要条件中的必要不充分部分（INUS）。其核心含义是，当我们假定单一的 X 是 Y 的原因条件时，更准确的表述是，X 与其他一些原因条件一起组成了结果 Y 的一个充分原因。例如，青少年偏差行为矫正（Y），或者是因为同辈群体氛围改善（P）与学校支持系统改善（S）相结合，或者是因为与亲子关系改善（A）相结合。也即 Y =（P and S）or（P and A）。其中，"and"表示逻辑"与/且"，"or"表示逻辑"或"，"="表示充分性。根据这个例子，产生 Y 的任何一个原因条件都不是单独地起作用，而是与其他条件构成不同的组合而起作用。此外，该等式还提醒我们注意，对于产生结果 Y 的充分条件来说存在两条组合路径，一条是（P and S），另一条是（P and A）。并且这两条组合路径独自对结果 Y（偏差行为矫正）产生影响。也即，只要两条组合路径中出现任何一条，偏差行为矫正都得以实现。由此，将单一原因条件置于 INUS 的框架下来理解，就实现了构型理论中关于"多重并发"和"殊途同归"的因果观念假定。

（二）基于布尔代数的定性比较分析

1. 定性比较分析（QCA）与布尔代数

集合理论法实现了将传统基于变量统计关系的因果转化为包含充分条件、必要条件、INUS 条件等集合关系。但是，值得进一步思考的问题是，如果基于变量的统计关系可以通过线性代数或者概率论等方法来实现，那么集合关系又如何实现呢？

定性比较分析是集合理论法中常用的一种分析方法。QCA 的内在逻辑与集合理论法一脉相承。在 QCA 中，案例不是被视为各个变量的加总，而是被视为不同原因条件和一个特定结果的组合。因此，其分析单位是条件组合而非单一变量（李蔚、何海兵，2015；Rihoux and Ragin，2009；Pattyn，Molenveld，and Befani，2019）。受到构型理论的影响，QCA 中任何原因条件自身对于结果的影响都不具有实质意义，其作用和意义只有在其他相关条件背景下才凸显（杜运周、贾良定，2017；Ragin，2008）。在具体分析方法上，受到集合理论法的影响，QCA 通常将原因条件（或原因条件组合）与给定的结果视为集合，并从集合间的关系来理解因果关系（如必要条件、充分条件、INUS 条件等）。因此，QCA 遵循的不是传统的统计推断逻辑。QCA 可以通过布尔代数来实现其理论宣称与基于集合间关系的因果推断。

布尔代数也被称为逻辑代数和集合代数，由 Ggorge Boole 于 19 世纪中期发展起来（Ragin，1987：85）。对于研究案例，布尔代数持整体论观点。它从条件组合的角度来看待案例，并从整体上比较由不同的条件组合而成的案例（Ragin，1987：101）。布尔代数的这一特征使其成为识别多重组合因模式的最佳工具（Ragin，1987：101）。此外，布尔代数的这些特征与基于必要性和充分性的因果关系高度兼容。因此，可以将其作为集合理论法的具体方法来指导因果分析。

2. 布尔代数基本运算规则[①]

布尔代数有其区别于传统算数法的运算规则。这些规则可以协助研究者完成基于集合间关系的因果推断。

（1）规则一：使用二分类变量。布尔代数通常要求变量包含两种状态——存在或者不存在。可以用 1 表示"存在"，0 表示"不存在"。基于布尔代数的比较分析通常关注实现特定结果的原因条件之存在或不存在的情况（Ragin，1987：86）。因此，布尔代数中的自变量和因变量必须是取值为 0 和 1 的类别变量。以前文青少年偏差行为矫正为例，三个原因条件与青

---

① 这个部分更详细的内容可以参见 Ragin（1987）的相关著作内容。

少年偏差行为矫正之间可能存在如表1所示的关系。

表1　不同原因条件组合与青少年偏差行为矫正

原因条件			偏差行为矫正
P	S	A	Y
1	0	0	1
0	1	0	1
0	0	1	1
1	1	0	1
1	0	1	1
0	1	1	1
1	1	1	1

注：表中原因条件的取值是三个条件所有取值的可能组合，因此不具有理论和现实意义，仅供理解布尔代数的运算规则。

（2）规则二：布尔加法（Boolean addition）。布尔加法与传统的加法不同。"在布尔代数中，如果 A+B=Z，并且 A=1，B=1，那么 Z=1（区别于 1+1=2）。在布尔代数中，加法等价于逻辑运算 or。因此，A+B=Z 可以表示为：如果 A=1，或者 B=1，那么 Z=1。根据这个规则，只要任何一个叠加的原因条件存在，那么结果必定存在。"（Ragin，1987：89）以前文青少年偏差行为为例。假设 Y=P+S+A，那么，只要 P、S、A 中的任何一个（或两个或三个或全部）发生，青少年偏差行为就可以得到矫正。

（3）规则三：布尔乘法（Boolean multiplication）。布尔乘法有别于传统乘法运算。布尔乘法关注的是"积和"（sums of products）。这里的"积"指的是不同原因条件的组合，而不是传统代数法中的乘法。以前文青少年偏差行为为例。假设 Y=PS+PA。PS 的意思并不是 P（取值为1）乘以 S（取值为1）。其含义是原因条件 P 的存在与原因条件 S 的存在之组合而产生结果 Y。同样 PA 意指原因条件 P 的存在与原因条件 A 的存在之组合而产生结果 Y。积、和说明了一个原因条件只有在其他条件存在（或不存在）的前提下才能对结果产生影响。在布尔代数中，加法代表逻辑运算 or（或），乘法代表逻辑运算 and（且）。Y=PS+PA 就可以写成 Y=（P and S）or（P and A）。在该等式中，原因条件 P 和 S 的组合，以及原因条件 P 和 A 的组合，只要其中一者出现就能确保青少年偏差行为获得矫正。

（4）规则四：布尔代数中的组合逻辑。结合布尔加法和布尔乘法，表 1 可以表示为：$Y = Psa + pSa + psA + PSa + PsA + pSA + PSA$[①]。在这个等式中三个原因条件一共组合成为 7 组条件而产生了结果 Y。根据逻辑运算 or 可知，只要 7 组中任何一组出现，都可以获得结果 Y。但是，值得进一步思考的是单个原因条件组合的含义。在布尔组合中，任何一个原因条件对结果的影响，都要以其他条件作为前提背景。以 PSa 这个组合为例，原因条件 P 要产生结果 Y，其前提是原因条件 S（存在）和条件 a（不存在）同时发生。与此类似，原因条件 S 要产生结果 Y，其前提条件是原因条件 P（存在）和条件 a（不存在）同时发生。布尔法的这种组合特征正好符合构型理论所倡导的整体观（Ragin，1987）。也即，对于案例来说，任何原因条件对结果所起的作用都不能单独存在，而必须在其他相关原因条件背景下存在。这就使研究者无须在众多原因中寻找一个最佳原因。

（5）规则五：布尔极小化（Boolean minimization）。按照布尔代数中组合的逻辑，其结果是获得一个非常复杂的原因条件组合与结果之间的关系（如前文中 3 个原因条件构成了 7 个组合）。这增加了解释的难度。为将复杂性降低到最低限度，布尔代数提供了一种简化原则：“如果两个布尔表达式仅在一个原因条件上不同，但产生相同的结果，那么这个原因条件可以被认为是无关的，并且可以删除以创建更简单的组合表达式。”（Ragin，1987：93）例如在“规则四”中的等式中，原因条件组合 Psa 和组合 PSa 都可以产生结果 Y，并且二者只是在原因条件 S 上存在差异。因此，二者可以合并形成新的条件组合 Pa。这种简化逻辑可以不断迭代，并一直持续到不能继续简化为止。前述青少年偏差行为的原因条件与结果之间的关系可以简化为：$Y = P + S + A$。从充分因和必要因的角度看，条件 P、S、A 分别是结果 Y 的充分但不必要条件。

四　案例分析

（一）案例介绍

本研究使用的案例是 N 市妇联购买的亲子教育项目。该项目在 N 市 M

---

① 字母大写表示条件存在（取值为 1），字母小写表示条件不存在（取值为 0）。

社区实施。项目社工通过走访居委会、开展入户需求调查发现，该社区多数家庭存在家庭沟通障碍、家长缺乏科学育儿理念、亲子关系差等问题。经过需求调查和问题分析，J 机构将介入的重点放在家庭教育方式和亲子关系改善两个方面。为便于开展工作，J 机构通过居委会招募服务家庭。由于报名参与项目的家庭数量过多，超出 J 机构服务承载能力，因此，J 机构从专业服务的角度出发决定利用《家庭教育方式综合测评》量表对报名的家庭进行测试。最终，在对得分进行标准化处理并对比后，J 机构筛选出需要服务的 35 户家庭，并拟定"帮助家长更新家庭教育理念"、"学会有效教育和沟通方法"和"改善亲子关系"为项目目标。为实现这些目标，J 社会工作机构在结合以往经验和相关文献分析的基础上，设置了系列服务，包括家庭教育讲座（2 次）、亲子绘本共读（4 次）、亲子角色扮演互动工作坊（4 次）、亲子户外运动会（2 次）、线上父母课堂（12 次）等。在这些服务中，除了亲子户外运动会属于典型的康乐活动外，其余四类服务均与家庭教育方式和亲子关系改善有关。该项目实施周期为一年。在项目结项时接受第三方评估。

（二）基于传统因果观念的效果分析

1. 研究设计

该机构提供的项目申报资料显示，为了结项时呈现项目效果，J 机构使用了单组前后测的设计思路。前测是在 J 机构使用《家庭教育方式综合测评》量表对报名的家庭进行测试时完成的。后测是在项目结项时 J 机构使用《家庭教育方式综合测评》量表对服务家庭再次进行测量。J 机构使用前测与后测分值进行比较的方式判定项目是否有效①。具体而言，J 机构使用每个家庭的后测得分减去前测得分，然后通过得分的正负值来判定是否有效。

2. 数据分析

从严格的研究设计和统计分析角度来看，单组前后测及得分差值比较均不足以有效呈现服务的有效性。因此，本文在单组前后测的基础上计算

---

① 严格来说，不论是单组前后测设计，还是前后测得分差值，都不符合效果检验对实验设计的要求。但是，这是纯实务机构在力所能及的范围内能做的。使用科学量表和单组前后测比较等思路在当前实务领域亦属难得。

是否具有统计显著性。除此之外，本文还计算第三方机构收集的各个家庭参与服务的次数、案主满意度，及其与《家庭教育方式综合测评》量表后测得分之间的相关性。在表2中，对前测和后测基于均值的t检验显示p值为0.000说明后测得分均值显著大于前测得分均值。这意味着在参与该项目后，35户家庭的《家庭教育方式综合测评》量表得分在总体上获得提升。在表3中，参与服务的次数与后测得分具有显著相关性（0.437，$p<0.001$）。这意味着参与次数越多，《家庭教育方式综合测评》量表得分越高。

根据上述分析结果，可以在一定程度上确定该亲子项目有效。然而，仔细分析35户家庭前测和后测得分可知，有3户家庭得分变化为0（家庭2、家庭73和家庭95），有5户家庭得分降低（家庭97、家庭103、家庭111、家庭121和家庭131）。即便如此，以均值比较为基础的前后测得分t检验依然显示该项目有效。此外，在表2中，由于笼统地计算并检验了前后测得分的差异，使得该项目提供的诸如亲子绘本共读等服务"消失"在分析中。虽然表3中尝试使用以变量为导向的相关分析来呈现服务与结果（或目标）之间的关系，但是受到测量的影响，也只是采用了服务参与次数这一间接变量。这些都导致了基于主流因果观念的（准）实验设计和变量导向的因果关系分析的困境。

表2　前测与后测得分比较（t检验）

家庭代码	标准化得分	
	前测	后测
家庭2	50.0	50.0
家庭6	49.2	59.4
家庭11	34.2	56.4
家庭13	50.4	64.8
家庭17	38.0	51.4
家庭19	38.0	51.4
家庭20	56.6	61.2
家庭25	46.6	54.6
家庭28	37.4	49.8
家庭32	42.0	52.8

续表

家庭代码	标准化得分	
	前测	后测
家庭 34	31.0	50.6
家庭 40	37.6	51.8
家庭 49	30.6	52.6
家庭 51	50.2	66.2
家庭 58	29.7	48.8
家庭 59	44.9	62.0
家庭 66	37.6	63.9
家庭 67	42.1	56.2
家庭 73	44.3	44.3
家庭 77	32.5	43.1
家庭 78	22.0	45.6
家庭 82	44.4	45.1
家庭 95	39.0	39.0
家庭 97	45.6	41.7
家庭 99	29.2	55.5
家庭 103	45.6	43.8
家庭 105	42.9	51.8
家庭 109	27.0	65.1
家庭 111	55.9	54.2
家庭 115	58.8	66.4
家庭 120	22.3	44.7
家庭 121	47.8	45.6
家庭 131	43.7	42.6
家庭 136	20.9	60.0
家庭 138	39.0	70.1
均值	40.2	53.2
p	0.000	
CI (95%)	$[-16.939, -9.089]$	

表 3　服务参与次数、案主满意度和后测得分相关分析

变量	后测得分	参与次数	案主满意度
后测得分	1		

续表

变量	后测得分	参与次数	案主满意度
参与次数	0.437 ***	1	
案主满意度	0.283	0.171	1

*** $p<0.001$。

（三）基于集合关系的 QCA 效果分析

1. 案例选择

在 QCA 中，通常关注那些结果变量存在（或发生）的案例（孙鸿平、刘江，2017）。对应到本文的研究案例，应该关注的是那些参与该项目后《家庭教育方式综合测评》得分增加的家庭。本文根据前后测的差值，将得分为 0 和得分为负数的家庭排除在研究案例之外。基于此，一共排除 8 个家庭，分别是差值得分为 0 的家庭，以及差值为负数的家庭。最终 27 个家庭被纳入分析。

2. 结果变量

为与项目方设定的效果检验一致，本文将结果变量设定为《家庭教育方式综合测评》得分。当该测评前后测得分差值≤0 时，变量取值为 0，表示项目对该家庭无效；当该测评前后测得分差值>0 时，变量取值为 1，表示项目对该家庭有效。

3. 原因条件选择及赋值

本文研究案例的原因条件以项目提供的服务类别为准进行选择。根据项目提供的服务及性质，该项目提供了家庭教育讲座（2 次）、亲子绘本共读（4 次）、亲子角色扮演（4 次）、亲子户外运动会（2 次）、线上父母课堂（12 次）等服务。由于亲子户外运动会是纯粹的康乐活动，不具有治疗性，因此，本文将其从原因条件中排除。在赋值方面，本文根据参与各类活动的次数来确定取值（见表4）。表 5 是本文研究案例的原始数据矩阵。

表 4　原因条件变量及赋值标准

原因条件名称	赋值标准
家庭教育讲座	参与 1 次及以上取值为 1，否则为 0

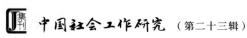

续表

原因条件名称	赋值标准
亲子绘本共读	参与 2 次及以上取值为 1，否则为 0
亲子角色扮演	参与 2 次及以上取值为 1，否则为 0
线上父母课堂	参与 6 次及以上取值为 1，否则为 0

表 5　原始数据矩阵

家庭代码	原因条件 1 （家庭教育讲座）	原因条件 2 （亲子绘本共读）	原因条件 3 （亲子角色扮演）	原因条件 4 （线上父母课堂）	结果 （量表得分）
家庭 6	1	1	0	1	1
家庭 11	0	1	1	1	1
家庭 13	1	0	1	1	1
家庭 17	1	0	1	1	1
家庭 19	0	1	0	1	1
家庭 20	1	1	1	0	1
家庭 25	1	1	1	1	1
家庭 28	0	1	1	1	1
家庭 32	1	1	1	0	1
家庭 34	1	0	1	1	1
家庭 40	0	1	1	1	1
家庭 49	1	1	0	0	1
家庭 51	0	0	1	0	1
家庭 58	0	0	1	1	1
家庭 59	0	1	1	0	1
家庭 66	1	1	1	1	1
家庭 67	1	0	0	1	1
家庭 77	0	1	1	0	1
家庭 78	0	1	1	1	1
家庭 82	0	0	1	1	1
家庭 99	1	1	1	1	1
家庭 105	0	1	0	1	1
家庭 109	1	0	1	1	1
家庭 115	1	0	1	0	1
家庭 120	0	1	1	0	1

家庭代码	原因条件1 （家庭教育讲座）	原因条件2 （亲子绘本共读）	原因条件3 （亲子角色扮演）	原因条件4 （线上父母课堂）	结果 （量表得分）
家庭 136	1	1	1	0	1
家庭 138	0	1	1	0	1

4. 建构事实表① （真值表）

根据 QCA 的步骤，确定变量之后将建立事实表（孙鸿平、刘江，2017；Ragin，2008）。结合前述案例选择、结果变量界定、原因条件选择及赋值的指引，本文研究案例的事实表如表 6 所示。

表 6　事实表

var1 家庭教育 讲座	var2 亲子绘本 共读	var3 亲子角色 扮演	var4 线上父母 课堂	案例数	Outcome 量表得分	原始 一致性	PRI 一致性
0	1	1	0	4	1	1	1
1	0	1	1	4	1	1	1
0	1	1	1	4	1	1	1
1	1	1	0	3	1	1	1
1	1	1	1	3	1	1	1
0	1	0	1	2	1	1	1
0	0	1	1	2	1	1	1
1	1	0	0	1	1	1	1
0	0	1	0	1	1	1	1
1	0	1	0	1	1	1	1
1	0	0	1	1	1	1	1
1	1	0	1	1	1	1	1

5. 数据分析结果

本研究使用 fsQCA4.0 软件中的清晰集（crisp set）模块对 4 个原因条件和结果变量之间的多重并发因果关系进行分析。fsQCA4.0 软件可能产生三种"解"：（1）"复杂解"：将所有逻辑余项设置为"假"，没有反事实案

---

① 事实表是借助 fsQCA4.0 软件进行分析而得。

例；（2）"简约解"：包含所有会产生逻辑更简洁解的逻辑余项，不管其是简单还是复杂反事实案例；（3）"中间解"：只包含简单反事实案例的逻辑余项（Ragin，2008；Schneider and Wagemann，2012）。在进行数据设定时，本文假定研究案例的四个原因条件存在或缺失都可能对结果产生影响，因此，中间解和复杂解相同。相较于简单解，中间解既不会简约掉必要条件，也不依赖于任何关于逻辑余数项的假设，因此本文选择对中间解进行分析探讨（张欢、郝伟琪、谭万冬，2022；Schneider and Wagemann，2012）。表7是由 fsQCA4.0 根据事实表计算出的 4 个条件组合（或称路径）。

表 7　《家庭教育方式综合测评》得分增加的充分条件

	路径			
	路径 1	路径 2	路径 3	路径 4
var1 家庭教育讲座		√	√	
var2 亲子绘本共读		√		√
var3 亲子角色扮演	√			
var4 线上父母课堂			√	√
一致性	1	1	1	1
原始覆盖度	0.815	0.296	0.333	0.370
唯一覆盖度	0.296	0.037	0.037	0.074
结果一致性	1	1	1	1
结果覆盖度	1	1	1	1

根据表 7 的结果，参与项目的家庭中《家庭教育方式综合测评》得分增加一共有 4 个条件组合路径。可以表示如下：

$$outcome = var3 + var1 * var2 + var1 * var4 + var2 * var4$$

路径 1：var3 表明，亲子角色扮演能够单独地促进《家庭教育方式综合测评》量表得分的提升。有 81.5% 的家庭可以通过参与亲子角色扮演服务来提升得分。进一步地，亲子角色扮演服务实现得分提升并不需要以参加其他类型的服务为前提条件。这说明互换角色对于改善父母的教育方式极其重要。

路径 2：var1 * var2 表明，同时参与家庭教育讲座和亲子绘本共读可以促进《家庭教育方式综合测评》量表得分的提升。有 29.6% 的家庭通过参加这两种服务实现了得分提升。根据结果可以推测，家庭教育方式的改变要同时进行理论知识的学习和在日常生活中实践。因此，学习和实践强化的组合能够促进家庭教育方式的改变。

路径 3：var1 * var4 表明，同时参加家庭教育讲座和线上父母课堂可以促进《家庭教育方式综合测评》量表得分的提升。有 33.3% 的家庭通过参加这两类服务实现了得分提升。根据结果可以推测，若想通过家庭教育方式理论知识的学习推动得分的提升，需要在日常生活中不断获得专业知识（或专业人士）的支持。结合路径 2 和路径 3 可知，讲座式的知识传递及其对家庭教育方式的影响是有条件的。它需要有其他服务的强化。

路径 4：var2 * var4 表明，同时参加亲子绘本共读和线上父母课堂可以促进《家庭教育方式综合测评》量表得分的提升。有 37.0% 的家庭通过参加这两类服务实现了得分提升。根据结果可以推测，亲子绘本阅读无法单独提升家庭教育方式总得分。它需要以在日常生活中获得专业知识（或专业人士）的支持为前提。

本文使用的案例中，4 类服务（4 个原因条件）本质上包括单方面知识传递（家庭教育讲座）、参与式实践（亲子角色扮演、亲子绘本共读）、双向知识沟通（线上父母课堂）。结合本文使用 QCA 得到的 4 条路径，除了参与性强的亲子角色扮演能够单独地促进目标的实现，其他类型的服务均需要以其他服务的存在为前提才能发挥作用。综合路径 1 到路径 4 可以推知，对于这类亲子关系改善的项目，亲子关系实践是最重要的原因条件，而这一原因条件需要一定的知识学习和后期的强化才能产生实质效果。由此，在针对此类项目进行服务设计时，需要充分考虑"知识学习 * 实践+实践 * 强化"的设计理念。

五　结论

受"全人视角""人在情境中""生态系统视角"等视角或理论的影响，社会工作服务具有综融性、权宜性和即时性特征。这些特征进一步使社会工作服务内嵌了复杂的因果关系。社会工作服务与结果（或目标）之间不再是线性关系。因此，以"单决性"、"叠加性"和"对称性"为核心特征的因果观念，就不再适合用于指导分析社会工作服务内嵌的因果复杂性。进一步地，以变量为导向的统计分析方法就不再适合用于检验社会工作服务与结果（或目标）之间的因果关系。根据构型理论提出的以"殊途同归""多重并发""非对称性"为核心特征的新因果观念，能够在理论层面回应社会工作服务内嵌的复杂因果关系。在新因果观念的基础上，借助集合理论和定性比较分析（QCA）将社会工作服务与结果（或目标）之间的因果关系的分析，从变量导向的统计分析转向基于集合之间的多组态路径分析。

由于两种因果观念存在本体论层次的差异，这就导致具体分析方法存在差异。传统因果观念通常使用基于变量的统计分析，新因果观念通常使用基于集合理论的多组态路径分析。本文研究案例同时使用两种方法进行了服务与结果（或目标）之间因果关系的检验。从结果形式上看，基于变量导向的统计分析重点关注项目总体上对服务对象产生的影响。在单组前后测的分析中，将项目所有服务整体"打包"为一个潜在的二分变量，讨论接受项目前后服务对象在结果变量上的差异。四类服务各自，以及它们如何互动而对结果变量产生影响，在该方法中无法得知。基于集合的多组态路径分析重点关注项目所提供的服务如何综融地对服务对象产生影响。它从案例导向出发，可以获得四条对结果变量产生影响的路径。这些路径充分展示了任何一个原因条件（或原因变量）想要对结果变量产生影响，均要以其他条件作为前提。多组态路径分析为我们提供了认识不同原因条件组合，以及这些组合与结果变量之间关系的多样性视角。这进一步完善了我们认知项目产生效果的多样性机制，也即每一条多变量构成的路径均可视为一种可能的机制。这为我们丰富服务与结果（或目标）之间关系中潜在的理论提供了更多的可能性。事实上，基于多组态的分析确实有建构理论的功能（杜运周、贾良定，2017；Rihoux and Ragin，2009）。

受到服务伦理的影响，现实中的社会工作服务很难按照实验逻辑进行设计。这导致社会工作服务通常只有前后测，甚至只有后测。此外，受到服务类型和服务资源的限制，社会工作服务对象样本通常很小，以至于不足以支撑使用对样本量有一定要求的统计分析方法。这些都使严格的因果分析法无法用于分析社会工作服务的效果。然而，多组态的定性比较分析（QCA）不会受研究设计和样本大小的限制。它关注结果存在（实现）的案例，也适合用于分析小于 30 的中小样本（孙鸿平、刘江，2017）。因此，它更适合用于分析社会工作服务的效果。

两种方法都以因果观念的本体论和方法论为基础，因此具有理论合理性。正因为如此，基于构型理论和集合理论的新方法并不是变量导向的统计分析方法的替代物。二者是平行的关系。对于研究者、评估者，以及实务工作者来说，从社会工作服务适切性的角度而言，可以选择基于构型和集合理论的新观念和新方法。当然，两种方法的融合使用亦是未来可以尝试的方向（易明等，2018）。

然而，也必须承认这种方法存在的不足。从本质上讲，多组态的定性比较分析（QCA）也是在分析复杂的因果关系。它直接回应的是传统基于变量导向分析的不足，并提供改进的理念和方法。社会工作以人的改变为目标。这个改变过程涉及服务对象主观经验或精神状态等深层次内容。面对这些深层次的内容，多组态的定性比较分析（QCA）和基于变量导向的分析一样乏善可陈。因此，还应该重视从"生成"的视角，对服务对象参与社会工作服务过程中改变何以生成的机制进行分析，进而揭示服务效果。未来可以从改变的生成机制这个角度开展更具差异化的社会工作服务效果评价研究。或许这又是社会工作服务效果评估一个新的研究方向。

参考文献

彼得·罗西、霍华德·弗里曼、马克·李普希著，邱泽奇译（2002）：《项目评估：方法与技术》，北京：华夏出版社。

杜运周、贾良定（2017）："组态视角与定性比较分析（QCA）：管理学研究的一条新道路"，《管理世界》第 6 期，第 155~167 页。

杜运周、李佳馨、刘秋辰、赵舒婷、陈凯薇（2021）："复杂动态视角下的组态理论与 QCA 方法：研究进展与未来方向"，《管理世界》第 3 期，第 180~197 页。

李蔚、何海兵（2015）："定性比较分析方法的研究逻辑及其应用"，《上海行政学院学报》第 5 期，第 92~100 页。

刘江（2016）："社会工作服务效果评估：基于定性与定量方法的混合评估法"，《华东理工大学学报》（社会科学版）第 6 期，第 36~43 页。

刘江、顾东辉（2021）："方法为本、理论驱动与机制分析——社会工作服务效果评估的三种策略"，《社会工作与管理》第 6 期，第 5~13 页。

孙鸿平、刘江（2017）："专业社会工作者留职影响因素研究：基于一项定性比较分析法（QCA）"，《社会工作》第 4 期，第 77~85 页。

夏鑫、何建民、刘嘉毅（2014）："定性比较分析的研究逻辑——兼论其对经济管理学研究的启示"，《财经研究》第 10 期，第 97~107 页。

叶启政（2018）：《实证的迷思：重估社会科学经验研究》，上海：上海三联书店。

易明、罗瑾琏、王圣慧、钟竞（2018）："时间压力会导致员工沉默吗——基于 SEM 与 fsQCA 的研究"，《南开管理评论》第 1 期，第 203~215 页。

张欢、郝伟琪、谭万冬（2022）："领导力与民办社会工作服务机构组织发展：基于 26 家机构的模糊集定性比较分析"，《社会工作》第 6 期，第 43~58 页。

张明、杜运周（2019）："组织与管理研究中 QCA 方法的应用：定位、策略和方向"，《管理学报》第 9 期，第 1312~1323 页。

Brambor, T. , Clark, W. , and Golder, M. (2006). "Understanding Interaction Models: Improving Empirical Analyses. " *Political Analysis* 14: 63–82.

Clark, W. , Gilligan, M. , and Golder, M. (2006). "A Simple Multivariate Test for Asymmetric Hypotheses. " *Political Analysis* 14: 311–331.

Delbridge, R. , and Fiss, P. C. (2013). "Editors' Comments: Styles of Theorizing and the Social Organization of Knowledge. " *Academy of Management Review* 38: 325–331.

Delery, J. E. , and Doty, D. H. (1996). "Modes of Theorizing in Strategic Human Resource Management: Tests of Universalistic, Contingency, and Configurational Performance Predictions. " *Academy of Management Journal* 39: 802–835.

Fiss, P. C. (2007). "A Set~theoretic Approach to Organizational Configurations. " *Academy of Management Review* 32 (4): 1180–1198.

Fiss, Peer C. , Marx, A. , and Cambre, B. (2013). "Configurational Theory and Methods in Organizational Research. " *Research in the Sociology of Organizations* 38: 1–22.

Furnari, Santi, Crilly, Donal, Misangyi, Vilmos F. , Greckhamer, Thomas, Fiss, Peer C. , and Aguilera, Ruth V. (2021). "Capturing Causal Complexity: Heuristics for Configurational Theorizing. " *Academy of Management Review* 46 (4): 778–799.

Kam, C. , and Franzese, R. (2007). "Modeling and Interpreting Interactive Hypotheses in Regression Analysis. " *Ann Arbor, M. I/*: *University of Michigan Press.*

Katz, D. and Kahn, R. L. (1978). *The Social Psychology of Organizations* (2nd ed.). New York: Wiley.

Mackie, J. L. (1965). "Causes and Conditions. " *American Philosophical Quarterly* 2 (4): 245–264.

Mahoney, J. (2008). "Toward a Unified Theory of Causality. " *Comparative Political Studies* 41 (4): 412–436.

Meyer, A. D. , Gaba, V. , and Colwell, K. A. (2005). "Organizing Far from Equilibrium: Nonlinear Changes in Organizational Fields. " *Organization Science* 16 (5): 456–473.

Meyer, A. D. , Tsui, A. S. , and Hinings, C. R. (1993). "Configurational Approaches to Organizational Analysis. " *Academy of Management Journal* 36 (6): 1175-1195.

Misangyi, Vilmos F. , Greckhamr, Thomas, Furnari, Snti, Fiss, Peer C. , Crilly, Donal, and Aguilera, Ruth. (2017). "Embracing Causal Complexity: The Emergence of a Neo~ Configurational Perspective. " *Journal of Management* 43 (1): 255-282.

Pattyn, V. , Molenveld, A. , and Befani, B. (2019). "Qualitative Comparative Analysis as an Evaluation tool: Lessons from an Application in Development Cooperation. " *American Journal of Evaluation* 40 (1): 55-74.

Peer C. Fiss, Peer C. , Marx, Axel, and Cambre, Bart. (2013). "Configurational Theory and Methods in Organizational Research. " *Research in the Sociology of Organizations* 38: 1-22.

Ragin, C. (1987). *The Comparative Method: Moving Beyond Qualitative and Quantitative Strategies.* Los Angeles: University of California Press.

Ragin, C. (2008). *Redesigning Social Inquiry: Fuzzy Sets and Beyond.* Chicago: University of Chicago Press.

Rihoux, B. and Ragin, C. (2009). *Configurational Comparative Methods: Qualitative Comparative Analysis (QCA) and Related Techniques.* SAGE Publications.

Schneider, C. Q. and Wagemann, C. (2012). *Set~theoretic Methods for the Social Sciences.* Cambridge: Cambridge University Press.

Vis, B. (2012). "The Comparative Advantages of fsQCA and Regression Analysis for Moderately Large~N Analyses. " *Sociological Methods and Research* 41 (1): 168-198.

回到"需求为本"：本土社会工作督导"技术-关系"实践分野及整合[*]

高艺多[**]

摘　要　社会工作督导是专业化进程中不可或缺的重要构成。近年来，中国社会工作督导建设愈益受到自上而下的制度性重视，同时自下而上的地方性探索蓬勃发展。以类型化的视野理解当前我国社会工作督导实践取向，可以发现："技术为本"社会工作督导实践旨在打造一个有序的教学空间，其核心关注为督导对象的能力提升，重点聚焦在组织议题上，督导过程以"指导-被指导""权威-顺从"为中心逻辑；"关系为本"社会工作督导实践旨在建构一个相对安全的情感空间，核心关注为参与主体间的关系建构，聚焦议题凸显对个体具身化的情感观照，互动过程则以共情与倾听组织起来。然而在实践过程中，本土社会工作督导实践仍存分裂与失衡难题。本文主张回到"需求为本"的社会工作督导实践，需要处理好情境化的需求识别、差异化的需求回应与赋权化的需求评估等关键环节。"需求为本"社会工作督导取向有助于克服以往或过于理性化，或过于感性化两种实践取向之流弊，但将其运用于现实情境亦面临多维挑战。

关键词　社会工作督导　技术为本　关系为本　需求为本

---

*　国家社会科学基金青年项目"流动性视角下'人口聚租型'社区治理研究"（编号：22CSH047）、2022年度杭州市哲学社会科学规划常规性规划资助课题"青年聚租社区的流动性与社区营造路径研究——以杭州市 T 社区为例"（项目编号：Z22JC090）、杭州师范大学科研启动费项目"社会工作参与农村社会治理共同体构建机制研究"（编号：4035C5022 1204075）、杭州师范大学课程思政示范课堂阶段性成果。

**　高艺多，杭州师范大学社会工作系讲师，主要研究方向为社会工作理论与实务、社区发展与社会治理，邮箱：yiduogao@hznu.edu.cn。

一 问题提出

社会工作督导始终是专业发展史中不可分割的重要组成部分。作为社会工作专业的中高级人才，中国社会工作督导队伍建设愈益受到自上而下的制度性重视。2012 年，《社会工作专业人才队伍建设中长期规划（2011—2020 年）》提出要"培养造就一批熟练掌握专业督导方法与技术、具备丰富实务经验、善于解决复杂专业问题，能够带动社会工作服务人才成长、推动专业实务发展的社会工作督导人才"的目标。随后，广州、深圳、上海、北京等城市开始进行地方性的督导制度体系探索。到 2021 年，民政部《社会工作督导指南》发布，为社会工作督导实践提供了规范化、标准化的实践指引。

从理论上看，督导实践本应是助推个体成长、保障机构社会责任、促进社会工作专业发展的有效机制，然而在本土实践中却面临督导内容行政化、督导关系官僚化、督导实践形式化（纪文晓、林海波，2023；王芳、王敏，2019）等困境。为什么本土社会工作督导的功能实现与功能设定之间出现如此张力？当前本土社会工作督导实践的真实状态是怎样的？我们该如何理解社会工作督导的本土实践？这些问题越来越成为盘旋在社会工作实务界和理论界人士头脑中的困惑与迷思，迫使我们必须对真实的督导实践状况予以多角度深描和解释。

本文通过 2016~2017 年和 2023 年两个阶段对 30 位社会工作者的深度访谈[1]，重点回答如下问题：目前国内社会工作督导实践中呈现怎样的取向；差异化的实践取向是如何形塑出来的；当前社会工作督导实践面临怎样的困境以及如何超越。通过回应上述问题，本文期待丰富本土社会工作督导领域的研究，并探索社会工作督导实践中的理想形态。

---

[1] 访谈资料的收集分成两个阶段：第一阶段为 2016~2017 年，其间笔者对上海市 P 区 11 位社会工作者进行了访谈，其中有 5 对"督导者-督导对象"组合和 1 位督导者单一角色；第二阶段为 2023 年，笔者对浙江省 D 县某社会工作机构的 19 位社会工作者进行访谈，这些人中 9 位是督导对象单一角色，2 位是督导者单一角色，8 位具有督导者和督导对象双重角色。

二 社会工作督导研究的知识图景

我国《社会工作督导指南》将社会工作督导界定为"由资深社会工作者督促、训练和指导社会工作从业人员科学开展专业服务，有效承担工作职责，保障服务对象权益，实现专业成长，促进行业发展的服务过程"。广义上讲，社会工作督导包括教育领域的实习督导和职业领域的员工督导[①]，鉴于两者在实践目标、关系属性、互动主体等方面存在不同，本文将重点讨论后者。针对社会工作督导议题，国内外社会工作学界已经展开了广泛而深入的研究，并形成了囊括理论研究与实证研究在内的知识图景。

（一）社会工作督导的理论研究

在理论研究方面，学术界不仅围绕督导的发展历史、价值与功能进行了梳理，还对督导研究本身做出了基于理论视角分化的再思考。

1. 社会工作督导发展史

学界公认的是，社会工作督导发展与社会工作专业化发展的历史进程基本重叠（Noble & Irwin，2009）。纵览社会工作督导发展史，可以将其划分为前专业化阶段和专业化阶段。早在19世纪慈善组织会社（COS，Charity Organization Societies）时期，社会工作领域就开始了对当时的"友善访问员"（friendly visitor）的个案督导，旨在提升针对服务对象的个案工作质量。20世纪30年代，社会工作督导实践将焦点从服务对象转移到社会工作者，运用心理学理论展开督导（Harkness & Poertner，1989），精神分析学说的强势影响使督导关系中的治疗性特征凸显（Wonnacott，2015：5）。

直到20世纪50年代至70年代，社会工作督导正式迈入专业化阶段并发生重要变化，这与社会工作专业化运动本身密不可分。在此期间，人们开始质疑无休止的督导是否能够有助于提升社会工作的专业地位，于是阶段性的督导实践逐渐取代持续不断的督导，实践工作者的自主性逐渐增强，

[①] 社会工作职业范畴内的员工督导（staff supervision）或临床督导（clinical supervision）实践，指的是机构中资深社会工作者对资浅社会工作者或新进社会工作者的督导实践，而非社会工作专业教育过程中的实习督导（field supervision）。

同辈督导、个案咨询等方式融入督导实践。20 世纪 70 年代，社会组织遭遇的经济压力使其更关注服务供给的责信（accountability），而督导实践中的行政功能被凸显出来。与此同时，职业倦怠的加剧也使督导的另一面向——支持功能得以强化。20 世纪 80 年代至 90 年代，风靡全球的管理主义强调成本控制与成果产出。这股潮流使社会工作督导再次回到对责信过程的强调，行政管理在督导过程中占据主导位置，进一步突出了管理者、社会工作者和服务对象之间的等级化。进入 21 世纪以后，一方面，证据为本的实践（evidence-based practice）深刻影响着社会工作督导；另一方面，社会工作督导也面临实践多样性与理论重构等挑战（O'Donoghue，2015）。

2. 社会工作督导的价值与功能

社会工作督导对个体、组织、专业和社会都具有重要的理论价值。就个体而言，社会工作督导是社会工作者从事专业批判与学习的终身过程（Davys & Beddoe，2010），是实务工作者的"专业社会化"过程和"转化式学习"（transformative learning）的空间（Egan，2012；O'Neill & Fariña，2018）。就组织而言，机构可通过督导机制降低员工的工作倦怠感，提升员工满意度，从而降低员工流失率，保障组织的员工稳定性，督导也因此成为组织的"留人"策略（Gibbs，2001；Chiller & Beth，2012）。就专业而言，社会工作督导实践试图满足督导对象关于专业理论知识、方法技能、伦理价值和服务成效等方面的需求，尤其是那些刚入行尚未经过训练的社会工作者，对理论和干预技能学习的专业发展需求更为强烈（Hung et al.，2010）。就社会而言，社会工作督导被赋予追求社会公正的道德承诺。有论者洞察到高质量的社会工作督导有助于识别和对抗社会歧视，是通往社会正义的重要途径，削减社会歧视则有助于提高社会服务质量；旨在削减社会歧视的督导应该塑造谦逊（humility）的品质，不应拘囿于追求更为流行的能力目标（goal of competence），而是共同从服务对象视角考虑工作，从而有意识地检视双方在建构和维持歧视性实践（discriminatory practices）过程中的合谋，从而创造出一种挑战歧视性政策与实践的想象力和行动能力（Hosken，2013）。

伴随社会工作专业化的历史发展轨迹，社会工作督导也逐渐演化成以行政功能、教育功能和支持功能为主的功能性实践，三种功能的集合实现被视为"传统的社会工作督导"（卡杜山、哈克尼斯，2008：16；Kadushin & Harkness，2014；Tsui，2005）。其中，行政功能自慈善组织会社时期就伴随督导实践（Tsui，1997），成为主导性的"管理"话语；当督导逐渐从机构转向外部如高校组织后，督导的教育意涵与功能随之凸显（Tsui，1997）；社会工作督导的支持功能是十分重要却常被忽视的，其有助于增进社会工作者的职业福祉，其作为专业实践中的反思性空间而存在，识别和满足督导对象复杂的支持性需要是这一功能的根本（Newcomb，2022；Turner-Daly & Jack，2017）。

3. 社会工作督导研究的视角分化

目前来看，透视社会工作督导实践的理论视角主要涉及实证主义视角、社会建构主义视角和批判主义视角。Hair 和 O'Donoghue（2009）指出，在实证主义视角下的社会工作督导者享有"专家权力"（expert power），作为专业知识的占有者而对复杂的文化与政治情境有所忽视，而社会建构主义视角主导下的督导观则截然不同。① 亦有论者基于中国社会工作督导的两种典型经验，总结出社会工作督导的两种理论范式，即实证主义范式与建构主义范式，两者在知识观上存在根本分歧，实证主义主张社会工作督导的本质是知识传递与分享过程，而建构主义则主张社会工作督导的本质是知识建构过程；在知识占有格局和督导关系上，实证主义视角下的督导者是专业知识的持有者，因而督导关系是师徒性质的；建构主义视角下的督导者的专业知识与督导对象的地方性知识是平等的，因而双方是伙伴共学关系；在知识扩散与督导过程中，实证主义视角下的督导实践实际上是单向的知识传递过程，而建构主义视角下的督导实践则是双向的协同过程（赵万林、张洪英，2021）。

批判主义视角下的社会工作督导一方面迥然不同于实证主义视角，另一方面与社会建构主义视角有着内在渊源。批判主义视角主张社会工作督导应当重视性别、阶层、民族等权力差异以及其他文化与结构性障碍对督

① 社会建构主义视角下的督导观有如下特征：（1）认识到知识的多元性和多样性；（2）强调合作；（3）承认督导对象在合作建构过程中的能动性；（4）实施方式包括对话、团体等多种形式；（5）对权力的敏感性增强，关注到督导中的赋权与"去权"的政治；（6）关注社会文化对督导实践的影响。

导功能及其过程的影响，并对督导者、督导对象、机构及服务对象等多元主体关系进行反思（Noble & Irwin，2009）。

（二）社会工作督导的实证研究

在实证研究方面，学术界揭示了社会工作督导实践中的主要类型与结构要素，以及督导效果的影响因素。

1. 社会工作督导类型与要素考察

按照督导者的来源，社会工作督导包括内部督导和外部督导两种类型。学者认为，内部督导突出组织责信视角，督导者往往集组织管理者、团队领导者和督导者等身份于一体，督导过程主要围绕组织目标及其执行情况展开，蕴含着主体之间权力的不平衡；外部督导则突出不同于管理者角色的"外部视角"，通过营造一种支持性的互动环境、借助反思性学习和角色示范等方式促进个体的专业成长，满足其发展性需要（O'Donoghue，2015；Rankine，2019）。亦有论者类比父母的教养方式，基于督导者与督导对象之间"有要求/有回应""无要求/无回应"提出社会工作督导的四种类型，分别为权威型、专制型、放任型和疏忽型（Wonnacott，2015：61）。

对社会工作督导的要素性考察主要包括督导形式、督导关系、督导过程等。就督导形式而言，除了以督导者来源为基础划分出的内部督导与外部督导，还涉及一对一督导、团体督导以及网络督导等方式（Mo et al.，2019）。就督导关系而言，其本质类似于社会工作者与服务对象间的专业关系（helping relationship），建立在信任、保密、关怀、支持和共情等基础上（Noble & Irwin，2009）；督导在关系中的权威主要来源于职级、契约、行业共同体及督导对象的认可等方面（O'Donoghue，2015）。有论者反思，督导关系的"隐私性和保密性"使其可能存在阴暗面，即权力不平衡使督导者成为权力与知识的掌控者而将督导对象置于不利位置，这种情形与本应平等、合作的督导关系之间存在巨大张力（Cooper，2002）。就督导过程而言，有论者指出了临床督导教学过程的四个机制，即示范、反馈、直接指导和自我反思（Goodyear，2014）。

2. 社会工作督导实践效果的影响因素

社会工作督导实践的功能实现受到多元因素的影响，主要包括个体因素、组织因素、政治-经济因素以及社会-文化因素。个体因素如督导者的风格、督导对象的经验、督导双方的身份认同等，组织因素则涉及组织文化（Sweifach，2019；袁小良、向羽，2018）。这两者又都受到更为宏观的政治-经济因素和社会-文化因素的影响，前者如新自由主义与新管理主义带来的资金限制、管理主义文化盛行（Egan，2012），后者则关乎个体主义、集体主义文化、家文化、非正式交往文化等对中西方社会工作督导实践的不同形塑（An & Szto，2019；Mo et al.，2019）。

（三）社会工作督导研究图景中"技术"脉络与"关系"脉络的复现

综观社会工作督导研究的已有图景，我们能够较为清晰地梳理出隐含在社会工作督导研究中的"技术"脉络与"关系"脉络。从理论研究来看，百余年的社会工作督导发展史表明，督导实践在长时段历史时空中呈现技术性与关系性的两极摇摆与合流；社会工作督导价值与功能讨论表明，技术提升、知识增长、专业发展或情感满足与支持，构成了督导价值与功能的双重意蕴；审视社会工作督导研究的理论视角使我们看到，单向知识传递或双向知识建构、纵向权力等级化或横向权力平等化，成为不同理论视角的交锋处。从实证研究来看，这类研究往往聚焦以"证据为本"（evidence-based）的方式考察督导实践组织化的技术要素（来源、结构、互动、程序等）及其产生的主体、交互与社会效应，同时探究督导实践效果的技术性归因与关系性归因。简言之，"技术"脉络下的社会工作督导往往强调教育者、管理者的角色规范，突出指导性的督导过程，以知识进步和行政管理为价值与功能旨归，蕴含浓厚的实证主义理论视角；对应地，"关系"脉络下的社会工作督导则转向督导作为陪伴者、协同者之角色，强调探究性的督导过程，凸显关系建构与情感支持的价值与功能，渗透其中的则是建构主义与批判主义理论视角。

对既有知识图景的梳理给予我们如下启发与指引。第一，国际社会工作督导研究伴随专业诞生而贯穿专业发展史，议题广泛、论述深入，呈现较为完整清晰的知识图景，随着社会工作本土化的纵深推进，国内社会工作督导研究也日渐发展起来，然而其与各地充满活力的实践探索之间尚存不小沟壑，需要在这方面"补课"与创新。第二，无论是纵向历史变迁还是横向区域分化,督导实践的技术性与关系性、行政与非行政功能等张力都很显见。同时,已有研究也提醒我们,现实中的督导实践是多重面向、充满复杂性、多样性与矛盾性的社会关系空间,而已有研究图景中复现的"技术"脉络与"关系"脉络为我们提供了一种观照实践的理论尺度,由此我们能够抽丝剥茧出一个比较清晰的"谱系",即从对技术的强调到对关系及其主体的重视,进而对实践中彰显的两重取向进行类型化考察,进一步探究本土社会工作督导实践的现实场景、内在张力与可能的超越路径。第三,实证主义与社会建构主义作为考察社会工作督导实践的主要理论视角,在理论上已经被多次比较与辨析,而运用其审视特定的地方督导实践则较为鲜见。[①]

因此,为了进一步丰富本土社会工作督导实践的理论与实证研究,结合一线社会工作者的深度访谈资料,本文基于实证主义与社会建构主义视角划分出两种理想类型,分别为"技术为本"取向和"关系为本"取向,并针对两者的基本特征、哲学立场和社会建构过程等维度进行比较性分析。在此基础上,本文提出回到"需求为本",探索社会工作督导实践整合与平衡的超越取向。

三 "技术为本":实证主义取向下的社会工作督导实践

本质上看,"技术为本"社会工作督导实践旨在打造一个有序的教学空间,其核心关注为督导对象的能力提升,重点聚焦在组织议题上,督导过程以"指导—被指导""权威—顺从"为中心逻辑。"技术为本"督导实践的塑造离不开实证主义哲学立场、实用主义的服务逻辑以及专业人才规模失衡等因素。

(一)关注能力提升:"技术为本"社会工作督导实践的基本特征

在核心关注上,"技术为本"社会工作督导实践尤其关注督导对象的能

---

① 有论者对国内社会工作督导实践的典型经验进行比较,并指出两者分别属于实证主义范式和建构主义范式,进而揭示两者背后的知识观分歧,为讨论督导实践的理论取向提供了重要的知识积累(赵万林、张洪英,2021)。然而,该文中的两种典型范式将高校硕士班中基于师生关系的香港督导与"双百计划"中基于协同关系的督导并置分析,且存在较大的时间分野,因此还需要更多针对同一时间范畴内一线社会工作督导实践的相关研究。

力提升。一方面，督导期待将自身的丰富实务经验传递给督导对象；另一方面，督导对象也希望能够学习到更多"实战经验"。正如一位督导所说："我觉得像一些新入职的社工，他们进来的时候理论方面的知识欠缺，不过也没有太大的关系，因为还是得要有一个过程让他们去慢慢提升。"（SSQ20230713）又如一位督导对象表达的方法期待："教会我工具，教我怎么去做好我的社区工作就行了啊，我觉得不需要提升到这个理论的高度……我们在基层工作，可能更重视实战经验。"（YF20160812）

在聚焦议题上，"技术为本"社会工作督导实践往往将讨论的焦点置于组织议题上，即督导的核心内容常常是基于督导对象当前的岗位职责、工作进程，督导实践旨在更好地实现组织目标。"团队每个月都会见一次面，大家共同讨论一下工作中遇到的一些困难，或者是按照年初排定，我们每个月都会有督导议题。可能这个月的督导议题就是相关方的沟通，可能那个月的督导议题就是邻里中心的需求排摸，我们会围绕同一个议题去做一些服务的探讨。"（YLY20230710）在这一情形下，督导实践的功能属性渐强。"我好像在对大家做着行政性的督导，可能你某一个阶段没有办法达到指标，我就要跟你去阐述这个部分，大家为什么没有达到这个指标，大家到底遇到了什么问题，我们该怎么样去达到这样的指标。"（YLY20230710）

在督导过程中，第一，对督导对象而言，督导主要扮演指导者角色，负责督导对象实务工作的理论化能力提升及具体实务工作的落实与改善。"我肯定是有这个专业性在里面，我不能说是老师，但我又偏向于老师角色。"（ZSY20170227）督导希望帮助督导对象沿着社会工作路线前行而不至于"走偏"（LWL20160816）。第二，督导目标设定一般是基于督导对象当前的实务工作或知识汲取需要。一位督导向笔者描述了督导的流程，督导前期主要根据双方教育与工作背景、优势、劣势等制订督导目标和实施计划，督导中期致力于提升督导对象的专业技巧与专业信心，督导后期进行专业"补漏"和进一步增能（QL20160808）。第三，督导过程中的沟通规则主要遵循"权威—顺从"逻辑，一位督导对象描述督导关系时提到要讲究"认清位置"，由于督导拥有经验丰富优势，故要避免言语等冲突（ZBJ20160815）。第四，案例教学法是"技术为本"社会工作督导实践常用的督导方法，通过收集真实的实务案例，分析案例成功与失败的原因，探讨案例中折射出的价值观、理论、思路、方法等要素，引导和助推督导对象进行专业化的追求（YF20160812、ZSY20170227、BJ20230712）。

（二）"技术为本"社会工作督导实践的制度建构

尽管督导实践中对技术学习与再生产的重视受制于督导双方的人格特质、督导关系属性、督导双方的知识库存以及知识传授与接收能力等微观情境因素，但"技术为本"在社会工作督导实践中处于主流取向而离不开我国社会工作的"半专业化"制度情境。在这一意义上，"技术为本"社会工作督导实践是制度建构的产物，也从侧面反映出我国社会工作专业化进程中专业教育与职业需求的张力，体现了当前实用主义的社会服务购买逻辑、本土文化中关系的"等级化"要素及实证主义知识观对社会工作督导实践的深刻影响。

第一，在社会工作职业场域中，专业人才短缺桎梏了督导实践的多样性。无论是督导自身还是督导对象，具备专业教育经历的社会工作者较少，大量非专业人士补充行业人才缺口，成为社会服务的实际供给者。差异化的专业背景进一步将督导实践关注的议题、互动过程和目标指向限制在技术维度。第二，实用主义的社会服务购买逻辑加剧了管理主义在机构中的盛行，从而内化于社会工作者的劳动过程。管理主义对"3E"（economy、efficiency、effectiveness）的追求不仅直接影响了社会工作者的服务性实践，也深刻形塑了社会工作督导实践，而"短、平、快"的督导实践恰恰是技术化的。第三，"技术为本"的督导实践与本土文化中对关系"等级化"的强调有关。正如访谈中督导对象在言谈间展示给笔者的，督导关系如果转化为"师生关系"，那么一种类似费孝通（2017：68-73）笔下的"教化性权力"便由此生成。在权力关系存在差异的情境中，督导双方为了回避价值、意义层面的冲突，也更倾向于将核心关注转移至专业技术（方法、技巧、能力、经验等）本身。第四，实证主义的哲学立场在根本上将督导实践塑造为"技术为本"的实践。实证主义在本体论上认为事物是客观存在的，在认识论上承认事物的可知性，在方法论上强调人可以客观地观察事物并预测社会现象。就督导实践而言，实证主义相信专业知识的普适性，认为督导者在知识占有上具有优势，倾向于与督导对象建立师徒式的督导关系，并将督导过程看成知识单向传递过程（赵万林、张洪英，2021）。

四 "关系为本"：社会建构主义取向下的社会工作督导实践

与"技术为本"取向旨在打造有序的教学空间不同，"关系为本"社会工作督导实践旨在建构一个相对安全的情感空间。在此空间中，核心关注为参与主体间的关系建构，聚焦议题凸显对个体具身情感的观照，互动过程则相对以共情与倾听组织起来。"关系为本"督导实践的形成折射出社会建构主义哲学立场和本土关系主义文化对社会工作领域的影响。

（一）聚焦关系建构："关系为本"社会工作督导实践的基本特征

在核心关注上，"关系为本"社会工作督导实践将核心关注放在主体间关系建构方面。"中国人是先处理关系再处理问题，如果我跟督导对象之间的关系不是很好，那么很多时候她是没办法从内心接纳你的。"（QY20160809）"怎样建立督导关系？尽量让督导对象信任我。解决问题可能需要建立融洽、信任的督导关系。当督导对象有些负面情绪或抱怨，我们作为督导应该去同理，应该站在一个相对平等或互相信赖的关系的基础上，给予他支持或同感，共同面对问题。"（YY20161225）显然，在督导实践中，如何建立信任、融洽的关系，如何在这段关系中更好地同理督导对象（CJ20230710、GXM20230712），实现"心灵相通"（YY20160803），成为督导者在这类督导实践中的核心关注。

在聚焦议题上，"关系为本"社会工作督导实践凸显对督导对象情感上的支持与专业"扶持"。"督导不是在拉着督导对象，而是像你往前走，督导是在旁边辅助你一样，但是他有一双无形的手，然后也是在扶着你慢慢往这个更好的方向走。"（LWL20230816）督导作为一双"无形的手"在专业上辅助督导对象前行。社会工作置身于多元利益相关者场域，常常面对多方面的误解与不满，需要更多的情感支持，及时介入与支持能够保证督导对象处于较为积极的职业状态。"有时候督导对象也会面对服务对象的不理解，包括跟政府部门、村庄、社区合作的一些困惑，这个时候受到委屈或者是工作有压力，往往需要督导的及时介入和支持，所以我觉得督导的

必要性是很大的。"（YYF20230711）

在互动过程中，"关系为本"社会工作督导实践过程尽可能将民主协商的沟通规则贯穿其中。即便是遇到观点差异，督导也努力回应督导对象的需要并通过潜移默化的方式施加影响，共情与倾听是督导需要守住的感性原则。"可能督导对象会对事物有不同的看法，但我们尝试在不同的看法中找到社会工作的视角，如何解决问题，可能看法上会有一些差异，要发挥我作为督导对他的一些影响。"（YY20161225）

（二）"关系为本"社会工作督导实践的制度建构

作为与"技术为本"相区别的理想类型，社会工作督导实践中的"关系为本"取向常常被督导和督导对象视为典范性的督导实践。换言之，"关系为本"的督导实践形态在现实中更多表现为一种构想中的理想状态，而难以实现充分的"现实化"。督导实践中"关系为本"实践类型的制度建构主要涉及两个方面：一方面，受到本土社会传统的"关系"文化对督导实践的现实影响；另一方面，与参与者或有意识或无意识持有的社会建构主义哲学立场有关。

"在儒家的社会结构中，亲属也总是一个主要的纲目，甚至可以说是一切社会关系的典范。"（费孝通，2019：6）在儒家的社会想象与社会结构中，亲属关系结构被置于社会结构的基础性位置，并赋予典范性地位。正如一位督导所言："现实中（和督导对象关系）感觉还可以，比较融洽，因为很多情况下，你是先处理跟别人的关系，然后再处理我们所面临的问题，对吧？关系处理好呢，可能问题有时候就迎刃而解了。"（QY20160809）"先处理关系，再处理事情/问题"，这种处世哲学可以说是典型的"关系"逻辑。在人与人的互动过程中，首先要做的是"关系转换"工作，即将陌生的关系转换为熟悉的关系，最好能够实现"拟亲属化"状态。

除了本土关系文化成为推动督导实践"关系为本"取向的重要力量，社会建构主义的哲学立场也是"关系为本"实践中不可忽视的促生性力量。从本体论来看，社会建构主义主张人的"开放性"，即人拥有自由的意志，强调人的主观性本质。由此，督导实践中的主观性应该得到重视。从认识论来看，社会建构主义强调知识的多样性与特殊性，不存在普遍的、统一的知识，知识始终处于社会建构的过程中。在这里，知识的情境－价值属性被凸显（郭忠华，2023）。从方法论来看，社会建构主义主张以"理解"为方法，注重在关系互动与日常生活中发掘主体的地方性知识与观念诠释。在这种情况下，督导与督导对象之间关系中的"权威"不再是实证主义强调的单向度、专业主导的，而是双向的、动态调整与转换的过程。

当然，"关系为本"社会工作督导实践还需要一定的微观条件支撑，如社会工作督导的卡里斯马型权威以及对传统权威的扬弃，也需要督导对象持有开放的交流心态与强烈的学习动机以及反思性的意识与能力。如此，督导实践才能成为基于知识和情感互动的交互式实践。

五 回到"需求为本"：社会工作督导实践整合与平衡的另一种可能

受制于特定的制度与文化条件，我国社会工作督导在实践中演化出了"技术为本"与"关系为本"两种较为鲜明的实践取向。如果将督导实践看成一个介乎理性与感性之间的连续统，那么"技术为本"社会工作督导实践则更似处于理性一端，而"关系为本"社会工作督导则相对处于感性一端。然而，正因为两种社会工作督导实践取向在本质目的、核心关注、聚焦议题、过程逻辑等方面的分野，两种实践取向在拥有各自的实践长项的同时，也暴露出各自的实践限度（见表1）。

表1 社会工作督导实践取向比较

	"技术为本"社会工作督导	"关系为本"社会工作督导
本质目的	作为有序的教学空间	作为相对安全的情感空间
核心关注	能力提升	关系建构
聚焦议题	组织管理议题	个体具身化的情感
过程逻辑	指导—被指导；权威—顺从	共情与倾听
实践长项	有助于知识扩散、技术传递，务实性地解决事务性问题，提升组织管理效率	有助于关系建构、价值濡染，较为深度地回应个体成长困惑，提升组织合法性
实践限度	督导对象需求回应的表层性；督导关系的工具化，黏性弱；社会工作技术化，艺术性流失	督导对象需求回应的私人性；督导关系的过度情感性、私人化；社会工作知识再生产可能受阻

就回应督导对象的需求而言，"技术为本"过于关注能力提升与技术传播，可能导致对督导对象的内在情感需求有所忽视，从而出现需求回应的表层性问题；而"关系为本"则过于关注督导对象个人化的情感体验、情感调适与情感反思，可能导致督导过程中的需求回应出现私人性问题。就督导关系的发展情形而言，"技术为本"由于对技术传授与接受的偏好，可能导致督导关系的工具化走向，督导者与督导对象之间的关系黏性较弱；而"关系为本"则由于对情感分享、感受的过度重视，又可能导致督导关系转向私人化，即双方的关系黏性过强而影响公平公正等价值实现。就社会工作专业发展而言，"技术为本"由于其过于务实性地关注实务过程中的具体议题、问题及其解决方法、技术，因而可能忽视结构性的批判、价值上的坚守与细节上的艺术，由此可能形塑专业发展的"去艺术化"表征；而"关系为本"由于其过于强调对主体对象的情感关注，可能将督导过程转化为零散情感片段的反思与重组，由此导致社会工作发展过程中知识再生产机制受阻。基于对"技术为本"与"关系为本"两种社会工作督导实践取向的比较，我们能够从整体上感受到当前本土社会工作督导实践尚存在分裂与失衡之难题。

为了回应这一难题，本文认为，已有的两种社会工作督导实践不能被视为对立的两极，我们应该转向对两者相辅相成之关联的关注，最终回到"需求为本"的社会工作督导实践。从广泛意义上看，人类需要（human needs）不仅是界定人类本质和人性发展的基本视角，也具备考察"社会善"（social good）的超个人层次的理论价值，映射出人们对个人与他人、个人与社会之双向繁荣的根本性追问（吴越菲、文军，2022）。从具体领域出发，社会工作作为一个颇具复杂性的专业，需要社会工作者识别与缓解广泛领域的个体、家庭、群体和社区的社会需要（social needs），这些需要常常源于贫困与社会排斥而以冲突、暴力、残障等形式表现出来（Khoo，et al.，2020）。在现代社会工作的价值体系中，促进人的自我实现（self-realization）始终被规定为社会工作的需求根本，"每个人都需要社会福利和保障的机会来满足其在生理、心理、经济、文化、审美和精神领域的基本需求，以和谐地发展其能力"（Boehm，1958）。换言之，"需求为本"在社会工作理论与实践中一直被赋予至高的规范性地位。因此，"需求为本"也被视为本土社会工作模式的核心和无上原则（彭华民，2010）。

在"需求为本"取向下，社会工作督导实践被看成通过聚焦并回应督导对象多类型、多层次需求实现个体能力提升与专业发展的社会工作服务。① "需求为本"社会工作督导实践具体体现为如下三个过程性环节。第一，情境化的需求识别。这一环节，需要明确四点：一是需求起源（sources），即引发督导对象需求产生的特定事件或感受；二是需求类型，督导对象存在的需求归属于知识、技术、情感，抑或均存在；三是需求序列，即督导对象需求在知识、技术、情感等方面的优先项与次属项是什么；四是需求认定与契约达成，针对督导需求进行协商，结合"任务中心模式"（task-centred practice）将需求总目标（aims）转化为分目标（goals），制作需求回应列表。② 第二，在需求的情境化识别基础上进行差别化的需求回应。这一环节需要重点明晰如下方面：一是所要回应的需求目标，即知识、技术与情感需求及其彼此的关联；二是回应方法的选择，比如直接讲授、间接启发、引导内省还是双向共情等策略；三是关注需求回应的主体间性，强调督导互动中的双向性，尤其是对需求回应方案的阶段性行动确认、质疑、协商与更新。③ 第三，对需求回应情况进行赋权化的评估。这一环节首先需要回顾前面订立的需求目标，明确评估方向，然后注意评估方法使用过程中的

---

① 在社会工作督导实践中，直接服务对象是从事实务工作的一线社会工作者。

② 为了更清楚地阐释需求识别环节，我们可以设想一个实务案例。某社会工作督导与某督导对象通过某督导项目成为"对子"。在初期的一到两次会谈过程中，督导与督导对象的核心任务即需求识别。在这一过程中，督导请督导对象自由叙述自己的受教育经历、实务工作经历、实务中不断出现的比较棘手的场景、实务工作中的情感冲突及其互动情境以及对社会工作专业的认识等方面的内容，督导认真记录并关注其中重复性、较为深刻地影响督导对象情绪、情感的关键事件，探索事件背后隐含的督导对象的内在需求；根据督导对象的叙述，确定督导对象的需求处于"技术-关系"谱系中的何种位置，即督导对象的具体需求内在地包含着怎样的技术性需求和情感/关系性需求，并做出序列的设置与说明。然后，将自身对督导对象的需求的理解与督导对象进行较为开放和深入的沟通，并根据督导对象的反馈予以调整。在此基础上，确定督导全程需要回应的督导对象总需求和子需求，对应督导的总目标和分目标，列出具有时间限制的任务列表（任务与督导对象自身日常工作紧密结合）。

③ 在需求回应环节，督导应当始终明晰督导对象的需求处于"技术-关系"谱系中的何种位置，以及这种位置伴随督导进程的展开是否以及如何发生了调整；需求回应的方法主要参考服务对象的偏好、接受程度以及具体任务的匹配程度等因素，其间尤其需要重视督导与督导对象的双向互动及其中产生的动态认知、情感和行为倾向。

双向互动与主体赋权，最后是对评估本身进行双向总结、对话与反思。①

　　结合上述"需求为本"社会工作督导实践的过程规定，我们可以感受到此种督导取向的实践优势。第一，兼顾社会工作督导的事工目标与过程目标。既体现出"技术为本"取向下对技术、能力与问题解决等具体目标的回应，也体现出"关系为本"取向下对关系、情感与反思等主体性成长过程目标的回应。第二，情境性。该取向能够实现对督导情境的复杂性分析，厘清督导对象需求中的技术、关系要素及其相互建构关系。第三，个性化。恪守"需求为本"，不对督导对象进行过分的类别化想象，而是根据督导对象个体的具体动机、能力基础与成长愿望等实际情形决定具体的督导内容。督导者协同督导对象扎根于现实生活场景并带动生活场景改变，实现督导基于行动与未来取向的"有用性"（童敏、周焱，2020）。第四，赋权性。从需求识别到需求回应再到需求评估，都强调双方基于主体间性的双向互动、基于角色而非私人性的情感尊重，从而在实现双方互惠共进的基础上不断推动专业发展。第五，反思性。"需求为本"的社会工作督导实践被赋予反思性的意蕴与文化期待，其旨在提升督导与督导对象双方在逻辑性反思、情境性反思与批判性反思等方面的素养。因此可以说，"需求为本"社会工作督导实践是在"技术为本"与"关系为本"督导实践之外的另一种整合与平衡的可能。

六　总结与讨论

　　社会工作督导在稳定人才队伍、提升服务质量、促进专业发展等方面发挥重要功能，愈发唤起本土实务界的重视和行动，有关研究相继诞生并持续深化。综观当前社会工作督导的本土实践，清晰呈现两种实践取向，分别为"技术为本"取向与"关系为本"取向，这两种取向的特征迥异且受到特定的制度与文化条件的形塑。然而，两种取向各自的实践限度也使

---

①　目前，督导实践的评估主要基于文档资料、案例或项目展示等形式进行评估，赋权化的督导评估则综合关注督导与督导对象在整个督导过程中的互动感受、能力提升与目标达成等情况。换言之，赋权化的督导评估并非自上而下或源自外部的评估，而凸显作为当事人的督导与督导对象自下而上、由内而外的评估行动。

它们在实践中的分割运行暴露出种种实践困境，因此迫切需要探索另一种整合与平衡的可能。本文认为，回到"需求为本"，将情境化需求识别、差别化需求回应与赋权化需求回应的评估等要素嵌入"需求为本"的社会工作督导实践，将成为一种整合与平衡的可行路径，这种整合与平衡不仅有助于打破社会工作督导实践中"理性-感性"取向的二元对立，更有助于促进社会工作督导实践中情境性、赋权性与反思性的"回归"。

本研究结论表明，与已有的社会工作督导知识图景呈现的"技术"脉络与"关系"脉络基本一致，本土社会工作督导实践也较为清晰地呈现"技术"与"关系"的双重实践取向。通过对这两种取向的比较分析，我们能够进一步探索出社会工作督导实践的超越性实践取向。此外，虽然本土社会工作督导研究的知识积累不如国际研究那般悠长、深厚，但不容否认的是，中国社会工作督导实践展示出强大的研究潜能，该领域研究的繁荣指日可待。尤其是在中国式现代化实现过程中，在社会建设的纵深推进、中央社会工作部成功组建后"大社会工作"理念逐渐深入人心、社会工作的传统界限被扩展（李迎生，2023）以及发展的不确定性持续而深度影响社会工作实践过程（文军，2023）等背景下，中高级社会工作人才依然面临巨大的社会需求，社会工作督导发展的区域性实践逻辑与理论提炼等都有待发掘。

需要进一步讨论的是，尽管从理论上看，回到"需求为本"的社会工作督导实践有利于克服以往或者过于理性化，或者过于感性化的两种实践取向之流弊，但作为理论与理想设置的它若要置于现实情境中加以运用，也可能会面临来自多方面的挑战。第一，来自制度情境的挑战。（1）社会工作督导（助理督导、见习督导和督导）的遴选机制中对专业教育背景、从业年限等设置的差异化标准，可能影响到社会工作督导在需求识别与回应上的水平差异，也可能影响到督导对象的学习动机与配合程度。（2）在"痕迹主义"思维主导下的文书工作逐渐暴露出其僵化、不灵活的问题，这可能与督导过程中需求的灵活性、复杂性、不确定性、不稳定性等特征构成张力。（3）目前大多数社会工作服务机构、行业协会等组织都意识到督导的重要功能，但对督导过程性规范的重视存在自上而下"递减"的效应，导致督导的一线实践可能出现"形式化"现象（王芳、王敏，2019）。（4）在非集中化的社会工作服务制度安排下，比如点位分散的社区社会工作，督导与督导对象往往需要克服时间与空间的限制而完成督导任务。这种时空约束也为"需求为本"的督导取向制造了客观困难。第二，来自文化情境的挑战。"和为贵"的观念，是中国社会内部结构中各种社会关系的基本出发点，要做到"和"就需要承认不同、存异求同、化解矛盾。正如费孝通（2014：48~49）所言，"和为贵"指向一种对文化差异性、多样性的尊重与包容，但这种理想的"和文化"在现实情境中，却常常在人情、面子等文化要素的共同作用下而"变质"，在互动中转变为尽量不伤面子的"均衡游戏"，这也在微观层面加剧了督导实践的"形式化"问题。第三，多方主体对督导的认识分歧。从组织管理者角度出发，督导常常被视为具有教育、行政、支持等功能，本质上而言这属于"自上而下"的认识论，强调督导的功能性；从一线社会工作者即督导对象的视角出发，督导却常常被视为提供指导与规范的实践，其中带有较强的"自下而上"审视督导的意味。"自上而下"与"自下而上"视角的张力在于：前者侧重于强调参与督导可以使督导对象获得何种益处，而可能忽视督导对象的主观感受；后者则侧重于突出参与督导可能更多的是满足上级、组织对于提升服务质量、专业发展等方面的预期。两种关于督导的认识论内在蕴含的主动性与被动性一目了然。无疑，这两种认识论张力也为"需求为本"的督导实践理想形态设置了障碍。正如有研究者指出的，社会工作督导始终面临"管理者"与"督导者"之间的角色/责任张力，两者之间的边界愈发模糊，督导角色的"行政化"使其难以在不同功能之间达成平衡（Egan，2012；Mo，2016；Noble & Irwin，2009）。角色转变、双重角色、伦理困境等常常是横亘在督导实践中的角色挑战（童敏，2018：94~95）。第四，地区发展不平衡导致督导实践过程与效能的区域分化。放眼全球，无论是欧洲国家、美国、澳大利亚还是中国，社会工作督导的政府支持、发展形式、关注内容都呈现差异与不平衡情形（Mo et al.，2019）。我国社会工作职业化水平同样存在显著的区域分化现象，总体职业化水平直接影响到发展督导的有关政策以及微观互动过程，资金、技术、人力资本等方面的区域差异将带来督导实践本身的区域差异。第五，实证主义的知识观与新管理主义的管理观持续影响当前的督导实践。实证主义主导的知识观使得"技术为本"取向下的督导实践依然在现实中居主导地位，而新管理主义影响下的管理思维则助推"技术为本"取向，因为该取向更能从形式上满足新管理主义宣称的"3E"原则，符合当下社会服务购买主体对社会工作服务的实用主义期待。正如有论者指出，21世纪的社会工作督导需要重构理论以适应督导实践的多样性与多元化，重新审视督导的制度规范，反思督导实践如何有助于提升实务工作者能力与增进服务对象福祉（O'Donoghue，2015）。

需要补充说明的是，关于两种督导实践取向——"技术为本"与"关系为本"，本文更倾向于将其处理为理想类型，尽管其在经验层面更多处于混合状态（侧重于技术传输或侧重于关系建构）。运用理想类型的意图是更好地把握当前本土社会工作督导实践的类型、特征与建构过程，从而提出第三种可能的理想类型。此外，本文的经验资料主要来源于长江三角洲地区，访谈对象谈论的督导实践以面对面互动为主要形式，而基于信息交流技术的督导实践类型、特征与挑战等数字/网络社会工作（digital/ internet social work）督导议题尚有待未来研究者继续发掘。

参考文献

费孝通（2014）：《中国文化的重建》，上海：华东师范大学出版社。

费孝通（2017）：《乡土中国》，上海：华东师范大学出版社。

费孝通（2019）：《乡土重建》，上海：华东师范大学出版社。

郭忠华（2023）："中国社会科学概念建构的基本策略——基于情境-价值的视角"，《江海学刊》第5期，第164~173、256页。

纪文晓、林海波（2023）："'结构-关系-权力'分析框架下社会工作督导及其提升路径——基于Z市社会工作督导模式的质性研究"，《社会工作与管理》第4期，第65~77页。

卡杜山，阿尔弗雷多、哈克尼斯，丹尼尔（2008）：《社会工作督导（第四版）》，郭名倞等译，北京：中国人民大学出版社。

李迎生（2023）："扩展社会工作的传统界限"，《社会工作》第6期，第9~12、98页。

彭华民（2010）："需要为本的中国本土社会工作模式研究"，《社会科学研究》第3期，第9~13页。

童敏、周焱（2020）："'半专业'的专业性：本土社会工作督导清单及知识观考察"，《社会工作》第3期，第16~26、109页。

童敏主编（2018）：《社会工作督导基础知识》，北京：中国社会出版社。

王芳、王敏（2019）："本土社会工作督导实践的目标偏离与功能回归——基于对 S 市的经验研究"，《学习与实践》第 9 期，第 91~99 页。

文军（2023）："挑战与回应：发展的不确定性与社会工作学科体系建设"，《社会工作》第 6 期，第 5~8、97~98 页。

吴越菲、文军（2022）："回到'好社会'：重建'需要为本'的规范社会学传统"，《学术月刊》第 2 期，第 113~130 页。

袁小良、向羽（2018）："社会工作本土督导'学院式'培养的行动研究"，《社会建设》第 5 期，第 76~86 页。

赵万林、张洪英（2021）："中国社会工作督导的典型经验与范式差异"，《青海社会科学》第 5 期，第 106~112 页。

Wonnacott, J.（2015）：《社会工作督导》，赵环、魏雯倩等译，上海：华东理工大学出版社。

An, Q. L. & Szto, P.（2019）. "Research on the Relationship Between Supervisor and Social Work Interns in China: A Shanghai Case Study." *International Social Work* 62 （2）: 905–917.

Boehm, W.（1958）. "The Nature of Social Work." *Social Work*（Aprial）: 10–18.

Chiller, P. & Beth R. C.（2012）. "Professional Supervision: A Workforce Retention Strategy for Social Work?" *Australian Social Work* 65 （2）: 232–242.

Cooper, L.（2002）"Social Work Supervision: A Social Justice Perspective." in M. McMahon and W. Patton（eds）*Supervision in the Helping Professions: A Practical Approach*, pp. 185–195. Australia: Pearsons Education.

Davys, A., & Beddoe, L.（2010）. *Best Practice in Professional Supervision. A Guide for the Helping Professions*. London: Jessica Kingsley Publication.

Egan, R.（2012）. "Australian Social Work Supervision in 2007." *Australian Social Work* 65 （2）: 171–184.

Gibbs, J. A.（2001）. "Maintaining Front-Line Workers in Child Protection: A Case for Refocusing Supervision." *Child Abuse Review* 10 （5）: 323–335.

Goodyear, R. K.（2014）. "Supervision as Pedagogy: Attending to Its Essential Instructional and Learning Processes." *The Clinical Supervisor* 33 （1）: 82–99.

Hair, H. H. & O'Donoghue, K.（2009）. "Culturally Relevant, Socially Just Social Work Supervision: Becoming Visible Through a Social Constructionist Lens." *Journal of Ethnic And Cultural Diversity in Social Work* 18 （1–2）: 70–88.

Harkness, D. & Poertner, J.（1989）. "Research and Social Work Supervision: A Conceptual Review." *Social Work*（March）: 115–119.

Hosken, N.（2013）. "Social Work Supervision and Discrimination." *Advances in Social Work & Welfare Education* 15 （1）: 91–103.

Hung, S. L. et al.（2010）. "Functions of Social Work Supervision in Shenzhen: Insights from the Cross-Border Supervision Model." *International Social Work* 53 （3）: 366–378.

Kadushin, A. & Harkness, D.（2014）. *Supervision in Social Work*（5th ed.）. New York: Columbia University Press.

Khoo, E. et al. (2020). "From Needs to Relationships to Organisations: Transactional Complexity in Social Work in the Swedish Social Services." *British Journal of Social Work* 50: 2098-2115.

Mo, Y. H. (2016). "In Search of Professional Supervisory Practice: External Social Work Supervision in China." *Asian Social Work and Policy Review* 10 (3): 349-357.

Mo, Y. H., Leung, T. L. & Tsui, M. S. (2019). "Chaos in Order: The Evolution of Social Work Supervision Practice in the Chinese Mainland." *The Clinical Supervisor* 38 (2): 345-365.

Newcomb, M. (2022). "Supportive Social Work Supervision as an Act of Care: A Conceptual Model." *British Journal of Social Work* 52: 1070-1088.

Noble, C. & Irwin, J. (2009). "Social Work Supervision: An Exploration of the Current Challenges in a Rapidly Changing Social, Economic and Political Environment." *Journal of Social Work* 9 (3): 345-358.

O'Donoghue (2015). "Issues and Challenges Facing Social Work Supervision in the Twenty-first Century." *China Journal of Social Work* 8 (2): 136-149.

O'Neill, P. & del Mar Fariña, M. (2018). "Constructing Critical Conversations in Social Work Supervision: Creating Change." *Clinical Social Work Journal* 46: 298-309.

Rankine, M. (2019). "The Internal/ External Debate: The Tensions Within Social Work Supervision." *Aotearoa New Zealand Social Work* 31 (3): 32-45.

Sweifach, J. S. (2019). "A Look Behind the Curtain at Social Work Supervision in Interprofessional Practice Settings: Critical Themes and Pressing Practical Challenges." *European Journal of Social Work* 22 (1): 59-68.

Tsui, M. S. 1997. "The Roots of Social Work Supervision." *The Clinical Supervisor* 15 (2): 191-198.

Tsui, M. S. (2005). *Social Work Supervision: Contexts and Concepts*. Thousand Oaks, C. A.: Sage.

Turner-Daly, B. & Jack, G. (2017). "Rhetoric vs. Reality in Social Work Supervision: the Experiences of a Group of Child Care Social Workers in England." *Child and Family Social Work* 22 (1): 36-46.

生活主义：基层治理中社会工作督导的新视野[*]

熊景维　季俊含[**]

摘　要　在新时代历史条件下，新本土化强调对社会工作与制度环境间关系的重新思考和定位，突出其因地制宜、有效服务的价值追求，是启发现阶段社会工作发展方向的有益视野。作为实务发展模式引领要素的社会工作督导，是社会工作与制度环境互动的集中反映。本文从社会工作督导角度切入，通过对华东地区枫街基层治理督导创新的案例分析，呈现了一种整合"专业"与"管理"取向的"生活"主义督导范式。该范式以被督导者所处具体基层情境为核心开展生活教育式的督导实践，通过督导目标通识化、督导内容实用化、督导考核体制化，将社会工作专业知识和方法融入与基层政治权力的互动和行政体系关系的建构中。案例展现的生活主义社会工作督导策略，较好地调适了"专业"与"管理"的冲突。就这个意义而言，"生活"主义提供了一种进一步推动社会工作融入中国国家治理的新本土化可能。

关键词　生活主义　专业主义　管理主义　社会工作督导　基层治理

一　从基层治理本土化情境重新审视社会工作与行政权力的关系

党的二十大报告提出要以中国式现代化全面推进中华民族伟大复兴。

* 本文得到国家社科基金"农民工市民化的社会成本及其分担机制研究"（编号：21BSH035）、浙江省哲学社会科学规划"省市合作"项目"基层治理现代化视域下社会工作者离职及应对策略研究"（编号：24SSHZ172YB）、浙江省高校重大人文社科攻关计划项目（项目编号：2024QN065）、华中农业大学自主创新项目"新生代农民工县域市民化问题研究"（2662024WFPY002）的资助。

** 熊景维（1985~），男，博士，副教授、硕士生导师，华中农业大学社会工作系原系主任、农村减贫与发展研究中心副主任，研究方向为社会工作与城乡社会治理，主持国家社科基金青年项目 2 项，论作见于《中国行政管理》、《学习时报》、《社会主义研究》和《人口研究》等报刊上，多篇论文被人大复印报刊资料全文转载；季俊含（1994~），男，博士，义乌工商职业技术学院副教授，研究方向为社会治理与社会工作。

中国式现代化是中国共产党领导的社会主义现代化，既有各国现代化的共同特征，也有基于自己国情的中国特色（习近平，2022）。这一论断不仅明确了我国未来经济社会的发展方向，也为社会工作推进路径及中国特色社会工作体系建设提供了重要指引。在中国式现代化发展新阶段，学者们十分关注社会工作何以融入社会政治过程的议题，并提出了社会工作更好地与国家治理体系相结合的一系列思路与策略。例如，主张从西方引入的专业社会工作须逐步"嵌入"中国行政性社会服务体系（王思斌、阮曾媛琪，2009）；主张专业社会工作和本土社会工作要开展互为主体的"双向嵌入"（尹阿雳等，2016）；主张专业社会工作应积极"融入"党和国家的治理体系运作（陆士桢、漆光鸿，2017）；主张专业社会工作与本土社会工作将历经"嵌合"而达到"融合"的最终状态（王思斌，2020）。在新近的研究中，有学者提出了"新本土化"的概念，认为从恢复重建到21世纪初，社会工作的本土化是局部和零散的初步本土化，而到了中国式现代化发展新阶段，社会工作要实现更深层次的新本土化，这表现为专业社会工作更深入地融入经济社会和民生发展过程，在本土实践中适应性和创造性地发挥功能（王思斌，2023：4）。新本土化概念启示了新阶段社会工作的发展面向，但是如何在实践层面演绎和诠释，依然是值得探讨的议题。社会工作新本土化的重要实践内容之一，就是探究如何让社会工作更好地融入行政权力和行政体系运作之中，正如王思斌指出的："社会工作初步本土化的努力还不能满足政府和社会对它的需求……社会工作如果不能在专业化的基础上实现'新本土化'，就难以完成政府和社会赋予的任务，社会工作的合法性地位就会受到挑战。"（王思斌，2023：5）如何让社会工作适应行政体系的权力结构关系和环境，进而在既有管理体制下提供专业性的公共服务，是社会工作发展新阶段亟须回应的问题。本文试图从社会工作督导角度切入与回应这一问题。

社会工作督导是一种借助互动过程进行专业训练的方法。它是由机构指定的资深工作者（督导者）对机构内的新进工作者或学生（督导对象）借由个别或团体的定期或持续的互动方式，传授专业服务的知识与技术，以增进对象的专业技巧，充分发挥其所能，以确保机构政策的实践，并提升为案主服务的品质（黄源协，2015：464~465）。在全美社会工作者协会

（NASW）和社会工作委员会协会（ASWB）制定的实践标准中，社会工作督导被定义为社会工作者继续教育和在岗培训的重要组成部分，目标是确保社会工作者按照专业标准提供优质服务，从而有效保护案主，支持社会工作者，促进社会工作专业发展（ASWB & NASW，2013）。随着中国国家治理体系和治理能力现代化的深入推进，基层治理队伍在专业化建设中广泛引入社会工作督导机制，通过开展专业督导培训推进基层治理队伍的"社会工作化"①。但是，囿于社会工作专业要求与行政体系运作规范之间的内在张力，社会工作督导难以完全遵循专业标准行事，而不可避免地在专业权力与行政权力、专业主义与管理主义之间摇摆，进而在实践场域表现出了证照化（朱健刚、童秋婷，2017）、官僚化（陈文华等，2020）、通识化（朱健刚，2020）等变通性督导行为。

随着社会治理创新项目的广泛开展，基层治理场域涌现出了大量本土化社会工作督导实践，其中不乏成功整合专业主义与管理主义，进而有效融入行政管理体系运作的成功案例。华东地区枫街②的"居民区社工成长计划"便是其中之一。作为"高校-政府"合作开展的社会工作督导项目，"居民区社工成长计划"通过一系列本土化的实践创新，成功将社会工作的专业理念、方法及技巧融入社区工作者的生活世界，有力推动了社区工作者队伍的专业化建设，实现了专业素质提升与行政管理效率的兼顾。本文试图通过对华东地区枫街"居民区社工成长计划"项目的实证研究，在"过程-事件"的叙事框架中揭示一种基于中国基层治理场域情境、有效整合专业主义与管理主义的社会工作督导逻辑。下文将按照以下逻辑展开：首先回顾社会工作督导发展历程中应对行政权力上的"专业"、"管理"及"混合"主义取向；其次借鉴生活世界及生活教育理论阐述基层治理场域中

---

① "社会工作化"并非指成为社会工作者，而是指学习社会工作专业知识。基层治理队伍的"社会工作化"受地方政府政策文件的指引。例如，2024年上海市民政局与财政局联合下发的《关于加快推进社区社会工作服务的指导意见》中明确指出："在基层党组织成员、居（村）委会成员、社区专职工作者等社区管理和服务人员岗位培训中，增加社会工作方面的专业课程；有条件的区县，可以开展社会工作专题培训，提高广大社区管理与服务人员的专业理论素养和专业化服务水平，使之能够普遍掌握社会工作专业理念、知识与方法，并在社区管理与服务中加以应用。完善社会工作者职业水平评价制度，鼓励和支持各类社区管理与服务人员参加社会工作者职业水平考试，并及时进行证书登记。"

② 遵照学术研究惯例，文中的地名、人名、机构名均进行了技术处理。

新兴的"生活主义"取向社会工作督导分析框架，并运用这一分析框架阐述华东地区枫街的"居民区社工成长计划"实践案例；最后总结与讨论"生活主义"对于社会工作督导以及中国特色社会工作建设的意义。

二　社会工作督导与行政权力关系："专业"、
"管理"与"混合"主义

社会工作督导与行政权力的关系深受社会政治经济秩序的影响。在福利国家背景下的社会工作专业化与学科化建设，以及新保守主义和新自由主义两大浪潮的先后影响下，社会工作督导在与行政权力的互动中，逐渐形成了"专业"与"管理"两大取向。由于"专业"与"管理"取向一定程度上反映出社会工作内部专业化与去专业化的张力，所以两者时常无法完美兼容，社会工作督导总是难以避免"专业"与"管理"之间的摇摆（Noble & Irwin，2009）。

专业主义取向的社会工作督导主张，督导要以社会工作专业理念、方法和技巧为标准，对被督导者的服务实践提供监督和引导。专业主义取向的社会工作督导起源于慈善组织运动期间，政府为保障助人效果而聘请专门的顾问对"友好访问员"开展职能监督。随着社会工作逐渐由一项慈善服务活动演变为科学助人的专业及学科，社会工作督导也更加强调科学性和专业性，督导内容由对"事务"的督导向对"人"的督导及对"互动过程"的督导演化（童敏、史天琪，2019）。对"事务"的督导是指，督导者以提升实务成效为目标，按照专业标准对被督导者在服务过程中的价值判断、实践行为、技能运用等进行的监督与指引（Rich，1993）。对"人"的督导将督导的关注点由"事务"转向了被督导者的专业提升与职业发展（Howard et al.，2013）。对"互动过程"的督导则进一步将被督导者提升到了中心位置，更加关注督导者和被督导者互动过程中的权力关系与文化敏感议题（Hair & O'Donoghu，2009）。

20世纪80年代，在新自由主义与新公共管理主义的影响下，社会工作逐渐出现了去专业化特征，社会工作督导的关注点也开始从专业教育和学科发展转向行政权力管理下的组织绩效及问责监督。管理主义取向的社会工作督导主张，督导不能单纯强调专业标准，还应该适应国家结构功能主义的管理环境，要将工作绩效、工作产出和工作评价作为督导的主要内容（Thompson，2006）。在政府主导并提供主要资金来源的发展情境中，它往往强调将政府目标和政策要求作为首要评价标准。相比于专业主义取向，管理主义取向的社会工作督导主要有以下三个方面的变化。①督导目的的权力化。伴随社会工作逐步整合进教育、医疗等行政部门，在国家权力的监督和影响下，社会工作督导逐步走向保守主义与官僚主义。②督导内容的规章化。为了规范社会服务领域的市场竞争，政府部门出台了一系列国家标准、审查指标及考核规定，这些制度要求和指标流程成为社会工作督导的重要内容（Webb，2006）。③督导形式的实证化。重视形式与绩效的管理主义取向使社会工作督导逐渐偏向证据为本与效用导向的"科学"范式，而非人本主义与情景导向的"艺术"范式。

20 世纪 90 年代，主张有机整合专业主义与管理主义的混合专业主义社会工作督导思潮逐渐兴起。混合专业主义认为，社会工作督导除了要达到专业标准之外，还要兼顾行政监管及组织发展（Pollitc，1993），进而实现专业主义与管理主义的价值整合。秉持混合专业主义的社会工作督导，虽然会不可避免地受到国家权力管理技术的持续监控，进而走向"软官僚主义"（Kirkpatrick，2005），但是仍然保持一定的专业自主性，能够保障服务实践的专业成效（Courpasson，2000）。随着社会工作督导逐渐融入中国国家治理进程，国内一些学者尝试基于混合专业主义视角分析中国国家治理中的社会工作督导实践，进而提出了"协同混合"的观点，即认为中国社会工作督导能够通过督导内容的内部分工实现"专业"取向与"管理"取向的有机协同。有学者从社会工作专业实践处境角度，分析了中西方在服务机构、服务对象、专业身份等方面的差异，认为本土社会工作督导需扮演与西方督导者不同的基本角色，即专业社会工作服务的设计者、专业服务需要的转化者、日常专业服务的指导者和专业服务的培训者（童敏，2006）。有学者从社会工作机构运行角度，分析了专业机构中内部督导与外部督导的权责划分与角色定位，认为本土社会工作督导的功能具有特殊性，需要在教育、行政和支持三种基本功能基础上，增添项目规划和资源链接两种新任务（童敏、史天琪，2017）。也有学者从服务购买项目运作角度，分析了本土社会工作督导的实践逻辑，认为本土社会工作督导不仅具有"目标-成效导向"的基本倾向，而且延伸出了成效反思、反身学习的新取向，进而形成了"规范-目标-成效导向"的实践逻辑（孙斐等，2022）。

既有研究从不同层面剖析了社会工作督导的发展历程与实践运作，详细展现了社会工作督导与行政权力之间长期存在的"专业"与"管理"取向张力及其"混合"的可能。但是既有研究在回答中国基层治理场域中的社会工作督导问题上，依然具有进一步推进的空间，主要体现为以下两点。一是新兴研究对象的出现，现有研究的分析对象主要为专业服务机构及人员，但是随着社会工作进一步融入基层治理进程，社会工作督导不再局限于专业服务领域，而是逐步从专业服务领域中"脱域"出来并进入行政管理领域，涉及国家行政人员，而且行政管理事务的社会工作督导逻辑亟待揭示。二是"协同混合"取向的解释效力不足，现有研究中的"协同混合"取向，将"专业"与"管理"视作内在于社会工作督导的两种并行取向，有意弱化了两者之间的内在张力以及反向应激互动。当督导对象为行政性工作人员时，社会工作的专业实践逻辑将可能与政府部门的行政运作逻辑冲突，此时要想实现"专业"与"管理"彼此兼顾、并行不悖的"协同混合"便较为困难。因此，无论是在理论层面还是在实践层面上，基层治理场域中的社会工作督导与行政权力关系问题都有待进一步探索与研究。

三 生活世界中的生活教育："生活主义"
社会工作督导的分析视野

随着中国社会治理转型与社会治理创新的深入开展，基层治理场域逐渐兴起了一种"生活主义"的社会工作督导。作为主要向基层治理场域中的行政管理人员开展的社会工作督导，"生活主义"虽然也整合了专业主义与管理主义两种取向，但并不同于"协同混合"取向。"生活主义"不主张通过督导内部分工实现专业主义与管理主义的协同兼顾，而是主张以融入被督导者生活世界为标准，在适应基层治理行政体系运作逻辑的基础上，逐步推进被督导者的专业提升与职业发展，通过"生活"面向的"权宜"策略消解专业主义与管理主义的张力，在"专业"与"管理"之间寻找到最佳平衡点，进而实现督导本土适应的务实主义实践取向。

在社会工作督导专业主义与管理主义的天平上，若单纯基于专业主义或管理主义开展督导实践，都可能陷入以科学世界僭越生活世界的境况。后现代社会学相较于现代社会学的不同之一，就是关注点由探寻普遍规律转向日常生活和语言交往。这一方法论转向悬置了本体论探讨，不再追问现象之下的根据和本质，而是直接开展日常生活的社会学研究，在人们的生活世界中提出和解答问题。胡塞尔（Husserl，1970）指出，自然科学家和哲学家不断将世界抽象化和意识形态化，这将会排挤掉朴实和真实的世界情境，人们应该从现象学的角度理解日常的生活世界及其中的行动脉络。"生活世界"作为胡塞尔提出的概念，意指"作为被自然科学所忘却的意义基础"（Missaggia，2018）。胡塞尔认为现代科学的世界观是将自然认知理想化的结果，虽然它凭借常识经验所给予的自然日常世界而来，但是已经被理性化与符号化了。假如仅将自然世界理解为科学世界，就会忽视人的情感、直觉及意义。人文科学研究应该搁置自然世界，转而探索自然知识尚未形成之前不证自明的生活世界（Ruggerone，2013）。舒茨（Schutz，1967）承袭了胡塞尔的现象学研究思路，不强调具体经验背后的本质规律，而重视对生活过程、生活方式及生存状态的经验论表达；他进一步发展了生活世界概念，将其视作一种以日常知识为核心构成的现实领域。生活世界中没有抽象的概念、判断和推理，只有人与人之间的交往过程和具体而真实的经验生活（倪梁康，1997：1027）。

生活世界理念发轫于社会学后，不久也被引入社会工作，促使社会工作实践更加关注服务对象的日常生活与话语交流。有学者尝试基于胡塞尔的生活世界理论，提出了社会工作服务的生活世界范式，试图避开过度规范化与标准化的专业陷阱，基于服务对象切身经历且未经科学符号化的生活世界，开展社会工作专业服务（Germain & Gitterman，1996）。焦若水等主张以中国日常生活场景为核心开展社会工作本土化，努力解决西方社会工作与中国治理场域的适应性问题，并在养老、民族、残疾人社会工作服务方面进行了建设性的尝试（焦若水，2018）。在社会工作督导场域，生活世界理念促使专业工作者反思开展督导实践的行事原则。如果忽视生活世界的重要性，先验地将专业主义抑或管理主义套用到督导实践中，都将难以避免以理论理性裁剪经验现实，从而忽视现实世界中具体而丰富的社会行为以及背后的自然态度。实际上，无论是专业主义还是管理主义，最终都要面对督导对象现实生活的多样化需求，并在现实问题的解决中实现督导对象工作技能与职业素质的提升。基于生活世界理念审视，社会工作督导需要将督导对象所处现实世界以及其掌握的日常知识提升到核心位置，以此向督导对象开展"生活教育"式的监督、引导和培训。

与胡塞尔和舒茨类似，陶行知也注意到了"生活"，但与前两者不同的是，陶行知没有强调"生活"的社会结构及社会行为意义，而是选择从教育学的角度诠释"生活"的重要性。20世纪初，陶行知在杜威（Dewey，1899）"教育生活"理论启发下，提出了"生活教育"理论，即生活教育是生活所原有、生活所自营、生活所必需的教育，包括"生活即教育"、"社会即学校"和"教学做合一"三大基本观点（华中师范学院教育科学研究所，1984：633）。首先，"生活即教育"是指不能将教育限制在学校范围内，而要让受教育者主动参与社会生活，并在社会生活过程中接受教育；其次，"社会即学校"是指教育真正要做的是将社会与学校之间的界限消除，让生活在社会中的民众都能够随时随地接受教育，而不是追求将社会所有内容都浓缩进学校、让所有人都参与学校教育的乌托邦愿景；最后，"教学做合一"是指不能将教、学、做分开，而是要打破传统教育者的权威主导地位，让教育者做到"做上教"、让学生做到"做上学"，实现教、学、做三者的有机统一。生活教育思想开启了一种深入督导对象生活世界，进而"在生活里找督导、为生活而督导"的"生活主义"社会工作督导理论想象。

基层治理场域中的行政管理人员，一方面需要运用行政权力解决社会问题与提供公共服务，另一方面需要不断实现自身专业化以适应复杂多变的社会治理情境。行政管理人员的行政性与专业性双重诉求使得对其开展的社会工作督导实践也具有"管理"与"专业"双重取向，如何在两者之间进行取舍显得尤为重要（Yee，2009）。若忽视行政管理人员所处的基层治理生活世界，单纯以管理主义或专业主义为标准开展督导实践，都可能陷入现象社会学批判的以抽象化和形态化的概念霸权僭越生活世界的窘境。行政管理人员所处基层治理生活世界的核心构成是运用行政权力开展基层治理，并在基层事务的处理与解决中进行物质财富、社会关系及生活意义的生产与再生产（Cheng et al.，2009）。社会工作督导需重视行政管理人员"过日子"的日常叙事，并有效回应其所处的基层治理生活世界（吴飞，2007）。这一诉求在基层治理场域中催生出了一种以基层治理生活世界为核心，开展生活教育式的"生活主义"社会工作督导实践。"生活主义"社会工作督导的督导对象主要为行政管理人员，其督导标准不是"专业"或"管理"，而是"生活"。具体来说，"生活主义"社会工作督导以提升督导对象与基层治理生活世界之间的适恰性为核心，逐步将社会工作专业知识融入督导对象的日常工作生活，在适应基层行政体系运作逻辑的在地化过程中，促进督导对象的专业提升与职业发展，进而在"专业"与"管理"的天平上寻找到最佳平衡点。一般来说，社会工作督导涉及三个方面的重要内容：一是为什么开展督导，即督导的目标性；二是开展哪些督导，即督导的内容性；三是如何开展督导，即督导的形式性。对社会工作督导的考察可以被分解为目的系统、内容系统、形式系统三个维度（Manthorpe et al.，2015）。从这三个维度出发，"生活主义"社会工作督导进一步展现为，转向日常的督导目标通识化、融入惯习的督导内容实用化、借道制度的督导形式体制化。转向日常的督导目标通识化是指将社会工作理念、方法和技巧的通识性知识普及作为督导的核心目的，而不强调实践模式与实践流程的标准化运用；融入惯习的督导内容实用化是指以深入被督导者日常工作生活，根据被督导者个人特点与工作情况，开展有针对性的社会工作价值判断、实践行为、技能运用等方面的指引与培育；借道制度的督导形式体制化是指充分利用基层治理结构条件，借道行政制度设置开展社会工作督导培训，上述三者同向聚合，共同构成了社会工作督导的"生活主义"运作（见图1）。

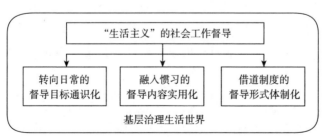

图1 社会工作督导的"生活主义"运作理论框架

四 本土社会工作者专业化培训：社区治理场域的"生活主义"督导

以下通过华东地区枫街社区工作者专业化培训的实践案例分析社会工作督导的"生活主义"在具体实践中的表现形式和典型样态，试图基于对枫街"居民区社工成长计划"的实证考察，呈现和展示一种中国基层治理场域中异于"协同混合"取向的特色"生活主义"社会工作督导逻辑。

枫街街道是华东某省的一个主要城市行政区。2022年常住人口10.38万人，户籍人口9.82万人，外来人口近3万人。街道辖区有诸多国内外知名企业。2020年街道年收入3.48亿元，获得过该省"文明社区"等荣誉称号。2016年，枫街所在区基于《社区工作者管理办法（试行）》和《关于加强社区工作者专业化队伍培训的指导意见（试行）》①，制定了《基层队伍教育培训三年行动计划》，以推进基层治理队伍专业化建设。同年，枫街在上述文件指示下，引入了社会工作督导机制，实施"枫街居民区社工成长计划"，为辖区内的社区工作者开展督导培训，提升其社会工作专业化水平。督导培训由枫街出资向专业机构购买服务，约定服务时间为每年的7月到来年1月。2019年，枫街所在区社会工作协会承接了该项目，联合高校专家学者、资深社会工作者以及优秀社区工作者等师资力量开展督导培训。

"枫街居民区社工成长计划"作为社会工作督导项目，涉及基层政府（枫街街道）、专业机构（区社会工作协会）、社区工作者三方。基层政府作为督导项目的委托方和服务购买者，对督导项目进行发包，全程监督和管理，最终检查验收督导成效；专业机构作为督导项目实施方和服务承接者，在与基层政府的沟通协调中开展督导项目；社区工作者作为服务对象，在与专业机构的沟通反馈中参与督导项目。虽然社会工作督导涉及三方，但是在实际运作过程中，专业机构的意愿始终占据主导地位。基层政府组织

---

① 2014年，枫街所在市开展了创新社会治理、加强基层建设改革，在《社区工作者管理办法（试行）》中明确提出"鼓励和引导社区工作者走职业化、专业化道路"。2015年，枫街所属市的市民政局、市委组织部下发了《关于加强社区工作者专业化队伍培训的指导意见（试行）》，提出"要通过组织培训，帮助社区工作者系统学习掌握社区建设基础理论知识，熟练运用专业社会工作方法技能，不断提升专业化水平"。

发起督导项目，但其介入督导执行的程度有限，而将督导评估、设计和实施的大部分控制权让渡给专业机构。社区工作者可反馈接受督导的体验，但是由于受其对社会工作专业知识掌握不多的限制，通常也较少介入评价督导项目。因此，只要社会工作督导不偏离基层治理队伍专业化的基本意涵，并且能够让社区工作者获得服务能力的提升，专业机构完全能够充分行使自由裁量权，主导社会工作督导的具体执行。基于基层政府与社区工作者给予的合法性支持，区社会工作协会进而能够按照自主意愿，采取既不同于专业主义也不同于管理主义的"生活主义"社会工作督导模式。

（一）转向日常：社会工作督导目标的通识化

传统社区工作者的主要工作是运用行政权力开展社区治理，不同于社会工作者运用传统理念与方法开展服务实践，因此，对社区工作者开展的社会工作督导也需要在传统模式的基础上进行适当改变。区社会工作协会在充分了解枫街街道和社区工作者的督导意向后，在督导目标上进行了转向日常的通识化调整，即将社会工作理念、方法和技巧的通识性知识普及作为督导的核心目的，而不强调实践模式与实践流程的标准化运用。

作为督导发起方的枫街街道，设定的督导目标十分简明，即希望社区工作者能够在日常工作中适当运用社会工作知识，除此之外无其他要求。枫街街道的简约之举为区社会工作协会提供了模糊发包下的自主选择。虽然区政府已下发政策文件，要求各街道开展社区工作者专业化培训，组织学习社会工作专业知识，以便在实际工作中加以运用，但是政策文件对于专业化到何种程度、学习社会工作专业知识到何种水平并无明确规定。区政府政策文件的模糊性使枫街街道需要自行解读后执行。相较于社会治理的硬性目标约束，社会工作督导项目属于社会治理弹性任务。与弹性任务相伴而来的软性考核指标及政绩弱激励属性使街道往往不会为督导培训投入过多的注意力（黄晓春，2015）。更为重要的是，枫街街道下辖社区已形成"三社联动"格局，配备有专业社会工作机构与人员，不要求社区工作者开展专业实践。正如街道自治办公室督导项目负责人所言：

开展督导培训主要是为了完成上级任务。上面出了文件要求我们开展社会工作培训。但是要说让社区工作者变成社会工作者，我觉得可能没必要。政策文件里也没说要这么高的要求。我们街道的想法就是想让社区工作者知道社会工作基本知识就可以了，不会强求他们一定要在实际工作中运用专业方法。社区工作者和社会工作者还是不一样的，社会工作项目的话我们有专门的社会工作者去做。（访谈资料20200710-DLS）

除了明确街道的基本态度外，区社会工作协会也向社区工作者询问督导培训意向。相较于街道的简约态度，社区工作者对于督导培训有着更为实际的想法与诉求。社区工作者虽然乐于学习社会工作知识充实自身，但并不愿意将学习深入到精细化专业服务领域。不少社区工作者认为社会工作服务模式在社区事务处理中存在实用性阈值，而且类似服务可以通过购买项目委托给社会工作机构开展。

我觉得社会工作对我有帮助，但是要让我按照社会工作专业流程一步步来，可能没有那个时间。社区里事情很多的，现在是从白天忙到晚上。在社区工作要讲究效率，太精细化的服务太耗时间了。专业化的服务不是我们社区工作者要做的事，那是社会工作者要做的事。我是希望这次培训能够启发我如何有效解决社区里的重点、难点问题就行了。（访谈资料20200710-HSL）

在枫街街道，随着基层治理重心下移，社区工作者承担的任务愈发繁重，不仅要面对居民实行"全岗通"①，也需要处理街道及各个条线部门的行政任务。不断叠加的社会性任务与行政性任务，诱发形成了社区工作者处理与应对任务的效率取向。提升任务执行效率成为社区工作者学习社会工作专业知识的重要期望与诉求。社区工作者希望督导培训能够指导居民区各项现实问题的高效解决，如邻里纠纷问题、小区停车难问题、私搭乱建问题等，而不是如何按照社会工作专业标准开展精细化服务。

---

① "全岗通"指推动居委会工作人员全面提升综合能力，达到"一专多能、全岗都通""一人在岗、事项通办"的要求。

在充分考虑了枫街街道与社区工作者的态度后，区社会工作协会决定将督导培训的目标由学院式督导改为通识性教育，即重点向社区工作者普及社会工作专业知识，不对专业实践模式的标准化运用提出要求。区社会工作协会的选择并不是去专业化的妥协，而是一种本土化的主动尝试。区社会工作协会清楚地意识到，社区工作者不同于传统的社会工作者，难以套用一般化的社会工作督导模式。如果单纯以学院派方式开展社会工作督导，很容易演变为脱离实际的"空中楼阁"。当下情景须开启一种新的社会工作督导模式。在区社会工作协会看来，这种新督导既要满足枫街街道与社区工作者的实际需求，又要深入基层治理生活世界，通识化就是新社会工作督导的基本目标取向。

（二）融入惯习：社会工作督导内容的实用化

如何在通识化目标的基础上，使督导培训内容能够有效适应社区工作者的日常生活，是区社会工作协会尤为关心的问题。区社会工作协会不希望将专业主义或管理主义置于社区工作者的日常生活之上，从而造成哈贝马斯所言的系统侵入生活世界所形成的"生活世界的殖民化"（colonization of the life world）（Smausova，1999）。为了防止督导脱离社区工作者的生活世界而演变为大而无当或浅尝辄止的专业知识教学，区社会工作协会决定进一步向社区工作者开展需求调查，试图通过沟通行动理解社区工作者的生活理性与日常知识，并在此基础上设计督导培训内容。在详细调研与分析了社区工作者的个人基本情况、工作任务安排、治理重点难点、能力提升意向等信息后，区社会工作协会有针对性地设计了督导培训内容，在督导培训内容上进行了融入惯习的实用化调整，即深入被督导者日常工作生活，根据被督导者个人特点与工作情况，开展有针对性的社会工作价值判断、实践行为、技能运用等方面的指引与培育。

整体上，督导培训内容具有以下特点。首先，在社会工作服务领域上，主要涉及物业纠纷调解、楼组自治、老年社会工作等社区高频事务议题；其次，在社会工作三大方法上，主要聚焦社区工作方法，个案和小组工作方法较少涉及；再次，在社会工作专业技巧上，沟通、倾听、预估、赋权、协商及伙伴关系等有较多展现；最后，在社会工作专业能力上，主要聚焦在实际工作中灵活运用社会工作专业知识的实践反思性能力。值得一提的是，督导培训内容并非只有社会工作专业知识，还充分结合了社区治理的地方实践。区社会工作协会明白，长期以来社区治理场域中已经形成和积累了丰富的本土经验与实践智慧，这些地方性知识能够有效促进复杂性实践情景中的问题解决，是社会工作一般性知识得以具体实践的前提和基础。更为重要的是，这些地方性知识能够帮助社区工作者更好地理解与吸收社会工作专业知识。所以，督导培训内容中的社会工作理念、方法、技巧等专业知识，都会依托社区治理案例及相关的"老办法"和"土办法"等内容进行讲解。区社会工作协会负责人解释：

> 单纯靠书本里的专业知识开展督导是行不通的，社区工作者很多（对此）都没有概念。督导内容一定要和社区里的生活情景结合才行，这样社区工作者才能更好地学习和理解。所以我们在督导的时候，会尽量把概念、理论与社区案例结合起来，希望通过这种方法让专业社会工作和本土社会工作、专业知识和社区情境真正融合，从而让督导更加"接地气"。（访谈资料20210102-WXH）

局部上，考虑到社区工作者队伍内部由年龄、任务类型、实践经验方面的差异而形成的不同督导需求，督导培训在内容上进行了相应分层化处理（见图2）。社区工作者被分为初阶（0~3年社区工作经验）、中阶（3~6年社区工作经验）、高阶（所有书记和主任、包括社工师）三个类别。首先，所有社区工作者均要参与共性督导培训：一是街道相关行政人员开展的服务型居委会专题讲座，偏向政策分析与解读；二是专家学者开设的社区事务冲突处理与解决、社区工作心理赋能、业主委员会工作指导、楼组自治方法与实践经验选修课。其次，社区工作者要分别参与个性督导培训，三类社区工作者对应三类督导培训内容：初阶督导包括社区工作者的职业担当、社区工作的理念与方法、居委会常见法理问题风险管理三块内容；中阶督导包括居委会工作条例（地方规章）解读、志愿者管理与培训技巧、园艺治疗在老年社会工作中的应用三块内容；高阶督导主要是党建引领社会治理创新——地方经验与启示、物业纠纷调解专题培训、社区领袖能力建设工作坊三块内容。总的来说，初阶督导主要介绍社区工作基本情况、社会工作基本理念；中阶督导主要聚焦社区高频事务的社会工作介入方法和技巧；高阶督导则更加关注宏观视角上的社区建设与社区发展。

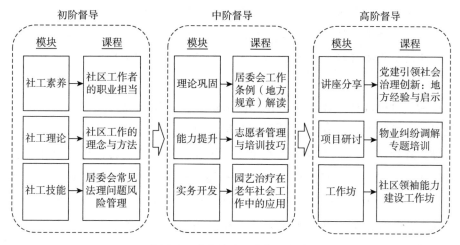

图2 三阶段社会工作督导内容

资料来源：图片根据督导内容自制。

（三）借道制度：社会工作督导形式的体制化

在基本确定督导培训内容后，以何种形式组织开展督导培训又成为区社会工作协会重视的议题。随着基层治理的诉求不断增多，社区工作者的工作负荷日益增加，工作形态逐渐实现行政化与建制化（侯利文、文军，2022）。社区工作者的工作空间与社区-街道两点一线；工作时间基本保持全时段状态；工作日志需要以纸质台账形式保存或录入电子信息化平台管理。紧凑的任务安排和繁重的任务压力，使社区工作者难以抽身社区事务并专门抽出时间，与督导者提前约定计划及议程，进而在充分准备的情况下参与专业或临床工作督导，这意味着传统外部监督式的社会工作督导形式难以适应社区工作者的工作形态（Beddoe，2012）。在充分考虑了社区工作者的日常工作形态后，区社会工作协会在培训形式上进行了借道制度的体制化调整，即积极利用基层治理结构条件，借道行政制度设置开展社会工作督导培训。

　　一般来说，社会工作督导要求被督导者充分准备，就被督导者在服务过程中的价值判断、实践行为、技能运用等召开有针对性的督导会议。但是这个形式不适用于社区工作者。社区工作者很忙的，不太愿意专门花费大量时间提前准备。而且要参加督导的社区工作者人数不少，要是有针对性地召开督导会议，我们也实在忙不过来。所以督导的形式要有相应的改变。（访谈资料20210103-MHT）

　　为契合街道社区管理体制及社区工作者的工作情况，区社会工作协会选择将督导培训与既有行政运作体系相结合，实行一种新形式的社会工作督导。在性质上，督导培训纳入社区工作者日常考核条目，与绩效评价直接挂钩；在时间上，督导培训两星期开展一次，每次半天；在地点上，督导培训统一集中在街道报告厅或会议室进行，在课程结束后统一签到；在次数上，督导培训一共开展十四次；在通知上，督导培训会提前在社区内部网络平台上发布通知，包括对象、地点、内容等信息。

　　在督导培训的具体执行过程中，区社会工作协会也尽量以社区工作者易于接受的方式运作。参与督导培训的社区工作者八成以上为非社工专业、六成以上未达到本科学历，较难适应涉及大量专业知识宣讲的传统督导形式。假如过于强调社会工作督导的理论属性，可能会消减社区工作者的督导参与积极性，进而诱导社区工作者产生"走形式、走过场"的消极行为。对此，区社会工作协会决定增加更多"做"的形式，通过生活实践的方式开展督导培训。一是参观学习，督导培训分批组织社区工作者开展参观活动，观摩借鉴兄弟单位的先进工作经验；二是社工微分享，在督导培训过半之际，每位社区工作者都要进行一次学习心得汇报，主要围绕自身职业成长、服务型居委会建设展开；三是团队建设，督导培训组织户外素质拓展训练，通过游戏活动锻炼社区工作者在各种复杂情境中分析、解决问题的能力。

　　为了保障社区工作者在"做"中"学"的效果，并易于枫街街道直观感受与检查验收，区社会工作协会参考了行政条线的考核形式，采取了相应的督导培训成效计分检验方式表（见表1）。区社会工作协会认为督导培训通识化的目标达成需要满足以下条件：首先，社区工作者要了解社会工作的理念、方法和技巧；其次，社区工作者要知晓社会工作专业知识能够运用到哪些工作情景；最后，社区工作者要基本能够开展社会工作专业实践。在此基础上，区社会工作协会设计了六大计分模块进行考核：一是课程签到，指每次培训课程签到情况；二是团队建设，指培训开展的户外团建活动；三是参观学习，指到先进社区观摩学习的参与情况；四是社工微分享，指在培训期中培训者的心得体会汇报；五是考试测评，指在培训期中和期末的网上集中考试答题；六是心得体会撰写，指在培训末尾培训者提交的一篇不少于800字的"居民区工作案例"（案例中需要涉及社会工作知识）。

表1 "居民区社工成长计划"年度考评机制

考核项目	模块		分值（分）	相关要求	
1	初/中/高阶社工	必修	40	社工报名成功并签到1场必修课10分，共40分	
		选修（4选1）	10	社工报名成功并签到1场必修课10分，共10分	
2	学习交流与成果展示	参观学习	10	每人参与1次（完成10分）	
		社工微分享	10	每人参与1次（完成10分）	
		团队建设	10	每人参与1次（完成10分）	
		考试测评	20	80~100分	计20分
				60~79分	计10分
				60分以下或缺考	计0分
		撰写心得体会或案例	20	完成心得体会或工作案例（优秀12~20分；较好6~11分；一般0~5分）	
总分			120		

资料来源：摘录自2019年"居民区社工成长计划"培训手册。

在采取了督导目标通识化、督导内容实用化、督导形式体制化的措施后，"居民区社工成长计划"成功融入了基层治理生活世界，在适应社区工作者日常工作的同时，逐步推动其社会工作专业能力的提升与发展，进而实现了"管理"与"专业"取向的兼顾。从结果来看，区社会工作协会开展的"生活主义"社会工作督导取得了成功，不仅顺利通过了基层政府的检查验收，而且获得了社区工作者的高度评价。

（四）枫街的调适：迈向"生活主义"社会工作督导的行动策略

专业主义与管理主义之间的张力长期以来是社会工作督导推进过程中的难点，这反映出在社会工作内部的"边界"分析取向（Lawler，2018）。"边界"规定了社会关系和社会秩序，以及接受与不可接受、自己与他者、归属与非归属的二元对立，并进一步将社会工作督导划分为"专业"和"管理"两大取向（Thompson and Wadley，2018）。枫街"居民区社工成长计划"呈现了一种跨越"边界"和隔离樊篱，妥善处理专业主义与管理主义之间张力的可能。这种调适两者矛盾的枫街实践——"生活主义"社会工作督导策略具有以下特征。

一是基于具体的生活情景重新定位社会工作督导使命。在"居民区社工成长计划"中，督导目标的设定不仅关注社区工作者个人的成长，也关注他们如何更有效地解决社区服务中的具体问题。区社会工作协会通过多次会议和反馈会，深入了解社区工作者在实际工作中遇到的挑战和需求。这些督导安排有助于揭示社区工作的现实问题，如居民纠纷处理、老年人关怀等，从而使督导目标能够更实际地反映社区工作者的工作环境和挑战。目标设定更加强调教育社区工作者在遇到具体情况时，如何运用社会工作的理念和技巧来处理，而非仅仅依赖行政命令或过程化的操作。这是重新思考和定位社会工作督导使命的理论探索和实践自觉。从社会工作专业角度出发，社会工作督导需要以社会工作的专业理念、方法和技巧为准绳，促使被督导者的行为模式不断接近社会工作专业标准（Lees et al.，2013）。但基层治理场域中的社会工作督导，又难以脱离客观行政环境的具体要求。从行政管理角度出发，社会工作督导需以行政体系的规章制度和政策安排为标准，确保被督导者的行为模式合法合规（Vanstone，2002）。社会工作督导作为专业训练的重要方法，强调工作技术、经验和能力的分享与指导，但从根本上说，仍以被督导者的可行能力（feasible capability）、督导项目活动的成效、服务质量的提升为终极追求。而生活主义社会工作督导的哲学恰恰与此相契合，它以被督导者的生活情境为基础，以寻求解决被督导者遇到的现实问题和可行路径为方法论底色，从而将提高被督导者面向实际的能力和解决问题方案的有效性确立为社会工作督导的主要使命。这种督导取向不在既有理论框架设置的牢笼中挣扎，而以颇具务实和实用性的哲学为导向，从而有助于跳出专业主义和管理主义范式二元选择的困境。

二是通过权力下放和广泛沟通协商共创督导方案。专业主义和管理主义不仅仅意味着不同的工作模式和行为价值取向，更反映出不同的权威关系，具体而言，主要是专业权威与行政权威。一旦基于权威关系开展社会工作督导，就可能导致督导者单向依靠专业知识、实践经验、行政职位给予帮助和建议，使社会工作督导者处于一种高阶权力关系地位，从而可能导致社会工作督导最终体现为社会工作督导者的意志（Morgan and Payne，2002）。与传统督导模式不同，在"生活主义"的督导中，督导者与被督导者之间的关系遵循平等和尊重的原则，且更加强调社工系统和管理者的双向沟通与合作（Marsella，2008）。在枫街的实例中，督导方案的制订是一个具有由下而上、协商共创特质的"民主过程"。在这个过程中，区社会工作协会对传统督导方法的局限给予了特别关注，如专业主义可能导致督导者过于依赖理论和专业术语，而忽视了社区工作者的实际经验及对本土知识的需求。为了克服这些局限，区社会工作协会安排了一系列协商会议，邀请社区工作者、社区领导、街道工作人员以及从事社区服务的其他利益相关者参与。在这些会议中，社区工作者被鼓励分享他们在实际工作中的观察和体验，从而用以识别督导内容的实用性和相关性。督导者在会议中主要扮演倾听者和引导者角色，而非传统意义上的指导者，聚焦理解社区工作者的需求，探讨如何将社会工作的理念、方法和技巧与社区实际问题结合起来。通过一系列贴近实际生活的创设，督导方案逐渐具有了面向社区工作者现实环境的气质，而不是仅仅由督导者的他者视角决定（Heite，2012）。这促使最终的社工督导方案反映真实的需求和挑战，确保督导活动不仅在理论上符合专业原则，同时在实践中促使专业主义理想适应本土的管理情境约束。在效果上，"生活主义"的社会工作督导既增强了督导方案的适用性和接受度，也增进了社区工作者对何谓专业性的理解。

三是以面向实际的专业主义价值不断检视提升督导实践。社会工作督导在督导实践中尝试结合专业主义和管理主义原则时，往往面临冲突。例如管理主义强调效率和成果的指标化与数字化，这可能与专业主义更倾向于个体化和关系导向的方法不完全一致（Walter，2003）。这意味着，社会工作督导需要找到平衡点，即如何在提升效率和系统性能的同时，继续保持对个体的关怀和支持，以及如何确保社会工作实践能够根据社区的特定情况灵活应对。为了调和专业主义与管理主义之间的张力，"生活主义"社会工作督导在设计和实施督导方案时，选择将社会工作基本价值观作为调和剂，以面向实际的方法论气质不断检视督导实践。在枫街的案例中，区社会工作协会采取了多层次的审查和评估过程，尽可能使督导方案符合社会工作的价值观念，比如公正、尊重个体、增强社区能力等。首先，该社会工作督导方案需经伦理委员会的审查，伦理委员会由社会工作专家、街道工作人员和社区代表组成，他们负责评估方案是否尊重督导对象的权利和尊严，是否有助于促进公平和社会正义。其次，"生活主义"社会工作督导十分关注评估督导实践中的管理主义元素，如效率提升和服务质量控制等策略。一旦发现这些策略可能侵犯社区成员的自主权或忽视了其具体需求，就会将其标记为僭越行为并且及时修改方案。最后，"生活主义"社会工作督导方案的出台往往需经历双重检视环节，该环节包括实地访问和与社区工作者的深入对话，以监控和评估已实施策略的实际效果和对社区的影响。通过这种方式，任何督导方案的实施都必须证明其不仅在理论上专业合理，而且在实践上能够增进社区福祉和符合社会工作职业道德标准。双重检视使社会工作督导在融合了专业主义与管理主义的方法和技巧后，依然坚持社会工作的核心价值观，从而最大限度地延续和保留了社会工作督导的专业性。

五 结论与讨论

随着我国进入全面社会主义现代化建设的新时期，中国社会工作也迈向了新本土化的发展阶段。但是新本土化阶段的社会工作如何协调与行政权力之间的关系仍有进一步探讨的空间。从社会工作督导角度切入，基于对华东地区枫街"居民区社工成长计划"的经验考察，本研究呈现和展示了中国基层治理场域中"生活主义"的特色整合性社会工作督导逻辑，即以提升督导对象与基层治理生活世界之间的适恰性为核心，逐步将社会工作专业知识融入督导对象的日常工作生活，于在地化适应基层行政体系运作逻辑的过程中，促进督导对象的专业能力提升与职业发展，进而在"专业"与"管理"的天平上寻找到最佳平衡点。从督导目的、督导内容、督导形式三个维度分析，"生活主义"社会工作督导采取基于具体的生活情景重新定位社会工作督导使命、通过权力下放和广泛沟通协商共创督导方案、以面向实际的专业主义价值不断检视推进督导实践等行动策略，进一步表现出了转向日常的督导目标通识化、融入惯习的督导内容实用化、借道制度的督导形式体制化，三者同向聚合构成了社会工作督导的"生活主义"运作。

　　"生活主义"不仅能够分析基层治理场域中的社会工作督导创新，而且有助于回应中国特色社会工作体系建设议题。自1987年马甸会议恢复重建社会工作以来，中国社会工作发展一直面临西方话语与中国情境的适应问题。如何处理社会工作中的西方意识形态和中国国家治理环境的关系是中国社会工作发展的核心议题，这一议题一定程度上体现为如何处理西方专业性社会工作与本土行政性社会工作的关系问题（Tsang and Yan，2001）。当下针对这一问题，中国社会工作学界在提出了一系列观点，例如"嵌入"、"双向嵌入"、"融入"和"融合"后，逐渐达成了整合取向的共识，即中国社会工作发展既要有"专业"取向又要有"本土"取向。在整合取向基础上，本文尝试进一步提出一种"生活主义"的操作化可能，即不单纯强调专业行业标准或行政管理绩效，而主张以充分融入与适应中国社会生活世界为标准，协调整合取向内部"专业"与"管理"之间的张力。实际上，在中国漫长的社会生活世界发展历程中，中国业已在制度、观念及习俗的影响下形成了一套社会特有的行动伦理（周飞舟，2018），既有人情关系，也有理性筹划；既有乡土情结，也有民族情怀，它与西方社会的价值取向与行为原则极为不同（Gray，2010），不仅是中国人交往的行事逻辑，亦是中国社会运行的底层密码，中国社会工作的新本土化也难以绕开极具独特性的中国社会生活世界。基于"生活主义"的操作化原则开展"专业"与"本土"整合取向的社会工作本土化，有助于重申批判性社会工作所强调的社会历史与文化敏感性，进而回应更深入地进入经济社会和民生发展的现代化，以及中国特色社会主义社会工作建设议题。实际上，在更为宽泛的意义上，"生活主义"的社会工作本土化已经在中国社会工作实践场域逐次展开，例如中国社会工作者在专业能力运用上展现出来的"实用专业主义"倾向（雷杰、黄婉怡，2017），基于中国日常生活场景开展的老年人、残疾人社会工作服务（焦若水，2018），广东地区实施的"双百"社会工作实践探索等（张和清等，2021）。但毋庸置疑，"生活主义"当前仍然主要是一种理念化的、其操作内涵和工作规范并未十分明晰的思维向路，如何在中国治理情境和磅礴的社会工作实践中构建体系化、阶段化和指标化的运作流程，进而形成稳定的社会工作体系建设模式，尚有待于继续研究和探索。

参考文献

陈文华、钟耀林、郑广怀（2020）："社会工作教育在社会工作专业化发展中的作用——基于一个整合的概念框架"，《社会工作》第4期。

侯利文、文军（2022）："科层为体、自治为用：居委会主动行政化的内生逻辑——以苏南地区宜街为例"，《社会学研究》第1期。

华中师范学院教育科学研究所主编（1984）：《陶行知全集（第2卷）》，长沙：湖南教育出版社。

黄晓春（2015）："当代中国社会组织的制度环境与发展"，《中国社会科学》第9期。

黄源协（2015）：《社会工作管理（第三版）》，台北：双叶书廊有限公司。

焦若水（2018）："生活世界视角下社会工作本土化研究"，《广西民族大学学报》（哲学社会科学版）第2期。

敬义嘉（2011）："社会服务中的公共非营利合作关系研究——一个基于地方改革实践的分析"，《公共行政评论》第5期。

雷杰、黄婉怡（2017）："实用专业主义：广州市家庭综合服务中心社会工作者'专业能力'的界定及其逻辑"，《社会》第1期。

陆士桢、漆光鸿（2017）："融入——社会工作本土化的路径探析（下）"，《中国社会工作》第31期。

倪梁康选编（1997）：《胡塞尔选集（下卷）》，上海：上海三联书店。

孙斐、黄锐、范斌（2022）："规范-目标-成效导向：政府购买社会工作服务情境下项目督导的实践逻辑"，载范明林、杨锃主编《都市社会工作研究》（第十辑），北京：社会科学文献出版社。

童敏（2006）："中国本土社会工作专业实践的基本处境及其督导者的基本角色"，《社会》第3期。

童敏、史天琪（2017）："专业化背景下社工机构督导的本土定位和分工——基于厦门A社工机构的个案分析"，《华东理工大学学报》（社会科学版）第2期。

童敏、史天琪（2019）："中国本土语境下社会工作督导的内涵：项目实践中的自觉与自决"，《社会工作与管理》第6期。

王思斌（2020）："我国社会工作从嵌入性发展到融合性发展之分析"，《北京工业大学学报》（社会科学版）第 3 期。

王思斌（2023）："中国式现代化新进程与社会工作的新本土化"，《社会工作》第 1 期。

王思斌、阮曾媛琪（2009）："和谐社会建设背景下中国社会工作的发展"，《中国社会科学》第 5 期。

吴飞（2007）："论'过日子'"，《社会学研究》第 6 期。

习近平（2022）："高举中国特色社会主义伟大旗帜 为全面建设社会主义现代化国家而团结奋斗——在中国共产党第二十次全国代表大会上的报告"，《人民日报》10 月 26 日，第 01 版。

肖瑛（2014）："从'国家与社会'到'制度与生活'：中国社会变迁研究的视角转换"，《中国社会科学》第 9 期。

尹阿雳、赵环、徐选国（2016）："双向嵌入：理解中国社会工作发展路径的新视角"，《社会工作》第 3 期。

张和清、廖其能、李炯标（2021）："中国特色社会工作实践探索——以广东社工'双百'为例"，《社会建设》第 2 期。

周飞舟（2018）："行动伦理与'关系社会'——社会学中国化的路径"，《社会学研究》第 1 期。

朱健刚（2020）："服务学习：社会工作教育的通识化"，《学海》第 1 期。

朱健刚、童秋婷（2017）："反思社会工作的'证照化'"，《中国农业大学学报》（社会科学版）第 3 期。

Ansell, Christopher. (2011). "Pragmatist." In *Pragmatist Governance: Re-imagining Institutions and Democracy*. Oxford University Press.

ASWB, & NASW. (2013). *Best Practice Standards in Social Work Supervision*. Washington, D. C.: NASW Press.

Beddoe, L. (2012). "External Supervision in Social Work: Power, Space, Risk, and the Search for Safety." *Australian Social Work* 65 (2): 197-213.

Cheng, Joseph, Y. S., and L. Q. Lu. (2009). "Public Administration Research Issues in China: Evidence from Content Analysis of Leading Chinese Public Administration Journals." *Issues & Studies* 45 (1): 203-241.

Courpasson. (2000). "Managerial Strategies of Domination: Power in Soft Bureaucracies." *Organization Studies* 21 (1).

Dewey, J. (1899). *The School and Society*. University of Chicago Press.

Germain, C. B. & Gitterman, A. (1996). *Instructor's Manual for the Life Model of Social Work Practice: Advances In Theory & Practice*. Columbia University Press.

Gray, M. (2010). "Indigenization in a Globalizing World: a Response to Yunong and Xiong (2008)." *International Social Work* 53 (1).

Hair, H. J. & O'Donoghu, K. (2009). "Culturally Relevant, Socially Just Social Work Supervision: Becoming Visible Through a Social Constructionist Lens." *Journal of Ethnic and Cultural Diversity in Social Work* 18 (1).

Heite, C., (2012). "Setting and Crossing Boundaries: Professionalization of Social Work and

Social Work Professionalism. " *Social Work and Society* 10 （2）: 1-15.

Howard, F. M. , Beddoe, L. , & Mowjood, A. (2013). "Interprofessional Supervision in Social Work and Psychology in Aotearoa New Zealand. " *Aotearoa New Zealand Social Work* 25 （4）: 25-40.

Husserl, E. （1970）. *The Crisis of European Sciences and Transcendental Phenomenology* (D. Carr, Trans.). Northwestern University Press.

Kirkpatrick I. (2005). "The New Managerialism and Public Service Professions. " *British Journal of Social Work* 35 （5）.

Lawler, J. , （2018). The Rise of Managerialism in Social Work. In *Management, Social Work and Change*. Routledge, pp. 33-56.

Lees, A. , Meyer, E. and Rafferty, J. , （2013）. "From Menzies Lyth to Munro: The Problem of Managerialism. " *British Journal of Social Work* 43 （3）: 542-558.

Manthorpe J. , Moriarty J. , Hussein S. , et al. (2015). "Content and Purpose of Supervision in Social Work Practice in England: Views of Newly Qualified Social Workers, Managers and Directors. " *British Journal of Social Work* 1 : 52-68.

Marsella, A. J. （2008）. "Identity: Beyond Self, Culture, Nation, and Humanity to 'LIFEISM'. " *Psychologists for Social Responsibility Newsletter* 1: 2.

McNay, M. , Clarke, J. and Lovelock, R. , （2009). "The Journey Towards Professionalism in Social Work. " *The Journal of Practice Teaching and Learning* 9 （3）: 72-91.

Missaggia, J. （2018）. "The Husserlian Notion of the Life-world (Lebenswelt): In Defense of Its unity and Coherence. " *Trans/Form/Ação* 41 （1）: 191-208.

Morgan, S. , and Payne, M. , （2002). "Managerialism and State Social Work in Britain. " *The Hong Kong Journal of Social Work* 36 （01n02）: 27-43.

Noble, C. & Irwin, J. （2009). "Social Work Supervision: An Exploration of the Current Challenges in a Rapidly Changing Social, Economic and Political Environment. " *Journal of Social Work* 9 （3）: 345-358.

Schutz, A. (1967). The Phenomenology of the Social World. Northwestern University Press.

Thompson, N. (2006). *Promoting Workplace Learning*. Bristol: The Policy Press.

Pollitc （1993）, *Managerialism and the Public Services*. New York: Oxford University Press.

Rich, P. (1993). "The Form, Function, and Content of Clinical Supervision: An Integrated Model. " *The Clinical Supervisor* 11 （1）: 137-178.

Ruggerone （2013). "Lucia Science and Life-World: Husserl, Schutz, Garfinkel. " *Human Studies* 36 （2）: 179-197.

Smausova G. （1999） . "Communicative Behaviour and Communicative Rationality in the Work of Jurgen Habermas. " *Filosoficky Casopis* 47 （3）: 473-485.

Thompson, L. J. , and Wadley, D. A. , （2018). "Countering Globalisation and Managerialism: Relationist Ethics in Social Work. " *International Social Work* 61 （5）: 706-723.

Tsang, A. K. T. and M. C. Yan (2001). "Chinese Corpus, Western Application: The Chinese Strategy of Engagement with Western Social Work Discourse. " *International Social Work* 44 （4）: 433-54.

Vanstone, M. , (2002) . Managerialism and the Ethics of Management. In *Ethical Issues in Social Work.* Routledge, pp. 120–135.

Walter, U. M. , (2003). "Toward a Third Space: Improvisation and Professionalism in Social Work. " *Families in Society* 84 (3): 317–322.

Walton, R. G. & M. Abo El Nasr (1988). "The Indigenization and Authentization of Social Work in Egypt. " *Community Development Journal* 23 (3):148–155.

Webb, S. A. (2006). *Social Work in a Risk Society: Social and Political Perspectives.* London: Civitas.

Yee, H. (2009). "The Re-emergence of the Public Accounting Profession in China: A Hegemonic Analysis. " *Critical Perspectives on Accounting* 20 (1): 71–92.

权力的流转与平衡：交互式社会工作督导模式探索

——基于 H 省社区治理创新督研项目的行动研究[*]

任　敏　吕江蕊[**]

摘　要　权力关系是社会工作督导反思性研究中的重要议题。以往的研究基于督导关系中的权力形态把督导模式分为权威指教式（差权）与伙伴协同式（平权）两类，强调两类的区别，却忽略了其间的关联性，对督导关系的发展性及其实践的复杂性揭示不足。本文基于 H 省社区治理创新督研项目的行动研究，构建起一种新的交互式（动态平权）督导模式，既容纳了这两种模式，也揭示了它们之间的关联性以及督导实践的发展性和复杂性。研究发现，交互式督导经历了信任建立、合作生产、价值共创的实践过程，呈现了一个在权威指教型督导中发展出伙伴协同型督导的历程，以及两类督导模式在督导实践中流转兼存的形态。交互式督导强调，在督导实践的不同阶段以及具体的督导议题中，完成督导工作所需资源在督导者与受督导者之间的分布是变化的，有效的督导实践需要发挥不同主体的优势，权力优势地位也随之在督导者与受督导者之间灵活流转，如此实现了督导关系从单一的权威式或平权式走向以动态平权为核心的交互复合式，且最终推动形成了一个价值共创的成长型专业共同体。

关键词　交互式督导　资源依赖　权力流转　动态平权　行动研究

一　问题的提出

社会工作督导关系是一种二级助人关系（张威，2015），是建立在信

---

* 本研究受华中科技大学文科双一流建设项目基金"城乡基层治理研究创新团队建设"、"中央高校基本科研业务费专项资金"（项目编号：2023WKYXZX004）资助。

** 任敏，华中科技大学社会学院教授，博士生导师，研究方向为"五社联动"与基层治理、社会工作理论；吕江蕊，华中科技大学社会学院博士生，研究方向为基层治理、社会工作实践研究。

任、保密、关怀、支持基础上，为开展专业助人工作提供保障的（Noble & Irwin，2009），它具有行政、教育与支持功能（Kadushin & Harkness，2002：19-20）。越来越多的研究发现，社会工作督导可以提高社会工作者的服务水平、技能水平和工作满意度（Barak et al.，2009；Bailey et al.，2016），并提高社会工作者的留任率（Chiller & Crisp，2012）。但督导中的权力问题不容忽视。督导者因拥有知识优势，便拥有了为受督导者提供定义如何完成或应该如何完成工作的权力，这可能导致督导过度个性化的问题（Ife，2008）。此外，督导者过分追求效率、问责和员工绩效等的行政导向，会减少受督导者获得实践对话和学习的机会，而牺牲其专业发展（Noble & Irwin，2009）。对权力保持反思是社会工作专业的内在属性之一，因而督导实践中的权力问题成为学界的重要研究议题。

我国社会工作发展具有政府主力推动与"教育先行"的特征，这塑造了我国社会工作督导的两种典型经验，反映了督导关系中的两种权力模式，即以一般性知识为基础的师徒式督导关系和以地方性知识为基础的伙伴式督导关系（赵万林、张洪英，2021）。前者如早期深圳依托香港的社会工作督导资源所形成的双重督导模式，即督导者的行政功能与支持功能进行分离，督导者包括外部督导者和内部直线管理者（Mo，Leung，& Tsui，2019）。香港督导者作为外部督导者，主要为社会工作者提供专业知识和临床技巧指导，被视作社会工作的"专业权威"。后者的典型是张和清教授团队伴随广东"双百计划"项目开展，扎根社区所摸索出的督导模式，主张督导者在本质上并非知识权威或专家，以协作行动来代替外部督导，突出督导者与一线社会工作者之间的同行伙伴关系（廖其能、张和清，2019）。依据其中的权力关系形态，这又可分别称为差权式督导关系和平权式督导关系，细究之可发现，其内部均存在着权力安置的困境。如第一种督导模式作为外部（地区）督导难以适应督导情境，有学者（Tsui，2008）指出，在从香港到深圳的跨境督导模式中，香港特别行政区因历史原因，与内地之间存在文化之差和政治制度之别，香港督导者实则难以有效地发挥自己的权威作用或引入资源援助受督导者，甚至出现"反向督导"现象。而在第二种督导模式中，督导者被认为是与受督导者同行、平等探索的关系，这在一定程度上又难以满足一线社会工作者对督导者及时明确实务方向、及时指导实务策略等"解惑"的期待，从而可能不利于督导关系的建立和督导功能的发挥。

从督导工作在中国的实践看，平等协作式督导关系是一般化权威指教式督导关系在本地实施中经过反思发展而来，符合社会工作追求反权力/权威，以及相信服务对象自身有能力的专业价值观（受督导者是督导者的服务对象），有利于建立支持性督导关系，从而为受督导者提供职业反思空间以供成长，因而这在某种意义上被认为是更适合社会工作行业的督导模式。但其中尚需探讨的问题是，在该模式中，督导者所承载的引导、指教受督导者的角色期待与督导者和受督导者协作共进之间的张力如何解决？督导者与受督导者究竟在什么意义上是平等的，因什么而平等？从指教关系到平等关系，后者是对前者的取代，还是二者可并置？如果并置，如何并置？

针对上述问题，本研究基于 H 省的"腾讯公益·五社联动·家园助力站"社区治理创新督研项目，开展了行动研究。具体来说，本研究将过程视角带入对督导关系的研究，旨在探索督导关系的动态演变，即从上下权威式关系转向协作共同成长式的督导关系。这两种督导关系并非相互排斥，也不是一种取代另一种，而是共存于督导实践中。这种加入了动态性意涵的权威指教式（差权）与伙伴协同式（平权）共存的督导模式，我们称之为交互式督导模式。在交互式督导模式中，权威式指教关系和平等协同式关系能够并存，从本质上讲是因为解决不同的督导议题所需的知识、信息、经验、关系等资源在督导者与受督导者中具有不同的分布状态。督导者并不具备完成督导工作所需的所有资源，而受督导者同样拥有资源。在二者合作解决督导议题的历程中，伴随所需核心资源的分布变动，督导双方之间的权力分布亦呈现流动的状态，加之占据结构性权威地位的督导者以开放的心态接纳之，督导工作由此可实现动态的平权实践，如此亦可在理论上回应当前督导研究中权威指教式与协同成长式之间的张力问题。本文就交互式督导的内涵及形成过程、转换机制、实施条件进行了探索。

二 文献综述

本部分从三个方面对督导中的权力现象展开综述，包括社会工作督导

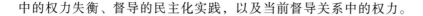

中的权力失衡、督导的民主化实践，以及当前督导关系中的权力。

（一）社会工作督导中的权力失衡

督导中的权力构成是复杂的。一项基于受访者的扎根调研显示，督导的含义包括控制（control）、指导（guidance）、监控（monitoring）、评估（evaluation）、咨询（consulting）、培训（training）、学习过程（learning process）、考核（testing）与支持（support），督导权力是嵌入受督导者的日常实践中的（Caras & Sandu，2014）。督导工作中的权力来源多样，具有不同的合法性基础。Hair（2014）认为督导者的权力是由职位角色与专家身份而来，前者依托组织的委托权而对社会工作者的实践进行定义，后者则是凭借知识与技能对受督导者实施隐形权威，这又可称为督导者的正式权力与非正式权力（Leung，2012）。

基于权力的不同合法性基础，督导的权力实践在历史发展中具有差异化特征。早期的督导权力主要是来源于组织委托的正式权力。社会工作督导兴起于1878年美国的慈善组织会社运动。当时的督导形式是全职行政人员（又称"有偿代理人"）对走访贫民窟穷人的义工（亦称友好访问员）进行帮助和监督（Munson，1978），作为督导者的行政人员凭借职位被赋予了对受督导者的正式权力。到20世纪初，社会工作督导从弗洛伊德精神分析中接受了真理、专家权威和病理化等医学思维，发展出基于专家权威的一对一的督导关系，受督导者的行为被看成"不足"的以及需要"矫正"的，督导者通过提供给受督导者欠缺的知识来促进其成长（Hair，2014）。社会工作督导权力被塑造为一种专业权力，但这种权力也引发了一线社会工作者的抵抗。20世纪50年代，随着社会工作职业化的发展，社会工作者独立性问题日益受到关注，强调摆脱督导的"控制"，以实现更大的自主实践空间（Mo et al.，2021）。到20世纪80年代督导权力的合法性基础又扭转回来，受新自由主义问责制和成本效益理念的影响，管理主义逐渐渗透至社会工作实践，督导的行政功能再次成为关注焦点（Sewell，2018），组织权力再次支配督导实践。社会工作服务被引入市场原则（McMillan，2020）和循证主义，针对个人的治疗性干预成为首选的实践模式，而社区发展、社会政策和社会变革、追求社会正义不再作为优先事项（Noble & Irwin，2009）。效率与绩效至上的管理主义促使督导者开展有指令性与内容聚焦的督导工作，舍弃对受督导者反思技能的培养，亦不鼓励受督导者参与服务决策过程，也间接削弱了面向服务对象的服务成效（Hair，2014）。从督导实践的历史来看，不同的督导权力模式可能对受督导者造成不同形态的压制，既有建立在组织权威上的正式权力的行政压制，也有建立在知识权威上的非正式权力的专业压制。

也有学者对督导权力压制下受督导者的"权力弱势"处境及其抵抗策略进行了深入分析。如 Beddoe（2011）运用"垂直"话语概念来审视受督导者所接收的话语形式，指出利用等级监督关系传递出的学术知识多以规则、风险评估为特征，掩盖了文化差异，强化了种族主义等压迫倾向，对受督导者形成了隐形压制。Cooper（2002）认为督导关系中的权力具有"私人和保密"特性，有可能掩盖"不良"做法，如不遵守合同协议、损害受督导者利益等。由于双方之间固有的权力差，尤其是督导的行政管理功能往往会引发受督导者对督导者的不信任，从而降低了受督导者在职业反思中的安全感（Adamson，2012）。处于弱势地位的受督导者在面对督导关系中的不平等时，也可能进行策略性抵抗，如关注督导者的弱点、确定督导会议内容、质疑督导者的观点、将无效督导责任归咎于督导者等强抵制策略，以及表扬督导能力以转移注意力、承认失败、表现无助、选择性披露服务信息等柔性反抗策略（Liddle，1986；Kadushin，1992；Leung，2012）。相较于在督导关系中通过微观政治互动来抵抗管理主义下的象征性督导，受督导者更倾向于可信赖的支持性督导关系，这会提高受督导者的幸福感与工作满意度，有效促进专业成长、提升服务效果（Egan，Maidment，& Connolly，2017；Newcomb，2022）。

综上可见，督导关系中存在权力失衡现象。一是指建立在组织权威以及专业权威上的督导权力均会对受督导者造成权力压制；二是受督导者处于权力弱势处境，受督导者一方面在督导的权力摇摆中改变自己的实践重点被迫迎合督导要求，另一方面以柔性抵抗形式对督导实践进行抗争，但在督导具有行政职位、专业权威的双重结构性优势下，这种抵抗非常有限。督导中的等级关系、行政导向以及受督导者的失权处境消解了督导的专业成长促进功能，不利于社会工作的职业化发展。因此，如何避免督导权力对受督导者的压制，走向督导的平权实践，就成为重要的实践问题和研究议题。

（二）社会工作督导的民主化实践

基于对督导实践中权力失衡问题的关注，实务界对督导进行了民主化改革（Noble & Irwin，2009），将政治（权力）与文化因素纳入督导模式的构建中，尝试探索为受督导者充权的督导模式，提升督导关系中受督导者的权力弱势地位，迄今形成了三种充权模式。

第一种是分离督导职能来避免督导者行政权的滥用，即将临床督导与直线管理督导分开，由组织内部的督导者负责行政管理职能，外部督导者为受督导者提供教育与支持（Bradley, Engelbrecht, & Höjer，2010；O'Donoghue，2012）。Bradley 和 Höjer（2009）认为外部督导模式可以帮助社会工作者避开机构内部竞争的优先事项，推动社会工作者在接纳的安全环境中思考如何行使酌处权或提出其他创造性做法，从而为社会工作者提供了以人为本的工作支持和情感支持，有利于提振社会工作者士气，并增强其专业能力。这种做法由于外部监督者不承担任何管理责任，重点是支持受监督者及其实践，因此督导中的权力不平等程度会降低一部分（Rankine & Thompson，2015）。

第二种是通过改变督导形式，由个体督导转向团体督导的互助模式，通过促进受督导者之间的合作来减少孤立、应对挑战，减弱督导者的知识权威，实现对受督导者的赋权（Knight，2017；Muskat，2013；Rankine，2013）。督导者在其中既承担着传统的督导者责任，又担负了培养受监督者相互学习和支持的责任（Knight，2017）。在团体督导中，受督导者能够"出声思考"（think aloud）[①] 或与其他成员一起反思专业实践过程，以更好地评估服务过程，改进服务（Bostock et al.，2019）。Bransford（2009）提出了一种以体验为重点、以过程为中心的团体督导，揭示了团体督导可能发生作用的一种机制，即参与者有机会练习用"第三只耳朵"（the third ear）倾听，通过同类反应参考而促进内在觉察。但学界认为团体督导与个体督导的关系是

[①] "出声思考"为心理学用语，要求被试者说出正在想什么或做什么，将被试者的思维过程转为外部语言，即可观察到人的思维过程。

补充而非取代，个体督导能够有针对性地回应个人需求，而团体督导能够提供更有创意的支持性讨论空间，二者应结合以鼓励受督导者进行"深思熟虑的实践"（Rankine，2013；Ruch，2007）。

第三种是通过受督导者与督导者双方共建伙伴关系，致力于识别、改变权力结构和社会压迫的反思性督导（O'Neill & Fariña，2018；Ioakimidis et al.，2022；Rankine，2017）。反思性督导旨在反思督导者、受督导者以及与服务对象的合作方式，剖析各个群体背后的价值观、意识形态与话语，从而帮助从业者觉察、审视个人的假设与判断，利用这种反思来影响实践，并变革行动（Franklin，2011）。Rankine（2017）搭建了反思性督导的四层实践模型，即督导者要在督导实践中反思与自我、组织和他人的关系以及与实践的系统环境之间的相互关系，在社会政治和社会文化环境中形成批判性思维，推动平权实践与实现社会正义。此外，在反思性督导中，督导知识也由普遍知识的应用转向知识的建构性生产，在督导实践中关注情境化知识、地方性知识（O'Donoghue & Tsui，2015；Goodyear et al.，2016）。文化是督导中的重要议题。其中，Mo、Leung 和 Tsui（2019）强调，我国独特的"面子文化"、"关系文化"、"传统官僚文化"和"家庭文化"影响着我国的督导实践。

督导的民主化实践是督导平权化的体现。在督导的平权实践中，督导者不再被视作压制性权力的拥有者，即督导活动的管理者或专家，而是被视作受督导者的同行者与陪伴者，为受督导者营造平等的参与体验，在督导过程中促进双方的觉察、反思与改进，从而促进受督导者的专业成长，提升服务的整体效果。但何以实现平权，既有研究强调这是督导者通过对权力保持反身性思考的结果，但是督导者为什么要反思，督导者反思的内外部条件是什么，既有研究总体而言缺乏回应与探讨。

（三）督导关系中的权力：行动者属性抑或关系获取？

基于以上督导实践探索，迄今为止督导权力议题研究呈现两种研究范式。一种是仍倾向于传统的权力观，也是督导权力研究的主流范式，强调督导关系是等级关系，督导者对受督导者有权威，是上对下的指导。这种研究范式的底层假设是将权力视作督导者的一种属性或所有物，即督导者本身具有权力，将权力视作一种所有物。韦伯认为，权力是指行动者不顾他人意志而实现自己意志的那种力量，具有正当性（合法性）的权力即为权威（韦伯，2004：19）。故这类研究倾向于探讨督导者权力的合法性基础及其形成的权威类型。这类研究指出了督导者通常有两种权威，即组织权威与专业权威，对应地，主要以行政管理或知识传授的形式支配着督导关系。这种权力分析范式下的研究集中于探讨督导的权力失衡问题，督导者依托组织授权对受督导者进行显性压制[①]，易造成受督导者的不安全感，甚至引发离职等后果。这种建立在组织权威基础上的内部督导模式持续受到挑战，当前已逐渐被外部督导所取代，但外部督导又遭遇督导质量不一的问题，致使在组织权威消解的基础上，专业权威又难以建立，使督导权力的双重合法性受到质疑。在这种研究范式下，督导关系似乎不是走向民主，而是面临解体，并不能对当前的督导实践提供有效指引。换句话说，内部督导者的权威来源于项目相关方任命，难免带有资方审视（压迫）的效应，外部督导者又缺乏地方知识，在去除组织权威的同时，又存在专业权威不足的风险。这种督导权力研究的范式还面临其他解释困境，如在将权力视作所有物后，则难以让渡给受督导者，如何提升受督导者权力、保证督导中的民主成为问题；若权力可以转让，当督导者将权力转让给受督导者时，受督导者是否就成为新的强权者，督导者转而陷入弱势地位？可见，若要回答这些问题需要跳出既有的权力视角。

另一种则倾向于从关系视角来诠释督导权力，认为权力被视作流动在督导者与受督导者之间的"力"，是各方力量的纠缠与推挡。当前此类理论研究较少，从受督导者对督导权力的抵抗中可窥见这种关系型权力，这种关系型权力多体现在督导的民主化实践中。这种研究范式的底层假设是权力产生于依赖，"我们依赖他人，他人也依赖我们。如果我们依赖他人甚于他人依赖我们，仰仗他人甚于他人仰仗我们，他人就对我们拥有权力"（埃利亚斯，2005：124）。当督导目标的实现在不同程度上依赖受督导者时，

---

①　以往研究指出专业权威亦会对受督导者造成隐形压制，这种观点可用作批判工具以促进督导者的反思觉察，却难以指导形成更好的督导实践，因为知识的传递正是督导者向受督导者赋权的重要方式，督导者不可避免地传递知识。故在本研究中更强调组织权威的显性压制对督导实践的损害，倾向于认为专业权威有利于促进受督导者的知识水平提升和专业赋能。

受督导者便在督导关系中从"失权"走向"有权"。学界对受督导者依赖性的探索多体现在督导模式的充权实践上，主张将督导过程转化为批判反思与专业发展的安全空间，关注受督导者拥有的地方性文化与情境知识，增强受督导者在督导关系中的地位，以民主合作的形式减少受督导者的抵抗力量，提高督导者对受督导者的依赖程度，以达到双方平权的目的。但这种督导平权实践内含了两个假设：一是督导者确定占据知识、地位、资源等各方面的优势地位，受督导者对督导者的依赖大于督导者对受督导者的依赖；二是平权实践依赖于督导者的反思来实现，即督导者足够重视受督导者。但我们在实务督导中发现，很多督导工作失败——无法实现督导目的，促进服务提升与受督导者的成长——的原因，并不在于督导的民主化过程不到位以及督导者对受督导者的重视程度不够，而是督导者不能保持自身的资源（能力、知识、信息等）优势，受督导者对督导的依赖性持续走弱，对督导工作消极反应，并以缺席、敷衍等形式来抵抗督导工作。

尽管两种督导权力研究范式在将督导中的权力关系界定为等级式还是平权式上不同，但两种研究范式也有共同之处，包括：第一，都把督导关系视作先在选定的，而缺乏对关系变化的关注；第二，两种研究范式均认为督导者与受督导者之间的权力格局是结构性的，是一般化的，而忽略了权力的变迁性和生成性、权力关系生成的情境性及督导行动的权宜性；第三，都隐含了两种关系模式彼此互斥或取代的假定。既有文献揭示了督导研究中两种既定的权力范式，对应督导实践中的两种关系模式，但缺乏面对复杂督导实践及其情境的深入探索，需回答如下问题：二者间的关系如何；决定督导者与受督导者之间权力关系的本质是什么；两种模式是彼此替代的关系，还是可以并存；如果可以并存，则如何并存。基于此，本文延续此前的研究，以持续一年的督导行动研究为例，回答以上尚未见探讨的问题。

三　分析视角与研究方法

（一）权力流转与交互式督导的探索

为突破督导研究中传统权威与平等协作之间的冲突，本文从权力的资源依附理论出发，提出了"权力流转"的视角，用以探讨一种实现动态平权的督导模式——"交互式督导"，以推进督导研究。

本文提出的"权力流转"视角基于以下理论前提。第一，资源依赖产生权力，被依赖者对依赖者拥有权力（Emerson，1962；菲佛、萨兰基克，2006），但资源在相关行动者之间的差异化分布决定了他们之间往往是相互依赖的关系。督导关系是共生性关系，督导任务的完成需要督导者和受督导者共同贡献资源，如督导者拥有受督导者所需的结构地位资源、专业技能资源乃至情感支持功能，受督导者拥有在地情境知识以及一线服务经验等资源。因此，督导的开展需要督导者与受督导者双方的合作，督导者与受督导者在不同程度上都依赖对方，但当双方对彼此资源的依赖程度不同时，便产生了督导中的权力优势与权力劣势之分。① 第二，督导工作中所需的资源主要由两部分构成：一是结构供应的，主要来自督导者的职级；二是生成性的，主要来自受督导者的成长性和具体工作经验，这为督导中的权力分布形态提供了多样的可能。换句话说，督导关系中的权力，有结构性的权力，也有生成性的权力，或说权力一部分是某个结构性位置赋予的，一部分是在具体情境中生成的，或是在项目实施过程中涌现的，因为权力赖以产生的资源是在实践中生成的。第三，资源的分布状态会因具体的督导情境而改变，行动者之间的依赖关系也随之改变，这导致关系中权力优势的转移（Emerson，1962；陈炳辉，2002；田国秀，2007；胡颖峰，2013；Flohr，2016），如此看起来就形成了"权力（优势）的流动"。因此，督导中的权力是指相对权力，即某一情境下督导者与受督导者因资源依赖不对称而产生的权力差，而非以往研究中等级权力观念中的被视作所有物属性的绝对权力（Lawler & Bacharach，1987）。一言以蔽之，督导中的权力不是给定的，而是生成的，权力关系不是结构规定的，而是在情境中生成的，是视乎督导议题及问题解决所需的资源在督导和受督导群体之间的分布而定。

基于权力流转视角，本研究探索了一种新的督导模式——交互式督导，试图摒弃以往督导研究中督导者的强权取向或是督导者与受督导者双方无差异平等关系的单一模式，旨在在社会工作督导的权力研究中加入动态视角，借助在经验上呈现督导模式的演变过程及其何以演变，揭示督导中的

① 我们认为督导关系中都是有能（权）的，所以此处摒弃督导双方有权力与无权力这种叙事，而改为权力优势与权力劣势之分。

权力实践以及督导关系存在的动态性和复杂性。文中呈现了从最初的等级式权威督导模式到平权式督导模式，最后演化出交互式督导模式的三个阶段。第一阶段督导关系呈现师徒关系，主要任务就是让"徒弟"真心"拜师"，基于专业依赖产生信任，建立合作的基础，以确保督导的功效。第二阶段是提高受督导者的权力，促进双方合作生产，双方各有贡献，对平权式督导进行培育。第三阶段是产生效益的阶段，部分受督导者逐渐成长并"出师"，受督导者与督导者形成专业共同体，创造公共价值。同时，实现社会工作专业督导的三重目标，即专业服务有效、专业知识生产和提升受督导者能力，从而既提升实践能力，又促进系统的改变。

由上观之，督导关系是一个持续演变的历程，刚开始会因受到传统督导观、项目发包方及受督导者期待的影响而通常呈现以等级式关系为特征的权威督导模式，后随着实践议题的展开，受督导者一线实践经验的获取及其持续成长，以平等关系为表征的平权督导模式开始显现。到后期，督导双方通过形成专业共同体，可视督导议题依据资源状况灵活切换自己的相对权力地位，以达到形成"权力流转，动态平权"的督导关系特征。所谓"权力流转"是指不同督导情境下的督导者与受督导者之间的权力差别状态不同，关系中的权力优势地位并非总是由督导者占据，而是根据具体督导议题所需资源主要由督导者贡献还是由受督导者贡献而流动；所谓"动态平权"指出平权是一种动态实践，平权不是特定情境中的静态平权和绝对平等，而是在同一个过程中，二者前后交互据优势和劣势采取平等合作的态度，从观念到结果上实现总体平权。

总之，本研究通过附着于项目实施之行动的流程，引入情境作为分析单元，权力在其中流转，但这种流转并不会沉淀为既定结构。换句话说，这种权力关系，不是由双方之间既定的社会结构位置决定的，而是由嵌入督导目标实现过程中的各个情境决定的，权力可在情境中流转，但这些情境又嵌入一个统一的督导（特定项目实施）过程，有别于不具有连续性、可独立切割始末的一个个情境中的微观权力行动，如此使权力的流转并非完全依赖于微观场景中双方博弈涌现的后果（emergence），而可加以分析。

（二）实践、研究与教育三结合的行动研究运用

本研究依托一个于 2022～2023 年开展的督导项目展开，这是在 H 省实

施社区治理创新实务项目时衍生出来的督研项目，其中内含了督导实务和开展研究两部分任务。2022 年，民政部联合腾讯公益基金会在全国开展"腾讯公益·五社联动·家园助力站"社区治理创新实务项目，共覆盖 7 个省 96 个街道，其中 60 个落地 H 省。该项目试图革新社区在地的资源传递模式，从传统的承接政府治理资金投入社区服务的思路转向以建立社区基金为载体，开发并激活在地的资源，再用于本地治理，致力于营造自组队伍、自筹资金、自供服务的社区共治型治理生态。为了确保项目顺利实施，该项目在设计之初就嵌入了督导板块，全国项目办①在全国范围内邀请社会工作专家或"五社联动"专家，实施分片督导。考虑到在 H 省落地的项目尤其多，所以 H 省又加设了地方督导指导各项目点具体实施。H 省项目办将 60 个项目点依据地理邻近性划分为 6 个片区，每个片区 10 个项目点，每个片区分别独立打包为一个督研项目，公开面向社会招标督研团队。笔者组建了一个由高校社会工作专家和实务专家（高级社会工作师和资深社会工作师）构成的十人左右的督导团，承接了 H 省第一片区的督研项目，开展了持续一年的行动研究（Action Research）。

行动研究兴起于对实证主义知识观的批判与反思，是集研究、实践及教育于一体的新兴社会工作范式（费梅苹，2007；古学斌，2017；任敏、吴世友，2018）。行动研究法尽管多适用于直接服务项目，但我们认为它同样适用于社会工作督导这种间接服务，原因如下：第一，虽然督导项目所服务的项目点是分散的，但由于分片督导的设定以及相同的项目要求和情境特征，这些项目点共同构成了一个区域化的督导服务情境；第二，在受督导者实施项目这一动态实践情境中，督导者同步陪伴受督导者开展专业实践，在不同项目点积累经验，并根据实际情况调整策略，行动与研究分阶段交互进行，以深化、优化实践；第三，督导实践又被称为"二级助人"服务，是针对一线社会工作者实施项目开展的专业服务，与直接的社会工作服务一样，均运用社会工作的专业理论，遵循专业价值与专业伦理等，所以二者本质上一样，都是专业服务。本研究通过采用行动研究来探索交互式督导这一新的督导模式。行动研究提供了督导者、受督导者共同参与

---

① 为确保项目的总体运行顺利，项目资助方与相关政府部门、行业组织等组成全国项目办，
负责项目整体规划、总体协调、监督指导。部分省份也仿照全国项目办组建了项目办。

的协同共创过程。督导者作为研究者、实践者与教育者，开展若干行动的周期，在每一周期都包括计划、行动、观察和反思，交互改进研究与行动，伴随着多次迭代更替干预，以螺旋式上升的方式解决问题（Lewin，1946），以在实践的过程中不断地反思与受督导者之间的关系，对话原有理论，从而建构有益于提升受督导者专业能力的新的督导实践模式，并在服务过程中予以验证与评估。

2022 年 8 月至 2023 年 8 月，本研究团队协同一线社会工作者同步开展了行动研究。项目期间，督导团队按计划开展督导活动，包括每月线上督导和每季度实地督导，共进行团体督导 21 次，实地督导 20 次，个别督导 100 余次。本研究的材料包括督导记录表、督导反馈表、访谈资料、项目报告等一手材料。根据督导进展，可以将整个督导过程分为三个行动阶段，其中通过前一阶段督导者与受督导者反思来调整进入下一个行动阶段（如表 1 所示）。

表 1 行动研究进程

行动研究阶段	行动阶段	督导形式	督导关系特征
第一轮	2022 年 8 月 29 日至 2023 年 1 月 20 日	9 次团督+30 次个督	信任建立
第二轮	2023 年 1 月 20 日至 2023 年 4 月 20 日	6 次团督+40 次个督	合作实践
第三轮	2023 年 4 月 20 日至 2023 年 8 月 20 日	6 次团督+40 次个督	价值共创

注：表中"团督"为团体督导，"个督"为个体督导。

四 交互式督导的行动研究过程：一项社区治理创新督研项目探索

在一线社工开展社区治理创新项目之际，督导团队同步提供实务陪伴督导，围绕着"督导者与受督导者应该建立怎样的权力关系"开展行动研究过程，探索出"交互式督导"模式，并厘清了其基本内涵及实现机制。

（一）信任建立：结构型构中的师徒关系

在项目实施初期，督导团队以帮助解决社会工作者服务过程中的问题和提高社会工作者的能力为目标，编写了《H 省第一片区督导工作手册》，制订了明晰的督导服务计划，设计了督导运作制度（如表 2 所示）。

表 2   督导制度设计

督导设计		具体内容
督导团队构成	研究型督导	R督导，高校教师，"五社联动"的首倡者之一，深耕"五社联动"与基层治理； X督导，高校教师，研究领域为社区服务； H督导，高校教师，研究领域为社区情感治理
	资深实务型督导	L督导，某机构理事长，实务经验丰富，擅长项目管理与儿童友好社区建设； W督导，机构副总干事，擅长项目设计与宣传； Z督导，机构总干事，擅长社区慈善资源的开发与运用
	督导助理	由3名社会工作专业学生担任，负责督导的日常运行与协调
督导执行形式	个别督导	责任督导（实务型督导）+辅助督导（研究型督导）
	团体督导	轮值督导（根据督导议题选择）
	线上督导与实地督导相结合	
督导执行程序	需求调研	1. 问卷调查 2. 个别督导问询与观察
	督导实施	个别督导每周对督导机构问询与跟踪 轮值督导两周开展一次团督
	评估反馈	1. 填写督导反馈表 2. 督导者问询与观察 3. 社会工作者联系总督导、督导助理进行反馈

在 H 省项目办的协调下，督导团队与受督导机构建立了联系，行动团队也制定了本片区的督导制度，但这不代表两者建立了信任关系，督导活动仍可能面临受督导者不重视和不信任的问题。如团队总督导 R 老师同时也是全国层面的督导者，她观察到全国层面的督导者尽管是由国内专业声望较高的高校老师担任，但由于是异地督导，督导者既不懂实地情况也无在地行政资源支持受督导者，受督导者觉得全国督导"并没什么帮助"。因此，多数省份的受督导者都采取不按时参加督导会、不反馈问题、不寻求帮助等行动，甚至觉得"浪费时间"，因而拒绝参与督导活动。这也启发在项目实施中，在受督导者尚不知道如何开展、急于摸索的情况下，督导者就能够给予支持，例如项目逻辑解读、实施方向指导、组织支持等。如果此时督导者展现出"我也不知道，让我们同行同摸索"的平等态度，则难以满足受督导者的预期，受督导者可能会转向自我探索，从而中断督导工作或使督导工作形式化。所以，在督导前期，督导者展现自己在专业指导

上或在行政支持上的可信度至关重要。因此，督导团队在前期采取了多种措施来建立受督导者对督导团队的专业信任。

首先，督导团队通过加大受督导者的动机投资来增强对督导团队的依赖性（Emerson，1962）。这有两种策略。一是督导团队利用自身的专业知识优势与技能优势来调动受督导者的参与意愿。督导团队作为深耕于"五社联动"研究领域的资深团队，在本阶段开展了包括社区公益基金的运作、社区微项目的设计、"五社联动"长效机制的建立等 9 次团体督导以及 30 余次的个体督导，在督导活动中通过解放观念、指导服务思路、训练服务技巧，建立了督导者的专业权威地位。最明显的表现是，各个执行机构在破除既有的专业观念束缚后①，开始大胆地进行创新项目设计，如在缺乏儿童玩乐空间的社区中规划"家在丛林营地型儿童游乐园"项目、"公益商业街"项目等。二是督导团队将自身视作建立关系的工具以拉近与受督导者的距离，激发受督导者的投资动机。例如 R 督导作为片区的督导总负责人，凭借专业与个人魅力获得了受督导者的认可，建立了卡里斯玛型权威②。在 R 督导的组织下，一片区督导团队成功举办了跨区线下督导活动，各机构参与度高，这在 H 省内的其他片区中是少见的。

督导团队也在帮助督导机构解决实施难题中展现了督导的可依赖性。如 Y 机构在项目初期遭遇"入场"困境，源于该项目虽是由街道和机构联合申报，但是靠上级组织"硬性捆绑"，实则沟通不足，L 街道多次以时间为由拒绝 Y 机构的见面，导致项目难以落地社区。尽管 Y 机构尝试多种策略与街道建立良好的合作关系，如直接去街道堵、社区书记引荐等，但均告失败。后来，深耕于 L 街道的 Z 督导，利用与街道人员的信任关系，巧妙结合街道需求与项目创新需求，成功为两者搭建了沟通桥梁，促使项目顺利落地。集体督导模式下，此类成功案例产生了显著的"示范效应"，向各机构展示了督导团队具有解决问题的能力与资源。此外，督导者也承担居间协调功能，将各团队在项目实施中的诉求反映到相关管理方，如省慈

---

① 受社会工作教育以及以往实践限制，受督导者将社会工作狭隘地定义为提供困弱群体服务的"小社工"角色，在项目选择时也仅开展一些救助个案活动，而对介入基层治理的"大社工"角色表示有疑虑。

② 卡里斯玛型权威是个人化的、非结构性的，因此是一种不稳定的，并非在督导中总是存在的权威。

善总会、省民政厅、省社会工作联合会等，如 R 老师根据实地督导经验向全国项目办提出了关于项目实施期的调整建议等。督导者的专业能力、在地组织资源以及项目架构中的居间协调功能共同增强了受督导者对督导者的信任。

在项目中期，督导者开展了工作评估与反思，这包括对督导的效果评价和对督导的意见与建议。

在督导评价中，几个受督导的一线社会工作者表示："在督导的过程中学到了很多"；"有了督导项目才推进得这么顺利，督导者总是能帮助我们解决难题"；"通过这个项目，我真正体悟到了社会工作服务项目的运作逻辑以及社区社会工作的真正内涵"；"很幸运在第一片区，我们拥有最强大的督导团队"。

从以上反馈以及每次集体督导会参与率较高的指标来看，督导双方之间已建立信任关系。但其中 CX 机构的情况则不同，他们认为当前承接的项目新颖、路径不明，并觉得督导团队多为高校背景缺乏项目实务经验，故该机构初期持消极态度，连续四个月缺席线上督导会或仅挂名不参与。转折点出现在项目中期的总结会，该机构负责人听到 R 老师介绍片区内的优秀案例，并多数被全国项目办采纳或整理后发表。此后该机构意识到了督导的益处，后开始积极参与督导会，踊跃参与交流，并在 R 老师赴他处实地督导时，主动旁听并诚邀 R 老师至本机构及项目点指导。这一个案例鲜明地说明，若督导者因权威性的缺失难以激发受督导者的积极性，则督导工作举步维艰。

这个阶段督导者通过利用自己的知识、信息、组织资源等获得权威地位，通过形成上对下的指教型督导模式来增强受督导者对督导者的依赖性，能够有效推动督导实践的开展。与此相反的是研究团队中未建立权威地位的某些督导者处于半隐退状态，由于部分督导者是高校内的专家学者，只掌握一些基本知识，对于社会工作实务开展一知半解，并未在前期督导过程中建立自身的专业权威地位，导致团队虽设置了责任督导制，但受督导者往往打破制度设计向督导团队中的特定的几个权威督导者请教。从另一个意义上说，配对型的个案督导由于未展现其作为督导者的"资格"已经走向失灵，这从反向印证了督导实践需要差权。又如当前国内实务界常举办的"社会工作能力水平工作坊"，也是此种督导关系模式的体现。在工作坊开展之前，主办方往往会大肆宣传工作坊邀请了哪些实务领域的专家或是高校学者，来建立督导者的专业权威，展示"师父"的"厉害"，从而增强受督导者的动机投资，这将有利于提升知识传授的效果。

但诚如此前传统的"上对下"督导模式所受的批评，督导者定义了所谓的主导性知识，形塑了受督导者看问题的"识框"（古学斌、张和清、杨锡聪，2007），会降低受督导者的自主能力，压制多样化话语，阻碍实践情境中的知识生产，阻碍作为一线社会工作者的受督导者进行自我探索实践。在本研究中受督导者也出现了依赖性过强的问题，这表现在很多受督导者都邀请督导团队来实地进行个别督导，"手把手"帮助其制订服务计划。受督导者也将督导者视作专家，将其知识视作真理，甚至丧失了自主制订服务计划的勇气。如个别社会工作者表示，"专家能给我们出创新主意，如果他们都不能，那我们就更不可能了"。这正导致了督导实践的"父权主义"，忽略了受督导者的个人智慧，是对受督导者的隐形压制。故本行动研究只是将其视作督导有效开展的前期型构阶段，在觉察到受督导对象话语背后的权力关系后，研究团队便开始了下一轮的督导行动研究。

（二）合作生产：充权实践中的伙伴关系

考虑到上一轮行动研究中受督导者自主性弱、多样化话语少等问题，本轮行动研究对受督导者进行了充权，并将实现督导活动的合作生产作为此阶段督导的主要目标。督导工作中的充权实践是增强受督导者权能的过程，这既是督导们出于主观考虑的设计，也是项目实施的客观形势所需。对于创新性的试验性项目，随着项目的全面展开，督导工作非常依赖各个机构自我探索的实践信息与经验，督导工作要名实相符，需要纳入机构中先行者或经验丰富的同辈社工。为此，督导者通过将督导中心转移至地方文化的挖掘、激活同辈督导等措施来促使督导工作发挥应有功能。

因为受督导者直接参与社会工作服务，拥有更多的地方性知识以及对信息进行阐释的能力，故督导团队要开展具有文化敏感性的督导实践则须依赖受督导者自主探索的情境信息。为此，督导者必须放下专家身份，倾听受督导者的心声，与受督导者建立良好的协作关系。下文以项目开展过程中呈现的城乡文化为例予以阐述。在十个受督导机构中，与其他九个服务城市社区的受督导机构相比，H机构作为唯一一家县域社工机构显得尤为特殊，其项目需深入村转居社区（实质仍是乡村）实施。在当前的政策话语以及学术脉络中农村一般被视作落后、贫穷、资源匮乏之地，因熟人社会性质而排斥外人进入。由于督导团专家拥有的基本是城市社区服务经验，受此理念影响，团队理所当然地将注意力放在 H 机构如何破冰，建立与当地的联系，故曾多次与一线社工深入交流服务策略。但出乎意料的是，社工进入乡村社区的过程格外顺利，"我就跟当地的人说，我们这个事能给当地的居民谋来福利，书记就格外支持"。H 机构本是通过候补获得项目，最晚落地社区的，但在后续的社区基金筹款中它是最先实现项目指标的。可见，督导者的学院派知识在实务中可能面临"水土不服"的问题，若要保证服务效果，则需依赖受督导者对地方性信息与知识的把握，及时协商新的服务策略。建立在对两种情况分析的基础上，督导者与受督导者对城乡二元结构的治理文化进行了再分析：城市治理资源多于农村，往往会对项目获益、风险承担等进行理性计算，形塑了保守型的治理文化，这就导致项目需要嵌入当地的权力网络才能开展，如上述 Y 机构也是融合了街道需求才得以成功落地；在资源较弱的情况下，农村更为重视社工带来的治理资源，愿意开放空间让社工进行创新服务，由此该机构选择了更具挑战性的街道改造来开展项目。综上，督导有效的前提是对在地社区情况的了解，督导者需要发挥受督导者在此阶段的信息优势，促进督导过程的民主化实践。

此外，督导团队基于对实务情境的补充需要以及对受督导者的赋能目的，督导团队设计开展同辈督导。同辈督导的设计源于三点。一是经验的类同性。由于受督导者是同一项目的代理方，受督导者面临相似的项目情境。二是基于治理基础项目实施进度有别。三是社工从业经验的差别性。在十个机构中，社工的工作年限为一年到八年不等。为促进同辈督导的设计落地，督研团队一是加强自身与受督导群体以及受督导机构内部的关系建设，二是在督导过程中"点名"乃至让项目先进机构与后进机构之间进行公开"配对"辅导。同辈督导在督导活动中展示了受督导者群体的资源，即受督导者可能拥有督导者不具备的在场信息乃至文化资源，这为群体式的受督导者摆脱单一的下位位置走向充权提供了可能。此外，同辈督导的设计不仅是对受督导者信息资源的充分整合，亦是一种赋能式的训练手段，推动受督导者以督导者的身份进行操练，消解受督导者以往作为下位者的督导惯习。质言之，同辈督导既在督导活动中改变受督导的下位意识，又能提升其专业能力，是对平权督导实践的培育。此时，当督研团队在较高程度上依赖受督导者中的项目"先行者"来展开督导工作时，受督导者是居于权力优势地位的。这体现在督研团队十分强调自身与受督导者之间"做好关系"上。不过，这种权力优势地位仍是暂时性的，受督导者并未完全形成与督导者的平权。因此，在这个阶段督导团队增加了同辈督导的频次，对受督导者进行持续的能力训练与意识培养。

当前国内学界探索的两种典型的平权督导模式：一种是通过赋权的方式来消除受督导者的无权感（严槿，2013），另一种是通过充当陪伴者促进受督导者的反思以自主开展实践（廖其能、张和清，2019）。但两种平权模式多聚焦受督导者的"能力感"，即在心理层面认为其与督导者是平等的地位，但并未训练受督导者进阶成为督导者或与督导扮演同等角色的能力，故是一种"不完全的赋权"。又或者说督导者仅在主观意识层面上认为受督导者有能，实则缺乏在学理层面揭示受督导者何以达到与督导者一样有能的机制。这些探索将平权作为一种理念，当然这也是重要的，但忽略了将其作为落地的实务策略的可能性。为弥补当前平权模式的不足，在该轮行动研究中，督导者利用在前一阶段建立的权威地位在本阶段与占据实地信息和项目经验优势的受督导者协作，发挥受督导者在督导活动中的资源优势，形成了督导内容"合作生产"模式。在这种合作生产中，督导者对受督导者的依赖性也逐步增强，受督导者亦在督导实践中获得平权意识的培育与能力的训练，从而达到受督导者的充权目的。与当前国内的平权模式不同，本文将平权视作服务目标，是需要经历督导者放权与受督导者操练而获得权力（能）的过程。

综上，在这个阶段，督导者的督导逻辑是：基于双方的资源分布不同，利用督导者的上权身份培育受督导者成为新的上权者，并在不断地督导实践中进行强化、演练，以为后续的督导权力的灵活转变奠定基础。同时，督导者也意识到两点：一是督导者与受督导者之间以及受督导者之间都需建立信任关系，这是多样性话语涌现的重要前提；二是多样性话语的生发需要时间，它伴随着社工们在具体项目实施过程中的经验增长与能力提升。当受督导者无须"被点名"而自发对同伴受督导者的某些问题进行"答疑解惑"时，督导就进入了新的关系模式。

（三）价值共创：迈向公共性的专业共同体

在第二阶段对受督导者的持续赋能下，在此轮行动研究中，督导者与受督导者形成了新型的关系形态，即"专业共同体"。"专业共同体"强调，督导者与受督导者双方在督导过程中通过平等的对话交流达到相互理解、共同创造、共同成长，超越了权力不对等下的督导关系，是一种平权的关系联结形式。

专业共同体的建立也导致督导关系出现了新特征，即共同体中的督导关系是相互规定、交互生成的，实质意义上的督导者与受督导者不会固定于特定的身份，角色的扮演取决于各自对知识创造的动态贡献，因而是可交换，或者说是可流转的。因此，"亦师亦生""非师非生""互为师生""动态流转"是督导关系的新内容。以下通过列举两个督导场景来呈现双方的权力分布状态。

第一个督导场景是在面对某个实务性的督导议题时所展开的督导活动。具体如下：

> M机构：在这次"5·20"社区数字公益节，就社区基金的筹募已经开展了4场次的公益集市活动，但为开展筹款活动已经投入9000元，但只筹到2000元，投入产出比低，怎么看待社区基金筹款活动入不敷出？我这样做是对的吗？我总觉得这样不值。
>
> R督导：大家同样开展了"5·20"公益节，有同样的问题，大家对此怎么看呢？
>
> Y机构：在前期我们开展了两场公益集市，产出投入比也是很低，但在这几次的活动中很明显看到社区工作人员的能力提升了。这种软性的价值要比善款筹集数额的价值高得多。
>
> H机构：有为才有位，坚持做才能看到社区基金筹募活动的成效。我们关于社区公益基金做的一系列活动，后面都会慢慢反馈到项目里，如在我们开展的街道改造计划中，辖区单位和政府都认领了很艰巨的任务，而这没有前期大规模活动和宣传是做不到的。

C 机构：大型的社区基金筹款活动我们已经开展了 4 次，有两次支大于收，有两次收大于支，总结来看收支不仅仅是看金钱……

…………

R 督导：社区基金是个培力在地的过程，第一，收益不只是从钱来考量的，社区基金作为一个项目，也需要投资培育，不能指望一开始就有投入。第二，社区基金筹募活动作为大型活动，是宣传、动员、培育、凝聚的契机。第三，社区基金是个成长培力的过程，经历一年，第一次亏本赚的吆喝就转化出来了。故回归社区基金的社会治理本质，第一阶段还是社区治理模式的激活和构建。

从上述督导记录中可以看出，受督导者中的先行者已经进阶成长为具有督导能力的督导者，不同于前一阶段他们只是着力于对受督导者进行经验指导。在此阶段，他们亦产生了"督导者自觉"，一是与督导者之间有了平等心态，二是试图生产基于实务经验的知识或理念，试图超越项目指标看到价值创造。到第三阶段，督导者的持续容纳和鼓励与受督导者的成长开始"消除"此前督导者与受督导者之间的身份隔离。从权力分布状态来看，受督导者在此督导议题上因为信息与经验资源占据权力优势地位，成为我们上述所说的"上位者"。

第二个督导场景是项目临近尾期，受督导者面临提交优秀案例的任务。此前，在全国项目办举办第一轮案例评选中，产出了 11 个典型案例（全国共 98 个项目点），其中一片区入选 4 个优秀案例，为此赢得了项目曝光度，并获得了末期评估中的额外加分。此外，当案例不能入选时，督导者会帮助整理成成果发表，并且通过发表成果来推动项目①。故在这个场景中所有项目机构都努力地想写出好的案例以入选优秀案例或者受到督导者的青睐以发表，如此督研团队的对案例写作指导能力资源以及发表资源受到重视，各个机构开始主动邀约督导者进行案例书写指导，督导关系中的权力优势地位再次向督导者"回流"。这如前文中我们所提到的 CX 机构对督导者依赖的转变相同，刚开始它们认为督导无用，很少来参加督导会，而在中期

---

① 当项目案例在全国性平台得到发表，这是重要的"荣誉"，社区书记对社工的态度会从轻视转变为重视，或者从重视转变为特别重视，从而更加支持项目的后期实施。

案例报告会后，CX 机构看到别的机构实质性获得了督导的帮助并提升了绩效，便积极地行动起来邀约督导者去实地，指导案例写作。

综上，督导关系中的权力优势地位或说谁居权力上位是流动的，在不同的督导场景中会视督导议题所需要的资源分布状况而确定，改变了权力固定在某一行动者身上的状况。故从督导的整体情况来看，在过程中实现了督导者与受督导者的平权，在权力优势者的灵活切换过程中对结构性弱势者（受督导者）进行了赋权，形塑了着眼于共同成长进步的共同体。督导关系从主导者与被主导者的二元对立关系转变为动态的平等合作关系。

专业共同体创造社会价值。督导者与受督导者双方共同体的形成驱动着他们进行价值共创，回应外部的、非时效性的以及长远的价值，这种价值通过"公共价值"的形式呈现，而不仅是以项目管理或效率取向呈现。在此理念下，督导者与受督导者合作写作案例"儿童友好社区案例"以及"老年活动中心重开记"，提出了"全程督导赋能""多方需求平衡"等本土化的专业概念，并发表在《中国社会工作》杂志上。文章的刊发引起了实务界的普遍共鸣，这也促进了更多社会工作者反思自己以及周边的服务过程："工作间看过一些社区治理的服务，要么仅局限于儿童参与，要么根本就没意识到儿童需求，难以明确服务的价值和意义。看到对儿童的全过程赋能，真的很感慨也很感动。这也启发了我在工作过程中，去注重多元需求平衡，也需要去协助他人理解这个定义，去把那些已有的服务进一步拓展升级。感谢分享案例。"督学共同体的效益由内部转向外部公共性发展。

督导评估与反思。随着社会工作者尾期活动的开展，督导者与受督导者一同经历了第三方专业评估机构的项目验收，为项目画上了圆满的句号。督导团队也在项目全部结束后，开展了第三轮行动研究的评估与反思，亦是对整个项目的总结。

> 这是机构接手的第一个社区治理项目，像一个小学生经历高考，做这个项目磨掉了一层皮，但是很值得，自己的专业能力有了很大提升。虽然我觉得自己做得还不够好，但得到了社区和县民政局的认可。我们与社区也建立了密切的合作关系，这也为以后做项目奠定了基础。（XX-20230829）

之前 DH 街道是没有类似项目的，承接项目后，来做这个公益慈善。甚至有些社区社会组织模仿社工来做公益集市，社区的公益慈善氛围真的被营造起来了。我也从去年完全不知道这个项目，到现在可以侃侃而谈地讲这个项目，敢于表达与澄清，个人进步很大。（YY-20230829）

这个项目很值，给我的感觉就是"在一起"，社工同行们都相互陪伴，每个机构都拿出自己的看家本领，在团队氛围无形的影响下，都无私地分享经验，来促进大家的共同成长，这真的很棒。（CH-20230829）

如上，在价值共创的视角下，督导中的双方形成了开放性的学习网络，使这一共同体能够跨越狭隘的督导者与受督导者界限，实现价值生产与知识输送，是一种以整体专业价值与社会价值为目的的督导活动，督导的平权模式也在过程中得以实现。

五　交互式督导的内涵、转换机制及实践条件

（一）交互式督导："差权"与"平权"的动态平衡

督导者与受督导者之间的权力关系是督导工作中的重要议题。一般而言，督导关系模式是督导者对受督导者上对下的权威指教关系，但社会工作专业具有平等和赋能对象的价值追求，故平等协作式督导关系模式应运而生。但平等协作模式在强调双方平等合作的同时，也需直面一个基本挑战，即督导者需要满足受督导者对督导者的角色预期——督导者占据信息、知识、经验或组织资源等方面的优势地位，督导者需要有"资格"成为督导者——这些资格条件自然而生发"权威"，产生"差权"，否则为何需要督导者？可见，平等协作督导模式强调了平等和陪伴成长的重要性，但消解了传统督导者的权威属性，削弱了传统权威所奠定的关系稳定性，影响受督导者对于督导关系的投入，故仍需审慎考量如何平衡督导范式中"差权"与"平权"之间的关系。

如何融合受督导者对督导者的权威期待，以及社会工作追求平权实践、

赋能对象的多维需求？本文探索了融合两种关系模式的交互式督导模式。交互式督导中的"交互"一词来源于现象学大师胡塞尔（2001）在《笛卡尔式的沉思》一文中提出的"交互主体性"，意味着在督导权力关系中要从单数的"我"走向复数的"我们"，即从"主体性"走向"主体间性"，内含着本文提出的"权力流转"概念。交互式督导是指在督导实践的不同阶段以及具体的督导议题中，根据督导关系中的资源分布状态变化，权力优势地位也随之在督导者与受督导者之间灵活流转的一种动态的平权实践模式。交互式督导模式解决了在督导工作中，督导者需要有多于受督导者的资源而维持权威，与社会工作专业要求赋能受督导者以及进行平权实践的专业价值追求之间的张力问题。

本文探索了交互式督导形成的三个阶段。第一阶段的督导关系始于权威指教式，这是督导者与受督导者之间建立信任关系以及保障督导工作顺利开展的基础。此后伴随项目实施进入中期，督导关系亦逐渐进入第二阶段，即权威指教式与平等协作式督导的混合阶段，其中以平等协作型督导模式的培育为主。一方面，督导者需要发挥自己的专业优势，以及发挥自己在项目组织架构中的位置和资源优势，保持自己对受督导者的权威地位，以促进督导工作；另一方面，督导者基于受督导者在具体项目经验和能力上的成长差异，设计开展同辈督导，即激励受督导者群体中项目实施上的先行者指导后进者，保持对先行者的引导或指导，从而更加激励他们在群体中共享自己在项目实施上的先进经验。项目进入尾声阶段，督导关系即进入第三阶段，项目实施者已经初步经过第二阶段的赋能，逐步摆脱项目实施者心态，跳出项目具体指标的"捆束"，而具备了"督导者"角色的心态和视野，致力于谋求参与更大范围内的知识生产，即部分受督导者实质性地被"吸纳"成为督导者，价值共创的共同体形成。在这个阶段，通过差权指教式的灵活切换实现协同平等协作，即督导关系中的权力优势者可随督导情境进行灵活切换的状态。从交互式督导的发展历程来看，交互式督导模式中的"交互"蕴含着两重权力流转。第一重流转是行动者之间的流转，是从师徒关系到伙伴关系的流转，即两种行动主体之间的权力流转过程，是社会工作督导者秉持平权理念对受督导者进行专业赋能，以同辈督导等实践策略来进行操练并将权力流转到受督导者那里。第二重流转是在多重场景之下的流转，即议题转换下的权力流转，即不同督导情境下的差权状态不同，如在第三阶段中督导者与受督导者在不同的督导场景下权力优势地位不同。

交互式督导是对传统权威指教式与伙伴协同式督导模式的超越。它强调督导权威的先在性与结构性，同时兼顾督导过程中的共同成长与资源互补。在交互式督导中，督导者与受督导者均被视为资源的拥有者，其中资源包括先在的结构性资源与共同成长过程中的发展性资源。在督导实践中，督导者以投入先在的、结构性资源为主，而受督导者则以项目成长的那部分为主。随着项目的推进，双方资源在督导议题中动态交融，时而督导者以学识引领，时而受督导者以实战经验见长，从而实现了权力优势地位的灵活流转与共享。但需注意的是，交互式督导模式强调督导者不仅应具备先在性和结构性的权威，还需建立在持续展现的能力与资源优势基础上，以此赢得受督导者的信赖，奠定非强制性督导工作得以有效且持续开展的基础。也就是说，此前的伙伴协同式督导的项目逻辑，即"督导也可以什么不懂，但我跟着你一起做事，我成长得比你快"可能是难以维持非强制性的、实质性的督导关系的，这至少在项目之初建立受督导者对督导者的信任是非常受挑战的[1]。建立在资源基础的依赖关系上，交互式督导对平权的处理并非通过简单地追求物理空间或任务执行中的"同在同行同成长"来实现，[2] 而是通过激发受督导者内在资源的贡献，如分享项目经验、交流成长感悟等，实现一种更深层次的平权实践。督导者通过巧妙地将双方资源融合于督导议题之中，根据需求灵活调配，既赋予了受督导者权力，又促进了价值共同体的构建。这一过程，我们称之为督导工作中的"动态平权实践"，它不仅提升了督导工作的实效性，也深刻体现了社会工作专业精神的核心要义。

---

[1] 该项目的全国督导实施情况也验证了这一点。有些督导者在项目之初并不甚明了这个创新项目要做成什么样，需要跟随项目进展去摸索清楚，但是作为受督导者的项目承接机构并没有耐心来等待督导者的成长，他们很快就自动放弃参与督导活动，因而全国层面的督导工作在不少省份中断了。后期从全国项目办的总结与反思来看，"十几个督导中，最后坚持下来并达到预计效果的也就一两个吧""我们也反思，虽然我们请的都是高级的督导专家担任全国督导，但还是应该进行培训的"（Z-20240905）。

[2] 实际上在当前教育先行的社会工作发展条件下，大部分督导者都是高校专家学者，持续"下地"与社工在一线同住的可能性总体来说比较小。

（二）交互式督导的转换机制

交互式督导模式中督导者与受督导者之间的权力关系经过了三阶改变，其间关键的转换机制是什么？本文认为，是督导者的批判性反思（Critical Reflection）机制。

批判性反思是什么？它不等同于反思（Reflection），不是添加限定语"批判性"使反思更加深刻，两者不仅是程度上的差异，还是概念本质上的差异（Brookfield，2009）。反思是教育哲学尤其是杜威思想在当代的产物，是从经验中学习的过程，涉及思考过程（Askeland & Fook，2009）。而批判性反思的目的在于揭示和挑战支配性的权力关系与结构，以使社会工作者不会在实践中无意识地将权力不平等永久化（Bay & Macfarlane，2011），是反思社会结构力量在社会工作实践中的影响。批判性反思能够有效促进交互式督导的进阶发展在于督导者能够保持对实践的反思，不去刻意证明自己的实践是正当的，而是诚实地承认并审问它，揭示权力动态以及监测非必要强权的产生与维护。首先，在交互式督导的前期实践中，当某些项目点的受督导者采用策略性行动来抵抗督导权力时，督导者觉察到此时展现"差权"有利于建立信任关系来开展项目，故在第一阶段致力于建立自己的专业权威。但在权威建立之后，随着越来越多地方性知识的累积以及受督导者中的先进者涌现，尤其是在项目中期时，督导者就采用了放权策略来推动督导模式的"升级"。正是对权力的动态监测，才使督导者在不同阶段的项目处境下做出适宜的权力结构调整，以在提升受督导者能力与督导工作的顺利推进中做出平衡。其次，督导者会反思"自然的、基本的或统一的"身份类别的现代主义概念（Bay & Macfarlane，2011）。督导者并未自然而然地将自身视作权威，而是揭示了权威背后的合法性基础，即专业权威与组织权威，并采取对应措施来建立自己的督导身份。社会实践构成了身份类别，在批评性反思社会工作实践时，应关注实践过程。最后，督导者对知识持有包容性态度，"规则的例外"被视为重要的（Ruch，2009）。督导者并没有未经反思地将自己视作专家，也未将自身所具有的学院性知识视作唯一及不容挑战的真理，而是与受督导者的服务情境与地方性文化结合起来，尤其是重视实践中的多样性话语，如对社会工作介入城乡的差异化实践，跟随受督导者服务开展中不断涌现的问题实践，促进受督导者的自省，建立以实践取向的知识生产形式。

如何进行批判性反思？交互式督导中进行批判性反思经由三个步骤实现。第一步是关键事件触发，它是让督导者停下来思考或是令督导者"好奇"以及"不知所措"的事件（Ruch，2009）。督导者通过保持求知欲，对督导过程中不同的现象保持开放的心态，将督导中出现的差异现象视为有效的，来避免对督导过程进行线性和绝对的解释，防止督导中的霸权结构。其中，语言发挥着重要的中介和载体作用，用以帮助督导者去关注受督导者的体验与感受。如在第一个阶段中"只有专家才能进行创新"，折射出受督导者当前对督导者的依赖程度，督导者应去探究背后深层的需求与社会结构性因素。第二步，重构关键事件背后的意义系统。反思本身可能不是连贯的、建设性的感想，但批判性反思能够以连贯一致或系统性的方式批评一种现象，超越日常生活，设想建设性的变革，在当前的文化背景和概念架构中对其意义进行"重构"（Humphrey，2009）。正如上述所言，督导者需要根据受督导者的场景实践来不断重构受督导者背后的意义体系，当受督导者在第一阶段中指出"自己不能创新"，联系到当时的项目进展以及督导者与受督导者的依赖程度，就能够对当时的受督导者背后的意义体系进行解读——是一种依赖性的求助性的信号。这种信号要去引导督导者设想新的督导实践可能。第三步，开发新的实践策略以推动变革。变革是批判性反思的最终目的之一，当督导者理解背后深层的意义系统，并认识到自身权力地位及能动性时，开发新的实践策略是必要的（Mattsson，2014）。随着项目的推进，督导者在不同阶段与受督导者平等、真诚地对话，并将对话处境化，挖掘背后的需求，并根据需求设计出新的实践策略，如督导团队在督导第一阶段之后对受督导者进行充权实践，在第二、第三阶段中逐步推进专业共同体建设，均是建立在批判性反思基础上对实践的改变策略。

综上，督导者的批判性反思能够根据行动研究重新设计、推进优化实务策略，推动督导者意识到自己的身份、权力和主体地位，意识到在不同场景下督导关系的不同倾向或意义，以发现采取新的、趋向优化的替代行动，促进真正平等参与、赋权与反压迫。这都意味着督导者作为主体的强烈的道德精神，以及在解构自身所处的权力结构中勇于削弱自身权力优势地位、赋能权力劣势地位者的道德实践。

（三）交互式督导的实践条件

为何交互式的督导模式能够在这个项目中得以形成？换句话说，交互式督导为何能最终走向价值共创共同体，即分享权力的共同体？这受益于交互式督导两个方面的实践条件。

一是专业价值的操演。本文中的权力虽建立在相互依赖的基础上，但权力仍不可避免地内含着双方意志的对立特征，以及可能因资源的有限性而产生争夺。例如到了第三阶段，当受督导者成长出来"督导者"心态，是会与"合法"督导者之间有所争夺的，当成长出来的督导者与"合法"督导者在观点上不一致，或者建立了同"合法"督导者类似的督导者声望时，也是会对督导者的权威形成挑战的。交互式督导模式中"交互主体性"的形成需要"交互主体的可涉性"，通过主体的"类比统觉""同感""移情"等"视域互换"来实现（岳伟、王坤庆，2004），是需要共享"共同性"或"共通性"。在本文案例中，权力得以分享，刨除主持督导者的个人特质影响外，更深层次的，社会工作专业诸如公平、反权力、赋能服务对象（督导中的受督导者）等的核心价值充当了"交互主体性"达成的"共通性"基石。正是基于对社会工作核心价值观的持续回归，进入第三阶段后，督导者主持督导并不会对同辈督导中"涌现"出来的新进督导者试图控制和排斥，与后者展开权力争夺，而是把他们的成长视作督导项目中一个不在指标要求内的价值性重要产出，对不同于自己的差异化看法采取肯定的态度，以开放的心态吸纳新进的督导者。

二是项目制度安排。在交互式督导模式中，督导双方的委托方相同，即由委托方统一购买项目服务与督导服务，委托方的重合导致督导双方是利益联盟关系，即共同完成项目任务，且这种关系是非官僚式的指导关系，是外部督导模式，往往不会以项目发展问责受督导者，这就避免了督导者以行政功能制造让人担心的督导氛围，有利于营造温暖、支持的督导氛围。而且这种同一区域内同质化项目批量发包的形式有助于创设受督导者群体间相似的情境，促进督导者开展同辈督导，而这正是督导者对受督导者的赋权策略之一，有助于推动督导关系中的平权目的。进一步地，这种区域内批量化发包的项目往往是探索性的试点项目，承担着服务创新、生产新知与价值输出的期待，而且被置于全国的公开竞争中，这种外在压力无疑有助于形成价值共创的共同体。

六　总结与讨论

综合观之，当前学界的督导研究主要关注某种特定的督导关系或督导模式，着力呈现已构型的督导模式是什么、有何特点及如何实施，而忽略了督导工作作为实践行动的动态发展过程，即一种督导模式可能是如何发展而来的。本文基于 H 省的"腾讯公益·五社联动·家园助力站"督导项目历时一年的实施经验，将过程视角带入对督导关系的研究，试图揭示督导关系的动态演变，即上下差权关系如何转向协作共同成长的平权式督导关系，以及这两种督导关系模式如何共存于督导项目实践中的。这种加入了动态性意涵的差权指教式-协同平权共存式的督导模式，我们称之为交互式督导模式。

"交互式督导"强调督导工作是督导者和受督导者合作完成的，督导者的权威性与受督导者的成长性兼容和并存，督导者和受督导者都是有资源的，各自向督导工作投入自己的优势要素，获得权能感。督导关系是随着项目推进和督导议题演变而变迁的，伴随受督导者的成长，督导关系由第一阶段中的权威指教式，演变为第二阶段中的以平权伙伴式协同培育为主、差权指教式为辅，在此阶段督导者主要发挥激励同辈督导的作用；再演变进入第三阶段，基于督导者在项目经验总结上的优势，以及受督导者的成长优势，差权指教式以可灵活切换的状态实现协同合作式。这是一种纳入过程性凸显动态性的督导模式，并非特定的一种上对下的权威关系或者平权的固化模式，而是权力依据实践情境在关系中呈现流转的状态。经验证明，这是我国创新项目实施中一种行之有效的督导模式，它反映了督导关系的动态性与过程性，凸显了受督导者的成长性，体现了社会工作专业的平权实践以及赋能服务对象的核心价值，可成为我国督导发展的参考之一。交互式督导中的一个重点是受督导者成长成为具有督导者心态的准督导者，而督导者对这种新增权力持鼓励而非排斥的态度，这需要以真实地贯彻社会工作的价值为基，通过批判性反思来实现。

当然，本文的探索是以督导者为主位的模式探索，督导者在督导过程中通过两者依赖关系的调节来促进督导模式的持续演进，督导者的批判性反思对于督导实践的影响至关重要。此外，本文对交互式督导的探索是建立在督导者与受督导者的利益联盟关系以及受督导者面临相同项目情境的前提下，这种督导模式是否适用于传统的咨询式督导以及能在多大程度上进行借鉴，尚需留待后续考察。

参考文献

埃德蒙德·胡塞尔（2001）：《笛卡尔式的沉思》，张廷国译，北京：中国城市出版社。

陈炳辉（2002）："福柯的权力观"，《厦门大学学报》（哲学社会科学版）第 4 期，第84~90 页。

费梅苹（2007）："上海青少年社会工作者专业能力建设的行动研究"，《华东理工大学学报》（社会科学版）第 4 期，第 26~32 页。

古学斌（2017）："道德的重量：论行动研究与社会工作实践"，《中国农业大学学报》（社会科学版）第 3 期，第 67~78 页。

古学斌、张和清、杨锡聪（2007）："专业限制与文化识盲：农村社会工作实践中的文化问题"，《社会学研究》第 6 期，第 161~179、244~245 页。

胡颖峰（2013）："规训权力与规训社会——福柯权力理论新探"，《浙江社会科学》第 1期，第 114~119、145~159 页。

杰弗里·菲佛、杰勒尔德·R. 萨兰基克（2006）：《组织的外部控制》，闫蕊译，北京：东方出版社。

廖其能、张和清（2019）："社会工作督导范式转向研究——以'双百计划'协同行动为例"，《社会工作》第 1 期，第 54~63、110 页。

诺贝特·埃利亚斯（2005）：《论文明、权力与知识：诺贝特·埃利亚斯文选》，刘佳林译，南京：南京大学出版社。

任敏、吴世友（2018）："'穿梭式行动研究'模式在社会工作教育中的探索——依托'家庭社会工作'课堂进行的实践"，载王思斌主编《中国社会工作研究》（第十六辑），北京：社会科学文献出版社，第 124~154 页。

田国秀（2007）："师生冲突：基于福柯的微观权力视角的分析"，《比较教育研究》第 8期，第 55~59 页。

韦伯（2004）：《支配社会学》，简惠美译，桂林：广西师范大学出版社。

严樨（2013）："赋权视野下的社会工作督导研究——以 J 基金 2 个项目为例"，《西南民族大学学报》（人文社会科学版）第 11 期，第 182~186 页。

岳伟、王坤庆（2004）："主体间性：当代主体教育的价值追求"，《华东师范大学学报》

（教育科学版）第 2 期，第 1~6、36 页。

张威（2015）："社会工作督导的理论与实践分析：国际发展与国内现状"，《社会工作》
　　第 3 期，第 9~21、124 页。

赵万林、张洪英（2021）："中国社会工作督导的典型经验与范式差异"，《青海社会科
　　学》第 5 期，第 106~112 页。

Adamson, C. (2012). "Supervision is not Politically Innocent." *Australian Social Work* 65
　　(2): 185-196.

Askeland, G. A., & Fook, J. (2009). "Critical Reflection in Social Work." *European Journal
　　of Social Work* 12 (3): 287-292.

Bailey, C., Blake, C., Schriver, M., Cubaka, V. K., Thomas, T., & Hilber, A. M.
　　(2016). "A Systematic Review of Supportive Supervision as a Strategy to Improve Primary
　　Healthcare Services in Sub-Saharan Africa." *International Journal of Gynecology & Obstetrics*
　　132 (1): 117-125.

Barak, M. E., Travis, D. J., Pyun, H., & Xie, B. (2009). "The Impact of Supervision
　　on Worker Outcomes: A Meta-Analysis." *Social Service Review* 83 (1): 3-32.

Bay, U., & Macfarlane, S. (2011). "Teaching Critical Reflection: A Tool for Transforma-
　　tive Learning in Social Work?" *Social Work Education* 30 (7): 745-758.

Beddoe, L. (2011). "External Supervision in Social Work: Power, Space, Risk, and the
　　Search for Safety." *Australian Social Work* 65 (2): 197-213.

Bostock, L., Patrizo, L., Godfrey, T., Munro, E., & Forrester, D. (2019). "How do
　　we assess the quality of group supervision? Developing a Coding Framework." *Children and
　　Youth Services Review* 100: 515-524.

Bradley, G., Engelbrecht, L., & Höjer, S. (2010). "Supervision: A Force for Change?
　　Three Stories Told." *International Social Work* 53 (6): 773-790.

Bradley, G., & Höjer, S. (2009). "Supervision Reviewed: Reflections on Two Different So-
　　cial Work Models in England and Sweden: Granskad Handledning: Reflektioner Från Två
　　Olika Handledningsmodeller i England och Sverige." *European Journal of Social Work* 12
　　(1): 71-85.

Bransford, C. L. (2009). "Process-centered Group Supervision." *Clinical Social Work Journal*
　　37: 119-127.

Brookfield, S. (2009). "The Concept of Critical Reflection: Promises and Contradictions."
　　European Journal of Social Work 12 (3): 293-304.

Caras, A., & Sandu, A. (2014). "The Role of Supervision in Professional Development of
　　Social Work Specialists." *Journal of Social Work Practice* 28 (1): 75-94.

Chiller, P., & Crisp, B. R. (2012). "Professional Supervision: A Workforce Retention Strat-
　　egy for Social Work?". *Australian Social Work* 65 (2): 232-242.

Cooper, L. (2002). "Social Work Supervision: A Social Justice Perspective." in
　　M. McMahon and W. Patton (eds) Supervision in the Helping Professions: A Practical
　　Approach, Australia: Pearsons Education, pp. 185-195.

Egan, R., Maidment, J., & Connolly, M. (2017). "Trust, Power and Safety in the Social

Work Supervisory Relationship：Results from Australian Research. " *Journal of Social Work Practice* 31 （3）：307–321.

Emerson, R. M. （1962）. "Power-Dependence Relations. " *American Sociological Review* 27 （1）：31–41.

Flohr, M. （2016）. "Regicide and Resistance：Foucault's Reconceptualization of Power. " *Distinktion：Journal of Social Theory* 17 （1）：38–56.

Franklin, L. D. （2011）. "Reflective Supervision for the Green Social Worker：Practical Applications for Supervisors. " *The Clinical Supervisor* 30 （2）：204–214.

Goodyear, R. K. , Borders, L. D. , Chang, C. Y. , Guiffrida, D. A. , Hutman, H. , Kemer, G. , ...& White, E. （2016）. "Prioritizing Questions and Methods for an International and Interdisciplinary Supervision Research Agenda：Suggestions by Eight Scholars. " *The Clinical Supervisor* 35 （1）：117–154.

Hair, H. J. （2014）. "Power Relations in Supervision：Preferred Practices According to Social Workers. " *Families in Society* 95 （2）：107–114.

Hair, H. J. , & O'Donoghue, K. （2009）. "Culturally Relevant, Socially just Social Work Supervision：Becoming Visible Through a Social Constructionist Lens. " *Journal of Ethnic & Cultural Diversity in Social Work* 18 （1–2）：70–88.

Humphrey, C. （2009）. "By the Light of the Tao. " *European Journal of Social Work* 12 （3）：377–390.

Ife, J. （2008）. *Human Rights and Social Work：Towards Rights-Based Practice.* Cambridge：Cambridge University Press.

Ioakimidis, V. , Maragkozakis, A. , Mourati, F. , Papadopoulou, E. , Papazoglou, A. , Psyrraki, M. , Rizopoulou, L. , & Teloni, D. （2022）. "Rethinking Social Work Supervision：Is a 'radical Supervision' Model Possible?" *Critical and Radical Social Work* 10 （3）：405–421.

Kadushin, A. （1992）. "What's Wrong, What's Right With Social Work Supervision. " *The Clinical Supervisor* 10 （1）：3–19.

Kadushin, A. , & Harkness, D. （2002）. *Supervision in Social Work.* Columbia University Press.

Knight, C. （2017）. "The Mutual Aid Model of Group Supervision. " *The Clinical Supervisor* 36 （2）：259–281.

Lawler, E. J. , & Bacharach, S. B. （1987）. "Comparison of Dependence and Punitive Forms of Power. " *Social Forces* 66 （2）：446–462.

Leung, K. K. （2012）. "An Exploration of the Use of Power in Social Work Supervisory Relationships in Hong Kong. " *Journal of Social Work Practice* 26 （2）：151–162.

Lewin, K. （1946）. "Action Research and Minority Problems. " *Journal of Social Issues* 2 （4）：34–46.

Liddle, B. J. （1986）. "Resistance in Supervision：A Response to Perceived Threat. " *Counselor Education and Supervision* 26 （2）：117–127.

Mattsson, T. （2014）. "Intersectionality as a Useful Tool：Anti-oppressive Social Work and Critical Reflection. " *Affilia* 29 （1）：8–17.

McMillan, N. (2020). "Moral Distress in Residential Child Care." *Ethics and Social Welfare* 14 (1): 52-64.

Mo, K. Y. H., O' Donoghue, K., Wong, P. Y. J., & Tsui, M. S. (2021). "The Historical Development of Knowledge in Social Work Supervision: Finding New Directions from the Past." *International Social Work* 64 (2): 187-200.

Mo, Y. H., Leung, T. L., & Tsui, M. S. (2019). "Chaos in Order: The Evolution of Social Work Supervision Practice in the Chinese Mainland." *The Clinical Supervisor* 38 (2): 345-365.

Munson, C. E. (1978). "The Concepts of Effectiveness and Efficiency Applied to the Social Work Profession: An Historical Perspective." *Journal of Education for Social Work* 14 (2): 90-97.

Muskat, B. (2013). "The Use of IASWG Standards for Social Work Practice with Groups in Supervision of Group Work Practitioners." *Social Work with Groups* 36 (2-3): 208-221.

Newcomb, M. (2022). "Supportive Social Work Supervision as an Act of Care: A Conceptual Model." *The British Journal of Social Work* 52 (2): 1070-1088.

Noble, C., & Irwin, J. (2009). "Social Work Supervision: An Exploration of the Current Challenges in a Rapidly Changing Social, Economic and Political Environment." *Journal of Social Work* 9 (3): 345-358.

O'Donoghue, K. (2012). "Windows on the Supervisee Experience: An Exploration of Supervisees' Supervision Histories." *Australian Social Work* 65 (2): 214-231.

O'Donoghue, K., & Tsui, M. S. (2015). "Social Work Supervision Research (1970 - 2010): The Way We Were and the Way Ahead." *The British Journal of Social Work* 45 (2): 616-633.

O'Neill, P., & del Mar Fariña, M. (2018). "Constructing Critical Conversations in Social Work Supervision: Creating Change." *Clinical Social Work Journal* 46: 298-309.

Rankine, M. (2013). "Getting a Different Perspective: Piloting the 'Group Consult' Model for Supervision in a Community-Based Setting." *Practice* 25 (2): 105-120.

Rankine, M. (2017). "Making the Connections: A Practice Model for Reflective Supervision." *Aotearoa New Zealand Social Work* 29 (3): 66-78.

Rankine, M., & Thompson, A. (2015). "'Swimming to Shore': Co-constructing Supervision with a Thinking-aloud Process." *Reflective Practice* 16 (4): 508-521.

Ruch, G. (2007). "'Thoughtful' Practice: Child Care Social Work and the Role of Case Discussion." *Child & Family Social Work* 12 (4): 370-379.

Ruch, G. (2009). "Identifying 'the Critical' in a Relationship-based Model of Reflection." *European Journal of Social Work* 12 (3): 349-362.

Sewell, K. M. (2018). "Social Work Supervision of Staff: A Primer and Scoping Review (2013-2017)." *Clinical Social Work Journal* 46 (4): 252-265.

Tsui, M. S. (2008). "Adventures in Re-searching the Features of Social Work Supervision in Hong Kong." *Qualitative Social Work* 7 (3): 349-362.

从嵌入到嵌合：会所模式在中国精神障碍社区康复中的发展与创新[*]

高万红　李晓娇　王瑞清[**]

摘　要　《"健康中国2030"规划纲要》提出"全面推进精神障碍社区康复服务"。2007年，会所模式作为一种国际化社区康复模式被引入中国，其本土化的发展历程如何？本研究以长沙、深圳、成都三个城市中的5个会所为案例，研究会所模式在中国的发展历程、推广中的困难与模式创新，探索社会工作参与精神健康服务的可行路径。研究发现：初期，会所模式嵌入政府精神卫生医院和社区康复医疗体系，嵌入的方式是国际标准与本土环境的双向适应，具体路径为会所落地在医院，并向医院-社区一体化迈进；中期，会所模式受国家精神卫生政策与社会文化的影响，出现了多主体合作的结构性张力和会员就业目标实现受阻的功能性阻力；目前，会所逐步探索出了本土化的多重嵌合式发展路径，与提供服务的多主体初步建构了合作机制嵌合和资源整合。会所模式本土发展中的多重嵌合路径对中国精神卫生社会工作发展具有积极启示。

关键词　会所模式　嵌合　社区康复　精神障碍

---

* 国家社会科学基金项目"精神残障社会工作的本土实践与创新研究"（19BSH174）、云南大学研究核心课程建设项目"精神健康社会工作"。本研究得到2023年度云南省研究生导师团队建设项目"多学科跨校合作的健康社会工作人才培养创新团队"支持，在此表示感谢。

** 高万红，云南大学民族学与社会学学院西南边疆少数民族研究中心教授，研究方向为精神健康社会工作、青少年社会工作；李晓娇，云南大学民族学与社会学学院社会学博士研究生，研究方向为社会工作与社会政策；王瑞清，云南大学民族学与社会学学院社会工作专业硕士研究生，研究方向为社会工作与社会政策。

一　研究背景

（一）我国亟须探索本土化的精神障碍社区康复模式

截至 2021 年底，全国在数据库里登记在册的重性精神障碍患者已经达到 660 万人。① 其识别率、治疗率均较低是我国精神卫生事业面临的巨大挑战之一（郝伟、陆林，2018）。精神健康问题是国家医疗卫生工作与卫生保健服务发展的战略重点，精神障碍的治疗与康复是我国卫生政策的重要组成部分（沈渔邨，1987）。精神疾病给国家、社会和家庭带来严重的经济和精神负担，主流的生物医学视角的诊疗与康复服务难以满足精神障碍者的多元康复需求。20 世纪 50 年代以来，国际精神障碍诊疗经历了去机构化运动，逐步由院舍治疗向社区康复发展（高万红、穆静，2016）。近年来，在卫健、民政、残联、财政等多部门推动下，我国开始整合社区康复资源，探索本土化的精神障碍社区康复服务模式。2015 年 4 月，国家卫计委等六部门印发《关于开展全国精神卫生综合管理试点工作的通知》，强调要发展专业精神卫生机构的康复科和社区康复机构，逐渐形成医院-社区一体化的康复模式。2022 年 12 月 29 日，民政部会同财政部、国家卫生健康委、中国残联联合下发了《关于开展"精康融合行动"的通知》，拟利用三年时间，鼓励社会力量参与，加强社区康复薄弱环节，加强精神障碍康复服务体系建设，促进精神障碍者与健康人群的融合。目前，我国各地积极探索出了一些精神障碍社区康复有效模式，包括日间照顾模式（如上海阳光心园）、同伴支持模式、国际会所模式（以下简称"会所模式"）、主动式社区治疗模式（ACT）等。不同模式下的康复服务理念、内容、策略与方法各有侧重。我国幅员辽阔、地区差异大，精神障碍社区康复普遍面临服务供给不足、资金与人才短缺、城乡和地区发展不平衡等问题，各地需要根据自己的情况探索有特色的本土社区康复模式，帮助康复者融入社会，促进健康中国和平安中国建设。

---

① 《国家卫健委：在册重性精神障碍患者 660 万 90%以上得到照护》，https://www.chinanews.com.cn/sh/shipin/cns-d/2022/06-17/news929440.shtml，最后访问日期：2022 年 6 月 17 日。

（二）中国精神卫生政策转变对社区精神健康服务产生的影响

我国政府一贯重视心理健康服务，尤其是严重精神障碍的防治，精神障碍康复具有鲜明的政府主导特色。2015 年前后精神卫生服务的政府主管部门主要是卫生部门，之后牵头部门变更为民政部。由于精神疾病的致残率较高，残联作为代表残疾人利益的人民团体也一直参与其中。近二十年来，我国的精神卫生政策处于不断变化之中。目前正处于从安全管理到健康服务的转向中，2015 年之前的重点是对严重精神障碍者的管理和防控，2015 年至今政策焦点是心理健康服务的社会化与精神障碍的社会治理（姜海燕，2022）。政策的转向必然会对社区康复机构及服务模式选择带来影响。

很长时间以来，我国精神病的防治主要关注疾病的医疗康复，而非社会康复，经历了"医院-社区一体化"发展历程。20 世纪 90 年代，中国残联、国家教委、民政部、卫生部、全国妇联印发的《〈全国康复训练与社区康复服务"九五"实施方案〉的通知》提出要进行社会化、开放式、综合性的精神病防治康复工作，开始推行社区精神卫生服务。2002 年《中国精神卫生工作规划（2002—2010 年)》发布，确定了之后中国精神卫生工作的开展基调，即同时开展对重性精神疾病的防治与大众精神健康教育。而重性精神疾病的防治由于关乎社会稳定，一直是政府精神卫生工作的重点。2004 年，为了建立"医院-社区一体化"的精神卫生服务体系，政府启动中央补助地方卫生经费重性精神疾病管理治疗项目（以下简称"686 项目"），这是"医院-社区一体化"模式实验的开端，同年出台了《关于进一步加强精神卫生工作的指导意见》，提出把精神疾病防治工作重点逐步转移到社区和基层，发挥社区卫生服务体系在精神疾病患者治疗与康复中的主导作用。2015 年前后，我国精神卫生政策的基调由疾病管控转向心理健康和精神健康服务的社会化方向。2016 年发布的《"健康中国 2030"规划纲要》（以下简称《规划纲要》）将精神卫生工作的总目标表述为"促进心理健康"，并明确提出要"加强心理健康服务体系建设"，心理健康首次作为当代中国精神卫生工作的总目标出现，并将常见精神障碍和心理行为问题的干预提到严重精神障碍管理前面。同时，鼓励社会组织参与社区康复，健全多部门协调工作机制。从此，社会工作作为一支社会力量，开始进入精神障碍社区康复领域。

2017 年，党的十九大报告中明确将社会心理服务体系作为社会治理体系的一部分，2018 年 11 月，十部门颁布的《全国社会心理服务体系建设试点工作方案》强调，发展心理健康领域社会工作专业队伍，充分发挥社会工作专业人员优势，助力社会心理服务体系建设。当国家精神卫生政策发生转向，即当治理目标从以疾病控制为中心转向为以健康服务为中心，治理手段由医疗卫生服务转变为基层社会治理时，政府主管部门也自然由卫健委牵头转向由民政部门牵头、卫健委和残联协同。2017 年，民政部会同财政部、卫生计生委、中国残联颁布《关于加快精神障碍社区康复服务发展的意见》，2020 年民政部等部门联合制定了《精神障碍社区康复服务工作规范》，在协调机制、服务内容、服务流程等方面做了详细的规定。为了解决工作机制不畅、资金投入不足、专业力量不强等问题，2022 年民政部等部门决定开展为期三年（2023～2025 年）的全国精神障碍社区康复服务融合行动，在服务体系建设、双向转介机制、服务供给能力、人才队伍建设、服务可持续发展和服务支撑体系等六个方面开展优化行动。

中国残疾人联合会作为将残疾人自身代表组织、社会福利团体和事业管理机构融为一体的残疾人事业团体，履行"代表、服务、管理"职能，从 2007 年起就与卫生、民政部门合作，积极参与精神障碍社会康复。2012 年中国残联出台的《阳光家园计划——智力、精神和重度残疾人托养服务项目（2012—2015 年）实施方案》开启了我国残疾人以寄宿、日间照料或居家等形式开展职业康复训练、技能培训服务和相关资助的托养服务形式。2019 年中国残疾人联合会、民政部、国家卫健委联合制定了《残疾人社区康复工作标准》，为有康复需求的精神残疾人提供沟通和社交、情绪和行为调控、生活自理及职业、社会适应等能力训练。2023 年，中国残疾人联合会办公厅发布了《残疾人自助互助康复服务推广实施方案》，为稳定期精神障碍者提供自助互助康复培训、咨询、辅助器具适配及综合性支持等服务，帮助残疾人树立信心，重建独立生活能力，顺利融入社会。这些文件的颁布，为会所模式的本土化发展提供了方向。

目前，我国精神卫生政策转向还处于起步阶段，在今后相当长的一段时期内，我国精神障碍社区康复将存在两种体系中：一是以卫健部门主导的，以疾病为中心的心理健康服务体系；二是以民政部门主导的，以基层社会治理为目标的社会心理服务体系。两种体系的并存必将对社会工作参与社区精神障碍康复带来不同的机遇与挑战。

（三）国际会所模式在我国发展中普遍面临挑战

会所模式于 20 世纪 40 年代起源于美国，是根据国际会所准则及国际会所发展中心（ICCD）的服务要求所组建的精神康复会所，其宗旨是帮助出院精神病人实现社会、经济和职业目标。ICCD 代表了当今世界上最先进的社区精神康复理念和操作模式，为精神障碍康复者营造一种积极、宽松的环境，发挥康复者的主体性，使康复达到最佳水平。会所模式自 2007 年引入中国至 2024 年已历经 17 年，通过国际会所认证的会所仅有 5 家，分别位于浙江杭州、湖南长沙、广东深圳、四川成都和自贡，有的落地医院（如长沙、深圳），有的落地街道（如杭州）。这 5 家康复会所在成立之初均受到香港会所模式实践的影响。调查发现，目前各地康复会所都出现资金和场地困难、专业人员少、服务不足、服务使用者少、会员就业困难等问题。为了生存下去，各地康复会所积极开拓，创新服务模式。

基于此，本研究的主要研究问题是：会所模式在我国精神卫生服务体系中的生存之道是什么；它如何创新发展；其发展路径对社会工作介入中国精神健康和社会心理服务有什么借鉴启示。

二 文献综述

（一）国内外精神障碍社区康复模式的研究

精神障碍社区康复是一项依靠社区人力资源、投入少、覆盖面广的有力措施，不仅可以节约社会卫生资源，而且效果显著，最终目标是使精神障碍患者回归社会（徐奇等，2014）。随着医学模式由生物医学转向生理-心理-社会医学综合模式，社区康复也转向多学科整合、多场域协同的逻辑。在"去院舍化"的服务场景转化下，社区成为精神疾病社会工作者服务的重要工作场所，在社区中康复有助于精神病人个人能力的开发和社会功能的重塑（Hudson，2019）。为探索社区康复的有效模式，卫生系统引进了国际上知名的康复模式，包括同伴支持模式、会所模式、主动式社区治疗（ACT）、复元模式等，并探索了本土模式。

在社区实施同伴支持项目是美国药物滥用和精神卫生服务管理局（SAMSHA）确定的精神障碍康复模式之一。社区同伴支持项目以筛选同伴辅导员、培训、招募患者、评估、开展同伴活动为内容，对精神障碍患者进行陪伴、情感支持、生活和社交训练，最终达到辅导员能力提高、患者和家属满意的效果。关于同伴提供服务的有效性，相关研究显示同伴支持的服务对精神疾病患者有积极的效果，包括症状减轻、日常生活与活动功能增强、赋权感增强，服务利用率下降（Sledge et al.，2011；Grant et al.，2012）。虽然也有其他研究发现同伴支持服务对患者带来的结果是有限的（Chinman et al.，2014；Pitt et al.，2013），但是同伴支持仍是被广泛应用的社区康复模式，北京大学第六医院2011年引入同伴支持模式，在医院和社区推广同伴支持服务（严云鹤、林雨晨，2021）。主动式社区治疗（ACT）是专门针对重性精神障碍疾病患者提供的社区服务模式，该模式首先在我国的深圳和长沙使用。自2011年起，中南大学湘雅二医院以精神分裂症患者及其家属为对象，进行了基于家庭的ACT模式在中国的首个试点研究，2012年深圳市精神卫生中心也在南山区与龙岗区慢病院启动了ACT服务项目的试点（赵伟等，2014）。随后我国研究者开始对ACT模式进行改良，促进本土化发展。如尝试在院区建立虚拟社区，参照主动性社区治疗要求，根据民政系统精神卫生中心的自身特点进行改良，发现改良版ACT可有效促进精神分裂症长期住院患者阴性症状的改善，值得应用推广（高慧等，2015）。有学者评估了主动式社区治疗模式对精神分裂症患者服药依从性和疾病症状的效果，并认为ACT模式能明显改善精神分裂症患者的临床症状，降低复发住院率，从而减轻患者及家庭的疾病负担（徐韦云等，2016；Stein et al.，1975）。复元模式是在中国社区康复中被认可程度较高的一种模式，广州、深圳、成都、昆明的一些社会工作机构都在应用该模式并进行本土化改造。香港理工大学叶锦成教授指导广州利康家属资源中心在广州开展复元本土实践创新，独创了一套中国取向的复元模式——CHINESE复元模式，从非医学的视角重新去解读和认识精神疾病，阐述了如何在患者的生活环境中创造性地工作，改变患者的现实感，使其融入社区的社交圈和群体互动，从而培育其复元力（叶锦成等，2018）。除了引入国外模式之外，我国也积极探索适合中国本土情境的精神康复模式，童敏认为心理治疗、工娱治疗、职业劳动治疗、健康教育、技能培训、体育项目治疗等方式相结合的"心理社会康复服务"有助于改善患者的社会功能（童敏，2012）。常见的中国社区康复本土模式有工疗模式和农疗模式。总的来看，针对不同残障程度、不同疾病类型的精神疾病患者，各地在探索不同类型的社区康复模式，以回应康复者的多元需求。

（二）会所模式在中国的发展

会所模式是精神障碍患者社区康复的一种重要模式。国外近10年对会所模式的研究主要关注会所模式下的康复者的社会联系、生活质量、恢复、关系问题，也开始关注相关政策和虚拟会所在维持康复者福祉方面的价值（Hinchey et al.，2023）。也有研究支持职业治疗从业者在会所环境中使用工作日来增进精神障碍者的健康和福祉，提高康复者的生活质量（Callahan，2023）。国内外研究最关注的仍是对会所模式的成效评估。相较于其他的康复模式，社区精神康复会所模式在个人层面有助于提高患者自知力，减轻患者家庭负担，使个人生活满意度有所提高（高万红、穆静，2016；洪玲等，2015）；更能够显著缓解精神分裂症恢复期病人的焦虑和抑郁情绪，改善病人的家庭关系（向娟芬、马俊华，2019）。在社会层面，与会所中的职员交朋友，促进其社会交往，增强患者的归属感和自尊（Hultqvist et al.，2016）；能够提供一个安全的环境，建立支持性的关系和开展就业活动（Raeburn et al.，2013）。还能够有效增强稳定期精神分裂症患者社会能力，对患者回归社会有积极影响（杨健、江志毫，2017）。国内关于会所模式的研究同样关注康复者负面情绪、家庭关系（向娟芬、马俊华，2019）和社会功能（杨健、江志毫，2017）的改善效果，会所模式在促进中国精神分裂症患者社会功能恢复、减轻家庭负担、提高生活质量、促进抑郁焦虑症状缓解等方面具有显著效果（Yan et al.，2021）。但是会所模式仍面临受益人群覆盖面不广，会员参与性不高，适合的过渡性就业岗位难求等挑战（宋妍等，2014）。

国内的精神障碍社区康复主要采用以社区卫生服务为基础的社区综合服务整合模式，将残疾人康复资源整合进社区综合服务项目当中，以医院为后盾，以社区为依托，整合各类社会资源，搭建了精神康复的支持平台，提高了康复率。会所模式进入到中国的社区康复体系中需要经过本土化的过程，才能更好地融入精神卫生综合服务体系中，但仍主要关注生理疾病的康复，而对其可行能力提高、融入社会、培养其权利意识方面重视程度不够（徐倩、周沛，2015），现有研究鲜有关注其本土化发展路径。

（三）中国社会工作发展研究：嵌入理论与嵌合理论

嵌入性发展是我国社会工作本土化的重要议题。一方面，专业社会工作的发展需要嵌入社会治理体系；另一方面，基于对中国国情、传统文化和基层治理实践的思考，专业社会工作嵌入传统的社区管理领域并谋求发展，必然会经历从"嵌入性发展"到"融合性发展"的演进（王思斌，2020a）。"嵌入"一词最早被用于分析市场经济和社会网络的关系，后被卡尔·波兰尼应用于社会科学领域，解释市场和社会嵌入、脱嵌、反嵌的过程（波兰尼，2007）。嵌入是指某一事物卡进另一事物的过程和结果。社会工作专业的发展在专业追求与行政统合两种力量的博弈空间中渐进发展，采取了一种"嵌入式发展"的策略。但从长期发展来看，嵌入发展是基于行政控制建构的，以国家与社会融合为特征的"行政吸纳社会"模式，呈现"吸纳型嵌入"特征（林兵、陈伟，2014）。社会组织在承接和实施项目时，往往会受到社区权力的约束，造成外部服务行政化、内部治理官僚化和专业建制化（朱健刚、陈安娜，2013）。长期以来，政府部门在不断地学习社会工作知识后，逐渐选择"政社合作"，或者寻求直接嵌入社会组织，或者以政府力量嵌入购买服务，进行"反向嵌入"（管兵，2015）。嵌入式的发展路径只关注某一主体的单向嵌入，往往忽视了嵌入主体的多元性和双向性，也有学者提出"双向嵌入"的观点（尹阿雳等，2016），最终形成社会组织和政府的"互嵌"态势。由此，可将"嵌入"拓展为"嵌合"。"嵌合"一词对应的英文为"mosaicism"，根据专业英语词典的解释，嵌合指的是镶嵌、内嵌的意思（张晓岚、沈豪杰，2011）。最早应用于生物医药学科，指的是供者和受者两种细胞在受者体内共存的状态（陶绍富、李济宇，2011）。在社会科学领域，嵌合概念主要指系统内部各要素之间所具备的包含、重叠、互补，并且具备内在一致性的一种结构性联系（张晓岚、沈豪杰，2011），是指不同事物在嵌入或互嵌之后，结合成新的嵌合体，能较好地合作、协同、整合和进行一体化行动的现象（王思斌，2020b）。"嵌合"多用于解释多元行动主体之间协同的过程。我国现代化治理体系是一种立体交叉、彼此形塑的协同合作过程，强调"公+共"的新公共性和"嵌合治理"结构（田毅鹏、康雯嘉，2021）。所以在基层社会治理中，社会组织在其中扮演着提供专业服务、整合社会资源、联结社会关系的重要角色。嵌合理论也常常被学者用于解释我国的现代化治理中社会组织和政府主体之间的合作关系与结构补充问题。如有研究证明了数字技术通过结构嵌合重塑基层治理中的权力运作机制，弱化条块分割边界，通过关系重塑政社边界和联通多部门（顾丽梅、宋晔琴，2023）。尤其是在易地搬迁社区的治理中，引入社会组织，有利于形成多元治理主体间的嵌合赋能的合作结构，使治理主体、治理资源在治理全过程中实现多元联动（苏建健等，2023）。也有学者关注社会工作与学校领域的嵌合发展，研究发现学校社会工作在专业服务中实现了组织嵌合、情境嵌合与知识嵌合，这也正是学校社会工作嵌合发展的实践策略（张燕婷、杨发祥，2023）。关注社会工作在农村领域中的价值实现问题，发现情景是农村社会工作价值实现的场域，农村社会工作不断地将实践情境相互交织，从辨识情境到处理情境再到衡量情境转变，最终迈向农村社会工作实践的情境嵌合（范雅娜，2022）。有研究运用嵌合理论解释社会组织的党建工作（肖金明、杨伟伟，2021）、社会工作与公益慈善的关系问题（刘威，2018）等。在精神健康社会工作领域，童敏、许嘉祥（2022）将精神障碍者的服务放置于基层协同治理的层面探讨，认为精神健康社会工作是实现社会心理健康服务转型的一部分。但现阶段精神障碍社区康复在整合服务上面临困难，亟须从实践中探寻整合路径（许嘉祥、童敏，2024）。可见，我国的精神障碍社区康复服务在社会心理服务体系和心理健康服务体系中开展，需要融合多学科、多部门的知识和资源，是一个多主体协同发展的过程，也就是"嵌合式"的发展路径。

综上所述，现有研究基本达成了会所模式在精神障碍社区康复中能够发挥良好效能的研究共识，其中会所模式下的康复者社会融入、生活质量、病情恢复及关系问题是主要的研究趋势，核心关注点是"会所模式的效果怎么样"这一问题，鲜有研究关注"会所模式在中国情境下如何生存及发展"问题。在中国情境下，会所模式实际上是嵌入到原本的社区管理领域之中并谋求与其融合式发展，但现有研究缺乏以嵌入的视角看待精神障碍社区康复的实践过程，本研究尝试从会所模式的本土化发展历程出发，采用嵌入理论的视角，阐述会所模式的生存和发展历程，以期对嵌入理论及嵌合理论在精神健康社会工作领域中的解释力有所补充，在进一步阐述会所模式和精神健康社会工作发展的路径和机制方面有所贡献。

三　研究方法

（一）研究对象

目前我国内地有 6 个城市有会所模式，有 5 个会所获得国际会所认证，其中东部（深圳、杭州）2 家、中部（长沙）1 家，西部（成都、自贡）2 家，这 5 家会所发展略有差异。为了保证研究选取的研究对象具有典型性，本研究采用目的性抽样，分别在我国东部、中部、西部各选取了 1 个城市（深圳、长沙、成都）进行调查，这 3 个城市的会所均已发展成熟，运作较为规范、稳定，是国内会所模式实践的范本。其中，长沙是目前全国会所模式发展势头最好的城市，因为民政系统在湖南全域推广会所模式。XY 会所已经成为湖南省级精神障碍社区康复服务孵化基地，先后在湖南孵化了约 114 家康复会所，研究团队在长沙调查了 3 家会所，其中有 2 家虽未获得国际会所认证，但是由长沙 XY 会所孵化的区级会所，是在当地发展超过十年且在融入社区方面具有较强创新性的代表性会所。受到研究经费、时间等因素影响，本研究未能涵盖我国 5 个被认证的会所，可能存在资料不全面、不充分的风险，但已做到在地域和创新性方面尽量选取有代表性的研究对象。5 家会所的基本情况见表 1。

表 1　研究对象的基本情况

城市	会所代码	成立时间	支持主体	是否获得国际会所认证
长沙	CS·A	2007 年	卫健、民政、残联	是
	CS·B	2011 年	民政与残联	否
	CS·C	2014 年	民政与残联	否

城市	会所代码	成立时间	支持主体	是否获得国际会所认证
成都	CD・D	2014 年	卫健与残联	是
深圳	SZ・E	2010 年	卫健与残联	是

（二）研究方法

本研究采用案例研究法作为主要研究方法。案例研究法是对现实中某一复杂的和具体的现象进行深入和全面的实地考察（孙海法等，2004），综合运用多种收集数据和资料的技术与手段，通过对特定社会单元中发生的重要事件或行为的背景、过程的深入挖掘和细致描述，呈现事物的真实面貌和丰富背景，从而在此基础上进行分析、解释、判断、评价或者预测（王金红，2007）。本研究团队在自然情境下进入到研究对象的生活场域，不干扰到会所的原有运行模式，不干涉研究对象的行动，通过访谈法和观察法收集资料，了解会所的运行现状、困境应对策略和创新。为了解会所模式是如何运行的，研究团队分别在 5 家会所对服务提供者和使用者两个群体进行访谈。服务提供者层面选取了医院领导、康复科主任、会所负责人及职员共 11 名访谈对象，在服务使用者层面选取了会员及家属共 7 名访谈对象开展访谈。对服务提供者访谈的主要内容有：会所模式的应用的情况；它的优点和不足是什么；服务购买方是哪个部门；购买方、会员及家属对会所模式的成效评价如何；会所模式发展中的困难与应对措施有哪些；机构对会所模式做了哪些创新和发展。对会员访谈的主要内容有：来会所的原因和目的是什么；在会所主要做过哪些岗位的工作，提供过哪些服务；最喜欢会所的哪些服务；这些服务对自己的康复有什么帮助；每个月可以得到的政府各项补贴有多少；来会所需要交费吗；是否考虑将来去找工作，为什么；希望会所增加哪些服务。对家属访谈的主要内容有：家人参加会所后发生了哪些变化；对会所服务的评价是什么；还希望有哪些服务。

每个访谈所用时间为 30 分钟以上，共形成近 10 万字的访谈资料。之后，运用归纳、比较、对照等方式对资料进行深度的分析，判断会所的发展路径、困难，分析本土情景下会所模式的特点与功能发挥，总结会所模式本土化发展的路径和模式特征。访谈对象基本情况见表 2。

表 2　访谈对象基本情况

序号	所属会所	访谈对象编号	性别	职务	工作/康复时间
1	CS·A	YY·A	男	医院分管领导	17 年
2		YY·B	男	康复科主任	17 年
3		ZY·A	女	职员（持证社工）	17 年
4		HY·A	女	会员	5 年
5		HY·B	男	会员	11 年
6		JS·A	女	会员家属	0.5 年
7	CS·B	ZY·B	女	会所主任	13 年
8	CS·C	ZY·C	女	会所主任	10 年
9		ZY·D	女	职员（持证社工）	0.5 年
10		HY·E	男	会员	3 年
11	CD·D	ZY·E	女	职员（持证社工）	8 年
12		ZY·F	女	职员（持证社工）	8 年
13		ZY·G	男	会所主管	10 年
14		ZY·H	女	会所专家顾问	10 年
15		HY·D	男	会员	1.5 年
16	SZ·E	ZY·I	女	会所主任	4 年
17		HY·E	男	会员	5 年
18		HY·F	女	会员	5 年

注：访谈对象编号中，"YY"代表医院，"ZY"代表会所职员，"HY"代表会所会员，"JS"代表会员家属。

四　嵌入式发展：早期生存之道

会所模式作为在国外发展起来的康复模式，在引入我国社区康复服务中进行了适应性改变。本文借用王思斌（2020b）的"嵌入"概念与理论，分析会所模式的早期生存之道。在会所模式的"嵌入式"发展过程中，嵌入的主体为会所模式，嵌入的对象为中国精神卫生服务体系。在嵌入初期，精神卫生政策环境为会所模式进入中国提供了土壤，一线精神卫生社会工作者将会所模式的平等、尊重、助人自助、复元等社会工作核心理念嵌入中国的社区康复服务，既推动了国家卫生政策实践，也满足了康复者的需

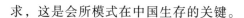

求，这是会所模式在中国生存的关键。

（一）嵌入契机：政策转向与会员需求的双向回应

2006年国务院残疾人工作委员会制定的《中国残疾人事业"十一五"发展纲要（2006—2010年）》提出，要完善精神病防治工作机制，全面推行"社会化、综合性、开放式"的精神病防治工作。精神障碍作为特殊的一类疾病，患者既需要在院内接受医疗康复，也需要在院外接受社区康复。与此同时，政府从社会管理的角度，为防止精神病人肇事肇祸、维护社会稳定，也需要大力加强和完善精神障碍社区康复体系，培育兼具"托养"和"开放"功能的社区康复模式。医院分管领导（YY·A）在谈到为什么要引入会所模式开展社区康复时说："一个精神障碍患者，他的家庭一般是贫困的，如果回家后的康复再跟不上，一旦发病在社会上肇事肇祸，造成的损失将是非常大的，所以也要从社会效益的角度去看待他的康复问题。"2007年，会所模式被引入中国医疗卫生系统，契合了当时精神病防治社会化转型的政策要求，主要面向出院稳定期康复者提供服务。医疗服务体系的核心目标是提升精神障碍患者的治疗和康复效果，减少住院人数。但我国精神障碍患者人数多，医疗资源严重不足，重性精神疾病患者长期住院康养的"孤岛式"服务难以维系，短期住院易发生入院"旋转门"现象（郑宏，2015）。正如医院分管领导（YY·A）说的："一个精神病人发病到医院，经过急性期治疗以后，进入维持期、巩固期的阶段，在医院做几类康复服务就要尽快出院，这只是一定程度恢复，还不能完全回归社会，所以我们基于这个康复会所，锻炼康复者的日常生活能力、社交能力，恢复社会功能、职业能力，希望他能够尽快回归家庭和社会，减轻他出院后不吃药又进医院的这种现象，至少我们要把这个（住院间隔）周期拉长。"改变患者从医院到家庭循环往复的"旋转门"现象，帮助其延长病情稳定期是医院应对病房和专业人员不足的现实需求。研究证明，会所模式增强了精神疾病患者的康复效果（谭羽希等，2018），补齐了医疗康复的短板，在社区层面双向回应了医院和康复者的需求，助推医疗康复和社会康复的双向发展，落实了国家"医院-社区一体化"的精神卫生政策。

（二）嵌入方式：国际标准与本土环境的双向适应

会所模式最早是由精神病人发起的一种自助互助组织，1948 年建立在美国曼哈顿洛克兰医院附近，目的是为会员（病人）提供庇护所并帮助其过上正常生活，会所有一套完善的会所管理准则和服务标准，目前全世界有三百多个会所，统一由国际会所发展中心（ICCD）认证与联络。2007 年我国长沙市第三社会福利院（长沙市精神病医院）首先引入会所模式，在医院康复部成立了第一个精神障碍康复会所。与其他精神障碍康复模式相比，会所模式强调营造包容、接纳、平等的康复环境，精神障碍康复者被称为"会员"，服务提供者被称为"职员"，会员和职员之间建立平等、尊重的朋友或同事关系（Rudyard & Propst，1997），会员可在会所中发挥自身优势，共同参与会所管理（Mckay et al.，2007）。通过建立伙伴关系，让会员重新获得自我价值感、增强自我主体性，而非作为患者或病人被动式地接受康复任务（Raeburn et al.，2013）。会所模式中"工作日"是主要的康复方式，"工作日"能有效帮助会员学习日常工作技巧，并通过与同伴和职员的交往，构建社交网络，协助会员获得稳定的社会支持（Mastboom，1992）。会所模式能有效满足回应我国精神障碍康复者被尊重、接纳、就业与过正常化生活的需求，创新了我国社区康复服务的理念，丰富了社区精神障碍的实践模式。在谈到会所对康复的帮助时，会员（HY·D）说："会所工作有很多种，都是我们会员自愿认领的，而且我们的工作有一个最大的特点，就是我们与职员是肩并肩一起工作的，工作包括制作小报、对接、打印，都是非常简单的。'工作日'帮助我们适应这些工作和回归社会。"通过职业康复增加收入、融入社会也是大部分康复者的诉求，而促进会员就业是会所模式的主要任务目标，会所采用过渡性就业（TE）、支持性就业（SE）和独立性就业（IE）三种方式帮助会员逐步走向真实的职业岗位。独立性就业与前两者就业形式的区别在于会员需要独自应对工作环境，会所与就业单位之间亦没有必然联系，也不提供在岗支持（Mckay et al.，2007）。目前，国内会所主要提供过渡性就业和支持性就业。在谈到会所开展了哪些职业康复服务时，一位社工（ZY·F）说："我们有 2 种就业形式，比如说过渡性就业，就是会员参加 6 个月到 9 个月不等的过渡性工作，目前我们有 7 个人，这些工作是重复简单的，不会带来太大压力。目前有 3 个支持性就业岗位，这个就不是 6~9 个月的限制了。还有就是小组就业，一般四个人一起，同一个职业，比如同在一个物业公司里共同负责园区里植物的养护、除草等。"会所模式将复元的理念以及康复者回归社会的就业目标嵌入我国的医疗和社会康复的服务体系，实现了精神障碍者由"病人"向"会员"角色的转变，让会员逐步形成具有凝聚力和归属感的康复共同体意识，能够有效帮助会员获得持续的社会支持，助推会员回归社会（Herman et al.，2005）。

（三）嵌入路径：医疗体系与社区服务体系的双向并行

会所通过嵌入医疗体系和社区服务体系两个方面实现了其在中国的嵌入式发展。嵌入路径主要分为两种。第一种是沿用国际会所的管理和发展模式，嵌入医疗体系，借助医院的康复医疗资源，在医院设立会所，实现医院-社区一体化服务，促进患者从出院到回归社区的有效衔接。具体做法是医院为会所运作提供场地、资金及人员支持，会所常规化开展服务，满足刚出院患者的社会功能康复以及回归社会的就业诉求，同时也服务出院后的病情稳定的会员。以笔者调研的五个会所来看，康复会所多作为当地医疗康复的拓展和延伸，属于医疗卫生系统对医疗康复的创新与探索，与医疗康复共生共建。在国家医疗卫生康复体系中，会所可持续发展有保障，也才能获得国际会所发展中心和香港恒健日间训练与服务中心的指导，它们为内地会所的建设提供了大量技术支持与帮助。但会所嵌入医疗卫生康复体系，也容易导致会所在医疗康复体系中的定位不明晰、在组织身份和获取外部资源方面存在局限等问题。由于其运作严重依赖医院和其他政府部门的拨款，会所职业康复和整合社区资源的功能难以充分发挥。随着嵌入式发展的不断推进，主要由医院承担的每年高达 200 多万元的财政经费难以持续，CS·A、CD·D、SZ·E 康复会所不得不独立注册为社会组织，谋求新的发展，以获得政府部门和社会资金。会所注册为社会组织之后可以通过政府购买服务、社会捐赠和申请基金会支持，获得了发展所需的资金。一方面，其可以继续得到医疗机构的资金和场地支持，服务医院；另一方面，原来医院内设的会所开始走向社区，以服务更多的社区康复者。这就形成了第二种嵌入路径，即采用本土化融合发展方式，嵌入社区公共服务体系，催生了区级或街道级的会所，它们虽未获得国际会所发展中心的认证，但能助残联、民政和社会组织等多方力量，走出了医院-社区-家庭一体化的本土化康复模式。如 CS·B、CS·C 两所康复会所，它独立于医疗机构而建立在街道，与原有的残疾人社会康复体系及社区卫生服务体系多重融合，接受民政、残联、街道的资金、监督和指导，逐步走出了一条扎根基层社区，嵌入基层社会治理结构的发展路径。

五　发展困境

现阶段会所模式在我国还处于嵌入式发展到嵌合式发展的过渡期，面临很多挑战，下面从环境、结构和功能三个方面分析会所模式发展中面临的挑战。

（一）国际与国内政策和社会环境之间的异质性

在国际环境方面，会所准则为会所模式提供了严格的规范和标准，并且依照国际会所标准，每两年或三年对国内会所进行一次考核，这对一些新成立的、非卫健系统资助的会所是一个巨大的挑战。以 CS·B、CS·C 两家康复会所为例，按照国际准则中关于会所的运作、就业、关系等方面的标准，它们都缺乏按照准则运行的现实条件。会所模式的服务内容主要包括工作日、就业服务、培训课程、社会功能康复等。工作日和就业服务对职员的自身素质、康复状况、认知水平及对康复理念的理解的要求较高，会所现有会员大部分为 40～59 岁的成年人，其患病时间长，社会功能受损严重，大部分会员很难达到职业康复、回归社会的要求。同时，国际上会所模式的发展需要稳定的资金来源，能够吸纳大量的政府与社会资金。我国会所的发展资金主要依靠医院及民政、残联等部门的资金，呈现资金来源单一、资金有限和资金不稳定三大特征。一位会所主任（ZY·B）告诉笔者："会所的一部分资金由民政支持，每年给 10 万元，但是要先做完服务，年底汇报和评估后，结合台账，（评估）过关了第二年民政部门会把这10 万元给你（机构）。"可见，服务购买方对资金监管严格、使用要求高，政府购买服务的标准、规格与会所模式的国际标准有较大的差距。会所因与支持主体不同，也存在明显的发展差异，例如 SZ·E 康复会所能够与医院、残联形成合作关系，其主任（ZY·I）说："我们和出资方是合作关系，属于定向资助。"因此，SZ·E 康复会所能够获得稳定的技术支持和资金支持，而 CS·B 康复会所则因为会所模式的理念与购买方要求存在冲突而难以获得国际认证，其主任说（ZY·B）："我们做不了认证，因为会所模式本身的要求和我们出资方的要求有冲突。"另外，多部门多主体合作对会所有多重要求，正如 CS·B 会所的主任（ZY·B）说："残联是要求开展托养服务，会员每天来和离开要刷脸，必须在这里 7 小时以上才核拨经费，而国际会所准则的要求是会员来去自由。"可见，会所模式的嵌入式发展需要根植于国际、国内双重制度和文化环境，遵循双重制度标准，国际环境侧重于康复会所规范化和标准化运作并提供一定的技术支持，具体包括提供会所模式的培训、全球会所模式发展学习交流、标准化运作的监督指导等，而国内环境则侧重于会所模式运作中的结构性支持、政策支持和资金支持。会所需要具有较强的适应能力和创新能力才能直面双重发展环境的挑战。

（二）多主体合作下的结构张力

目前，中国会所主要分为医院主导型、社会组织主导型和多方合作型三种类型。不同类型的会所发展需要不同主体间相互磨合，这导致不同类型的会所的服务内容和服务形式有所差异。这种张力伴随着会所模式嵌入的全过程，如果难以调和与修正，会形成结构梗阻。首先是医院主导型的会所，其特点是能够获得医疗部门稳定的支持，一般设在医院内部或医院的社区门诊，由医院提供场地、资金、技术和人员，主要服务院内治疗后出院的会员。这种会所一般能够严格遵循国际会所模式的理念和服务方式，为会员们提供专业的治疗服务和康复服务，但该类型会所的发展与医院联系紧密，常常会受到医院管理体制的影响，可能会失去发展的自主权。其次是社会组织主导型的会所，其发展具有较高的灵活度，能够深入会员的社区和家庭，会员与正常群体的融合度较高，但其可获得的正式支持资源较少，资金不足、专业人员少、专业服务能力有待提升。在谈到会所发展面临的主要困难时，会所主任（ZY·C）说："我们希望能提供一些更个性化、专业化的服务，想要精细化发展下去，但是我们的资源不够。"资源的缺乏导致该类型康复会所无法取得国际会所发展中心认证，维持生存是该类型会所面临的最大难题，平衡购买方要求和会员需求是其主要工作目标。最后是医院与社会组织合作型的会所，其特点是能够获得医院的专业技术支持，也能够灵活地调整服务策略。在谈到会所与医院的关系时，CD·D会所职员（ZY·E）说："××医院给我们会所提供一些技术指导、技术支持。"该类型会所受到服务能力与服务灵活度之间张力的影响最小，但也面临着在多部门多主体的结构中保持独立性和社工专业性的挑战。

（三）福利性保障不足和社会偏见的阻力：就业目标难以实现

会所模式的核心目标如何与我国精神障碍康复者的现实需求有效衔接是会所发展面临的最大挑战。国际会所模式的核心目标是康复者的职业康复，其"工作日—就业训练—过渡性就业—支持性就业—独立性就业"的服务逻辑呈现递进式职业康复训练及层级式的就业服务，但这一核心目标的实现对于国内会所来说是难以完成的。首先，一些有大城市户籍的会员的就业需求较弱，康复者在现有社会福利体系下能够获得稳定的服药补助、住房资源、生活资助，且其生存压力被家庭"代偿"，就业需求很低。深圳的一个会员（HY·E）在谈到将来的就业打算时说："我们有很多补贴的，我们有护理补贴、住房补贴，加起来有四千块钱一个月，补贴完全够自己生活，目前还没有考虑就业，我喜欢会所是来这里可以交到朋友。"一些会员依赖国家福利政策可以过上稳定的生活而缺乏就业意愿，甚至有一些会员会担心找到工作后将失去国家多项补助金而不愿意参与就业培训。其次，精神障碍康复者的就业资源匮乏。社会对精神障碍康复者就业的包容度低，针对会员的公益性或非竞争性就业岗位非常缺乏。此外，精神障碍康复者仍面临一定的社会偏见，导致会所链接就业资源难度较高，难以将具有工作能力和医院的会员输送到合适的就业岗位。在谈到会所模式遇到的挑战时，会所职员（ZY·F）说："就业和与社会融合的工作，找企业是我们最大、最难的一个挑战。"最后，就业歧视阻碍会员就业。就业歧视既增加了康复者走上就业岗位的难度，也打击了康复者的就业积极性，正如一个会员（HY·E）说的："找工作的时候不能让别人知道我有病，知道我有病就不会要我。"就业渠道不足、合适的岗位少及一定的就业歧视，导致会员的就业意愿普遍不高，回避就业成为常态。在谈到会员就业问题时，一位会所主任（ZY·B）说："会员有太大的压力也会影响就业的积极性。"显然，会员不仅需要就业培训服务，还需要必要的就业促进政策，更需要就业后持续的支持性服务。目前，制度支持和服务不足、就业歧视、就业意愿不强等内外因素影响会所的就业服务效果，限制了会所模式在国内的推广。因此，会所模式要在中国生存和发展，必须创新突破，走出本土化的发展路径。

六　会所模式的本土化创新发展："多重嵌合"

在社会科学领域，嵌合概念主要指系统内部各要素之间所具备的包含、重叠、互补，并且具备内在一致性的一种结构性联系（张晓岚、沈豪杰，2011）。"嵌合"是"嵌入"的拓展和延伸，"合"更有合作、结合的含义。会所模式早期嵌入中国精神卫生服务体系，作为医疗服务的补充，在医院获得生存空间。之后随着国内精神障碍社区康复政策与实践范围的拓展，其发展受到多个主管部门、专业社会工作机构及精神障碍康复者多元需求的影响与推动，也面临着与中国的卫生政策、社会结构、制度和文化之间的张力，必须进行创新才有进一步的发展空间。近年来，各地会所根据自己的实际情况，从服务场景、服务机制、功能、关系和目标等方面进行了多方面的创新实践，以实现本土化。具体做法如下。

（一）服务场域嵌合：服务一体化与治理专业化

从服务场域上看，会所模式除了在原有的自上而下的"医院-社区一体化"服务场域发挥作用之外，在专业社会工作的推动下，同时发展出了自下而上式地嵌入到会员家庭生活场景的本土服务模式，帮助会员及其家庭解决实际生活中的问题。当前，已形成"医院-社区-家庭一体化"的多场景服务模式，并在社区层面将人群服务与场景治理（家庭生活治理、心理健康教育、减低社会歧视等）有机结合，构建了健康治理、情境治理和生活治理相融合的治理共同体。该模式有利于扰动会员的家庭、社区、医院等多个场域，实现各场域中多专业人群（医生护士、社区工作者、社会工作者）的联动，提升对精神疾病的基层社会治理的专业化水平，成为基层社会治理的新平台（见图1）。

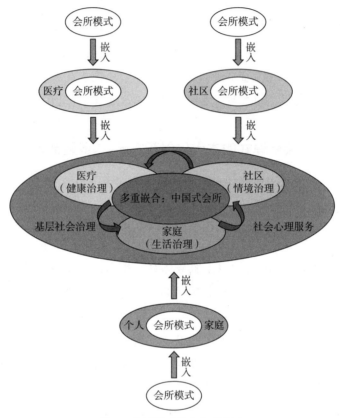

图 1　会所模式服务场域嵌合

（二）机制嵌合：多部门协同治理与资源整合

机制嵌合是会所模式多维嵌合式发展的基础。以笔者调研的 CS·A 康复会所为例，其发展遵循了多重机制嵌合的逻辑，如与综治部门以"管控"的逻辑合力开展预防会员肇事肇祸的危机干预，与民政部门以福利的逻辑为会员提供福利和救助服务，与残联部门以权益保障的逻辑合作为会员开展残疾人托养和就业促进服务，与医院以"医院-社区一体化"的逻辑实现医院与社区服务的衔接，与会员和家庭以生活治理的逻辑合作解决会员家庭生活中的实际问题。会所模式正是通过多重交叉合作的逻辑，走出了多主体协同、资源整合和机制嵌合的发展路径。具体而言，首先，在组织机制方面是多元参与主体协同共建的过程。多元主体的宏观层面包括综治、公安、民政、卫健、残联等，中观层面包括医院、街道、社区、会所，微观层面包括会员和家庭。其中，会所是将宏观、中观、微观三个系统进行整合的实践场所，会所通过设立"会所发展指导委员会"实现三个系统主体之间的互动融合。该委员会将多元主体的核心人物聚合在一起，是会所模式多元主体协同的核心枢纽。其次，在维持机制方面，会所积极整合多部门和社会的资源。在资金支持方面，民政作为会所目前最主要的出资方，残联、卫健、基金会为会所提供资金和技术支持。在技术支持方面，各地会所获得了当地医疗部门不同程度的支持，国际会所发展中心通过培训、评估、协助等方式向会所提供专业技术支持。在社会资源方面，各会所积极链接有社会责任的企业，推动会员的就业培训、过渡性就业和支持性就业。最后，在评估机制方面，需要将民政、残联、卫健、国际会所发展中心的评估标准和会员及家属的需求有机融合，建立中国式会所准则，推动会所模式在中国更多地区的推广和高质量发展。

（三）功能嵌合：多专业协同与多维支持

在街道层面，会所模式嵌入社区的综合康复服务体系，结合社区卫生资源，将服务整合在残疾人托养服务、心理健康服务、家庭康复和志愿服务，搭建精神障碍社区康复的多维支持平台。CS·B会所是功能嵌合发展的典型，会所主任（ZY·B）说："我们（机构）有3个牌子，怡心家园是残联的牌子，心翼会所是民政的牌子，还有一块是心理康复中心的牌子，也是残联的。我们是'3+n'的这样的一个体系，'3'就是专业机构+社区康复+家庭康复，'3'是最基本的，'n'是扩张的（服务）。我们只收三大类残疾群体，第一个是肢体残障者，第二个是智力残障者，第三个是精神残障者，把托养（服务）放到会所里一起做。"该会所将精神残障者服务与肢体残障者和智力残障者托养服务叠加在一起，实施残疾人综合服务，确保了会所能够生存下来，并将会所模式的理念和方法融入托养服务中，如组建互助小组，让会员做托养服务的老师的助手，教智力残障者学习手工、绘画和唱歌，组织残障者外出参观、郊游等。在谈到不同类型的残疾服务如何整合时，会所主任（ZY·C）说："把肢体的、精障的、智力的都融合在一起。比如肢体的外出行走不方便，我们去年做了一个帮扶小组，小组成员有的人帮助他出行，有的人帮助他上厕所，有的人帮助他吃饭，小组里有精神残障者，又有智力残障者。还有职员，我们像一个大家庭。"该会所在招收会员时，采用的标准不是医学上的标准，也没有按照残联和民政的要求（持三级和四级残疾证的精神残疾人），而是采用"生理+心理+社会"的多维评估标准，主要通过评估精神障碍者的生活状态决定其是否能够成为会员，而其年龄、户籍、残疾证等级是次要的。在问到机构招收会员的标准时，会所主任（ZY·B）说："很多地方（机构）都说只收精神障碍三四级，不收一二级，其实他们是不了解。对于他们（精神障碍康复者）来说等级的划分只是当时他的疾病状态，医生给他的诊断，我们评估的是他们目前的状态。"可见，会所关注的不仅是疾病的等级，更关注会员社会生活的状态，这种综合评估为会所模式功能整合和综合性服务提供了服务逻辑上的保障。

开展家庭支持服务也是会所模式本土化的主要创新。中国文化以家为本位，家庭支持对精神障碍者的康复非常重要，促进中国精神障碍康复者社会融入的基本服务单元是家庭，基本策略是家庭增能，包括家庭能力的提升与社区情境的改善（高万红、师艺萌，2024）。有的会所创新性地将家属支持命名为"家属社工"，希望"让家属变身社工，让亲情守护心灵"，目的是让家属具有基础的专业照顾理念、态度和行为，希望家属像社工一样对待会员。具体怎么做呢？一位机构社工（ZY·A）说："我们会把家属召集来开家长会、交流会，可以看得到有一些家属骨干，他们的影响力、参与度、知识面就是在这个时候体现出来。然后我们就把他们建成一个团队，我们的目标是想用家属去影响家属，让他们做家属中的社工。"有的会所还开展家属的心理健康服务，CS·B会所的职员（ZY·B）说："家属的解压我们也会做的，就是有一些偏心理团体辅导的服务。5月份'全国助残日'时，我们做的核心工作是亲子关系的心理培训，因为家属会很难到这个地方来，既然来了，我们就抓住这个机会给家属做一些这种心理方面的指导性的工作。"

此外，会所模式在功能定位上也有创新，把卫生、民政康复服务中维护社会稳定的内容融合到会所服务中，作为"医院-社区-家庭"服务场域转介的"中转站"和社会稳定的守护者。正如会所主任（ZY·I）所说："我们作为会员从出院到家里的中转站，我们做的是一个维稳的工作，因为我们做的也是一种政府服务。"会所模式通过功能定位的创新，更好地将自下而上的人群服务与自上而下的场景治理有机结合。

（四）社会关系嵌合：多场域联动与社会联结

精神障碍者作为社会的边缘人群，疾病逐渐形塑了康复者的弱化，甚至断裂的社会联结，导致康复者在社会互动中处于被排斥状态，在生活中经历了被边缘化的过程。笔者问会员（HY·E）最喜欢的会所活动是什么？他回答："一起去公园玩，因为出去可以见到正常人。"会员非常希望能多与普通人交往，像其他人一样过正常化的生活。为了满足会员与正常人交往的需求，会所在选址方面也有创新，除了选择在医院或医院附近的社区，方便会员获得医疗资源外，也会考虑有利于会员过正常生活的需求。如CS·B会所选择了一个"半融合"的社区位置，会所主任（ZY·B）说："我们会所还是选在了某小区外围，如果在小区中心会受到居民的格外关注，甚至会被投诉，但是又想跟居民有一些联动，所以我们就是'半融合'（在社区的边缘），我就觉得这个很好，会员也很自由，小区居民也没有过分敏感。"这是目前基于对会员与居民双方尊重和保护的折中选择。此外，会所为了促进精神障碍者与正常人群的生活联结，服务策略也有创新，采用了"引进来"和"走出去"相结合的策略。一方面，会所将大学生和技能培训的老师以志愿者身份请进会所，通过培训和开展活动，促进会员与正常群体的交往。会所的专家顾问（ZY·H）说："我们每年都会举行一两次社交训练方面的大型活动，会有好多高校的大学生志愿者参与。"另一方面，会所也会带领会员走出去，参与社区活动。在谈到具体做法时，CS·B会所的主任（ZY·B）对笔者说："我们积极和物业、社区、街道沟通，带领会员参与物业举办的活动、联动居民的活动、党群服务中心的活动。社区养老活动中心跟我们这里联动最多，我们现在更多是想如何增加我们会员的社区参与，有时会员会变成一个普通居民、爱心人士，以志愿者身份参与到社区活动中。"成效如何呢？她（ZY·B）接着说："不能老是别人来看我们，来做爱心捐赠、志愿服务，我们近几年做的更多的是，我们作为一个志愿者的身份，去和物业合作，比如说给小区打扫卫生，'学雷锋'活动时我们还摆了一个摊，不光是我们去享受，也反馈给别人。我们现在更多的是想做我们的社区参与这一块，（让会员）变成一个普通居民、普通爱心人士，以普通的志愿者身份参与到社区治理中。去年冬天很冷，附近道路全都结冰了，我们就穿了志愿者的衣服，说我们是普通的小区志愿者团队，拿着铁锹去把公交车站附近的冰都铲掉了，公交车站是居民和会员要上下车的地方，那个地方结冰很严重。"

会所嵌入社区后，通过将普通人群"请进来"和让会员"走出去"参与社区活动，并以志愿者身份参与社区环境治理，推动了会员与大学生、普通居民的互动，增进了会所与社区居委会、养老服务中心、物管的联结，这是促进社会团结的重要基础，营造了包容、尊重、接纳的社会环境。

（五）目标嵌合：多主体协同促进就业与社会融入

社区康复是精神障碍患者恢复生活自理能力和社会适应能力，最终摆脱疾病、回归社会的重要途径，是多学科、多专业融合发展的社会服务。会所模式的最终目标是通过阶梯式就业，实现社会融入。在就业促进方面，会所除了依据常规的阶梯式的过渡性就业、辅助性就业、独立性就业协助会员的职业康复之外，创新出多主体联动的就业服务。一种是会所与企业、物业联动开发的就业服务。在谈到会所是如何开展就业服务时，会所主任（ZY·B）说："最大的就业尝试是'飞奔的蜗牛'就业项目，做了我们社区的菜鸟驿站和美团团购，都是会员和职员在打理。最初是我们自己做，搞不定，一边亏钱一边做。后来我们跟菜鸟驿站的老板合作，对方安排一个工作人员，他的工资我们发不起，但是场地费用对方不用管。他做专业的事情，我们（会员）搭着做助手，比如说上货、搬东西、搞卫生。我们（会员）做一些力所能及的事情，发会员的工资（补贴）是我们的事。后来我们还合作做了就业培训，会员有就业意愿就可以来参加培训，培训之后会员去他居住小区的菜鸟驿站上班。"另一种是会所与企业合作，为会员提供过渡性就业服务。在谈到如何才能更好地推动会员就业时，SZ·E会所主任（ZY·I）说："我们现在正在跟香港一个老板去谈早餐车（服务），还有直播带货，希望形成残疾人和健康人的一个组合，为会员提供一段时间的过渡性就业。"在以上两种就业创新中，会所不仅是就业服务的提供者、就业资源的链接者，还成为会员就业、创业的合作者，将残疾人与普通人的就业结合起来，融合发展。

为了能够减少就业歧视，有效激发会员就业动机，会所还为会员提供了就业前培训，并组织会员参与反歧视的社区治理活动。CD·D 会所的会员（HY·D）告诉笔者："我参加过那个英语课、电脑课、复原 365 和讲我的故事等这几个课程，复元 365 这个课程能够帮助我们更好地自我管理，讲我的故事这个课程是帮助我们去除精神疾病的污名化，都是很有用的。"会所、社区、企业、会员等多主体组建的服务共同体不仅促进了会员就业，还能够有效提升其价值感，积极面对生活。从调查来看，现阶段大多数会员的就业意愿并不强，只有 1/4 的会员有就业意向。主要原因有两点：一是目前缺乏就业岗位和包容性的就业社会环境；二是国家提高了对精神残疾者的救助标准，每个月 1000～3000 元的生活救助金、几乎免费的服药和住院可以维持会员的正常生活水平。因此，被尊重、过正常化生活、融入社区是会员目前最主要的目标，将会员的日常生活管理（包括疾病管理）、价值感提升、社区融入与就业促进有机结合是会所模式本土化中的目标创新。

七　结论与启示

综上所述，会所模式的本土化发展历程初期是嵌入以疾病为中心的医疗体系，作为医疗卫生服务的补充，协助患者的疾病治疗和康复；之后，随着国家卫生政策由以疾病为中心转向以健康治理为中心，会所模式也逐步从医院拓展到街道、社区和家庭层面，并通过服务场域、服务机制、服务功能、社会关系和服务目标等方面创新发展，多重嵌合到以健康为中心的精神健康和社会心理服务体系中，成为基层社会治理的平台和抓手，初步实现从国际会所模式到中国式会所模式的转向。在这个过程中，政府主导是会所在中国本土发展的前提和关键，社会工作专业化运作为会所的本土化创新发展提供了技术保障与动力，政府和社会工作机构的合作促成了后期会所在中国的嵌合发展，其通过两重机制实现多重嵌合。一是宏观层面的精神卫生政策和服务制度建设推动了服务场域的多重嵌合，形成了"医院-社区-家庭一体化"综合服务，将医院健康治理、社区的情境治理和康复者日常生活治理融为一体；二是在三个服务场域中激发了国际会所准则与中国精神障碍康复服务要求在机制、功能、关系和目标等方面的融合发展。前者属于外因范畴，是嵌合实现的条件机制，后者是社区康复的行动策略，属于内因，是嵌合实现的（行动）因果机制。最终构建了以疾病控制为中心的健康治理，以就业促进、社区参与、反歧视为重点的情境治理，以会员的主体性和价值感提升为核心的生活治理，实现人群服务及场景治理的互促，初步实现了从国际会所模式到中国式会所模式的转向。

本研究中所调查的会所从举办方来看有两种类型：一种是政府医疗部门孵化和扶持的社工机构（如 CS·A 和 SZ·E），另一种是相对独立的社会工作机构（如 CS·B、CS·C、CD·D）。此外，中国式会所模式未来要想深度嵌合到基层社会治理体系，需要哪些内部和外部的条件，以及在嵌合中如何提升社会工作机构的自主性，还有待深入研究。中国式会所模式目前依然面临会员老化（40 50 人员为主）、服务个性化和专业化不足，与政府多部门合作机制不健全、嵌合程度较低等问题，这些问题都有待后续深入研究。

会所模式本土化发展对中国精神健康社会工作发展有如下启示。目前从政策层面来看，社会工作已有参与我国心理健康服务与社会心理治理体系的合法性；从实践层面来看，一些社会工作机构已经承接了民政部主导的"精康融合行动"项目，开始了在精神健康社会工作领域的探索。社工机构不能只满足于完成政府购买指标，提高服务的覆盖率、疾病的稳定率，还要发挥嵌合发展的专业优势，将服务端口前移，把预防心理问题和精神疾病的发展性服务作为服务新领域，服务重点只有从患病人群的社区康复转向普通人群健康管理和积极社会心态建立，预防精神疾病，降低发病率和致残率，才能有效回应目前精神疾病普遍化和低龄化的社会问题。同时，精神健康社会工作的发展要在党委领导下，实现政府多部门（民政、卫健、残联、公安等）和社区、服务对象及家庭等多主体的需求耦合及合理分工，借鉴会所模式中以人为本、赋权、自助互助及复元理念，不断提高服务质量和服务范围，增进全体人群的健康福祉。

参考文献

范雅娜（2022）："情境嵌合：乡村振兴过程中农村社会工作的价值实现路径"，《探索》第 6 期，第 120~133 页。

高慧、闫妍、张樑（2015）："改良主动性社区治疗模式"，《中国健康心理学杂志》第 9 期，第 4 页。

高万红、穆静（2016）："会所模式在精神障碍者社区康复中的应用研究——以昆明 T 会所为个案"，载王思斌主编《中国社会工作研究》（第十三辑），北京：社会科学文献出版社，第 41~67 页。

高万红、师艺萌（2024）："家庭增能：促进农村精神障碍者社会融入的行动研究"，《社会建设》第 2 期，第 41~63 页。

顾丽梅、宋晔琴（2023）："结构嵌合与关系重塑：数字技术何以有效赋能城市基层治理——以 S 市 Z 街镇'一网统管'为例"，《四川大学学报》（哲学社会科学版）第 6 期。

管兵（2015）："竞争性与反向嵌入性：政府购买服务与社会组织发展"，《公共管理学报》第 3 期。

郝伟、陆林（2018）：《精神病学（第八版）》，北京：人民卫生出版社。

洪玲、岳速萍、陈颖、黄明敏、张树森、张倬秋、邱凤贤、高金英、CHOW S·LAM、邓红（2015）："精神康复会所模式对精神分裂症患者的康复作用"，《四川大学学报》（医学版）第 6 期，第 926~928 页。

姜海燕（2022）："中国精神健康政策的范式转化：从安全管理到健康服务"，《河北学刊》第 1 期。

卡尔·波兰尼（2007）：《大转型：我们时代的政治与经济起源》，冯刚、刘阳译，杭州：浙江人民出版社。

林兵、陈伟（2014）："'吸纳嵌入'管理：社会组织管理模式的新路径——以浙江省 N 市 H 区社会组织服务中心为例"，《江海学刊》第 1 期。

刘威（2018）："从分立实践到嵌合共生——中国社会工作与公益慈善的理想关系模式建构"，《学习与探索》第 11 期，第 51~58 页。

沈渔邨（1987）："精神卫生工作七五计划草案的几点说明"，《中国心理卫生杂志》第 2 期。

宋妍、罗月红、姚菊琴、刘丹、陈嘉、何国平（2014）："'会所模式'在社区精神疾病康复中的应用"，《中国现代医学杂志》第 14 期，第 109~111 页。

苏建健、魏玲玲、李晓昀（2023）："嵌合赋能与多元联动：社会组织参与易地扶贫搬迁安置区后续治理的个案研究"，《广西民族研究》第 4 期。

孙海法、刘运国、方琳（2004）："案例研究的方法论"，《科研管理》第 2 期。

谭羽希、严虎、罗月红、陈晋东（2018）："社区精神康复'会所模式'的应用"，《国际精神病学杂志》第 1 期。

陶绍富、李济宇（2011）："嵌合诱导移植耐受的研究进展"，《广东医学》第 2 期。

田毅鹏、康雯嘉（2021）："街道改革背景下社会组织与街居嵌合治理研究——以'商业从属型'社会组织 Z 中心为例"，《学术研究》第 4 期。

童敏（2012）："生理-心理-社会的结合还是整合？——精神病医院社会工作服务模式探索"，《华东理工大学学报》（社会科学版）第 2 期。

童敏、许嘉祥（2022）："基层协同治理公共空间：严重精神障碍社会心理服务体系建设"，《社区心理健康》第 1 期。

童敏、许嘉祥、周晓彤（2022）："心理社会还是社会心理：社会心理服务体系建设中的社会工作"，载王思斌主编《中国社会工作学刊》（第二辑），北京：中国社会出版社。

王金红（2007）："案例研究法及其相关学术规范"，《同济大学学报》（社会科学版）第 3 期。

王思斌（2020a）："我国社会工作从嵌入性发展到融合性发展之分析"，《北京工业大学学报》（社会科学版）第 3 期。

王思斌（2020b）："社会工作参与公共危机事件治理中专业功能的嵌合性实现——以新冠肺炎疫情防控治理为基础"，《社会工作与管理》第 6 期。

向娟芬、马俊华（2019）："会所多维度康复模式改善女性精神分裂症恢复期病人家庭关系与负性情绪的效果"，《护理研究》第 15 期。

肖金明、杨伟伟（2021）："从'嵌入'走向'嵌合'：社会组织党建模式创新探析"，《中州学刊》，第 4 期。

徐奇、姚志珍、吴留发、傅伟忠、卢瑛（2014）："社区日间康复训练对慢性精神分裂症患者的康复效果评价"，《中国全科医学》第 19 期。

徐倩、周沛（2015）："包容性知识框架内残疾人社区康复本土化模式研究"，《天津行政学院学报》第 5 期。

徐韦云、熊金霞、谢迎迎、周建芳、汪作为（2016）：""主动式社区治疗对首发精神分裂症患者结局的影响"，《临床精神医学杂志》第 3 期，第 197 页。

许嘉祥、童敏（2024）："精神障碍患者社区康复整合服务研究"，《社会工作与管理》第 3 期。

严云鹤、林雨晨（2021）："精神康复 UFE 同伴支持服务模式本土化研究——以北京大学第六医院绿丝带志愿者协会为例"，《中国社会工作》第 27 期，第 44~48 页。

杨健、江志毫（2017）："康复会所模式对稳定期精神分裂症患者社会功能的影响"，《重庆医学》第 28 期。

杨锃、陈婷婷（2017）："多重制度逻辑下的社区精神康复机构研究——兼论本土精神卫生公共性建设的可能路径"，《社会科学战线》第 3 期。

叶锦成、冯慧玲、胡少良（2018）：《中国取向复元模式实践：精神健康社会工作案例研究》，上海：华东理工大学出版社。

尹阿雳、赵环、徐选国（2016）："双向嵌入：理解中国社会工作发展路径的新视角"，《社会工作》第 3 期。

张晓岚、沈豪杰（2011）："内部控制、内部控制信息披露及公司治理——嵌合治理框架的建构及理论诠释"，《当代经济科学》第 6 期。

张燕婷、杨发祥（2023）："学校社会工作嵌合发展的演进逻辑与实践策略"，《学海》第 2 期。

赵伟、朱叶、罗兴伟、刘渕妍、马晓倩、王湘（2014）："严重精神疾病社区管理和治疗的主动性社区治疗模式（综述）"，《中国心理卫生杂志》第 2 期。

郑宏（2015）："社会工作者介入重性精神疾病医院社区一体化服务模式研究"，《中国全科医学》第 25 期。

朱健刚、陈安娜（2013）："嵌入中的专业社会工作与街区权力关系——对一个政府购买服务项目的个案分析"，《社会学研究》第 3 期。

Callahan K（2023）："Occupational Therapy Integration in Psychosocial Rehabilitation：The Clubhouse Model."Capstone Projects，48. https：//scholarworks. wmich. edu/capstone _ projects/48.

Chinman，M. ，George ，P. ，Dougherty R. H. ，Daniels A. S. ，Ghose S. S. ，Swift A. ，Delphin-rittmon M. E. （2014）：Peer Support Services for Individuals with Serious Mental Illnesses：Assessing the Evidence. *Psychiatric Services* 65（4）：429-441.

Grant，E. A. ，C. Reinhart，S Wituk，G. Meissen.（2012）："An Examination of the Integration of Certified Peer Specialists into Community Mental Health Centers."*Community Ment Journal.* 48（4）：77-81.

Herman，S. E. ，E. Onaga，F. Pernice-Duca，et al.（2005）："Sense of Community in Clubhouse Programs：Member and Staff Concepts."*American Journal of Community Psychology* 36（3-4）：343-356.

Hinchey，L. M. E. ，P. Francesca M. ，C. M. R. Janay N. （2023）："A Contemporary Review of the Clubhouse Model of Psychosocial Rehabilitation：Past，Present， and Emerging Directions."*Psychiatric Quarterly* 94（4）：569-604.

Hudson，C. G. （2019）："Deinstitutionalization of Mental Hospitals and Rates of Psychiatric Disability：an International Study."*Health and Place* 56（2）：70-79.

Hultqvist，J. ，U. Markstroem，C. Tjoernstrand，et al.（2016）："Social Networks and Social Interaction among People with Psychiatric Disabilities-Comparison of Users of Day Centres and Clubhouses."*Canadian Center of Science and Education* 9（6）：107-120.

Mastboom，J. ，F. C. （1992）："Model and Practices."*Psychosocial Rehabilitation Journal* 16：9-23.

Mckay，C. E. ，B. T. Yates，Johnsen M.（2007）："Costs of Clubhouses：An International Perspective."*Administration & Policy in Mental Health* 34（1）：62.

Pitt，V. ，D. Lowe，S. Hill，M. Prictor，L. Berends（2013）："Consumer Providers of Care for Adult Clients of Statutorymental Health Services."*Cochrane Database of Systematic Reviews.*

Raeburn，T. ，E. Halcomb，G. Walter，et al.（2013）："An Overview of the Clubhouse Model of Psychiatric Rehabilitation."*Australasian Psychiatry* 21（4）：376-378.

Rudyard，N. ，& Propst（1997）："Stages in Realizing the International Diffusion of a Single Way of Working：The Clubhouse Model."*New Directions for Mental Health Services*（74）：53-66.

Sledge，W. H. ，M. Lawless，D. Sells，M. Wieland，L. Davidson（2011）："Effectiveness of

Peer Support in Reducing Readmissions of Persons with Multiple Psychiactric Hospitaliza-tions. " *Psychiatic Service* 62 （5）: 541-544.

Stein, L. I. , M. A. Test, A. J. Marx （1975）: "Alternative to the Hospital: A Controlled Study. " *American Journal of Psychiatry* 13 （132）: 517-522.

Yan, H. , Ding, Y. , & Guo, W. （2021）: "Clubhouse Model of Psychiatric Rehabilitation in China to Promote Recovery of People with Schizophrenia: a Systematic Review and Meta-analysis. " *Frontiers in Psychiatry* 12 （21）: 730552.

双重回环结构：孤独症儿童家庭生命周期与动态需求研究[*]

陈蓓丽　张之初[**]

摘　要　孤独症儿童及其家庭所面临的困境与问题，特别是其经历着的独特生命历程对个体与家庭的影响，受到了社会各界的广泛关注。研究者通过对上海市内19位孤独症儿童家长的深度访谈收集资料，利用主题分析法提炼有关"孤独症儿童家庭生命周期与动态需求"的主题，关注家庭生命周期和需求如何发生变化。研究发现，家庭生命周期在儿童婴幼儿期至青少年期的阶段中可以划分为三个周期——扩展期、稳定期与收缩期，其中分别产生了不同的变化与发展方向，与需求结合呈现交织影响、循环往复的规律性，在家庭生命周期的时间线上产生不同的需求侧重点，由扩展期的生活与健康、稳定期的联结与成长回归至收缩期的生存与适应。本文最后构建孤独症儿童家庭生命周期与动态需求的双重回环结构以更好地反映个体和家庭的需求、困境与期待。

关键词　孤独症　家庭生命周期　ERG需求　回环结构

一　问题提出

1982年，中国诊断出首例孤独症；2022年，我国孤独症患病率已增长至1.8%（赵亚楠等，2023），目前我国的孤独症患病率与全球数据趋同，约为1%~2%（卫宁等，2024）。2006年，孤独症被正式纳入我国残疾人事业发展规划；2012年，《中华人民共和国精神卫生法》通过全国人大表决，

---

*　本文为上海市曹鹏公益基金会"自闭症儿童家庭关爱服务及政策研究"项目的阶段性成果。

**　陈蓓丽，华东理工大学社会与公共管理学院副教授，研究方向为社会工作实务、社会组织服务与管理；张之初，华东理工大学社会与公共管理学院硕士研究生，研究方向为青少年社会工作。

成为精神障碍患者维护自身权益的重要法律保障。近年来，一系列有关孤独症早期筛查、康复医疗、融合教育、辅助就业、机构托养、人才建设等方面的社会政策陆续出台，孤独症患者及其家庭的生活状况有了一定的改善。其中0~18岁孤独症儿童的成长与发展得到了党和国家的高度重视。在2024年召开的十四届全国人大二次会议上，不少与会代表聚焦全生命周期下孤独症儿童的需求。针对上海市孤独症儿童所面对的困境，上海市民政局等14个部门联合印发了《关于加强本市孤独症儿童关爱服务工作的指导意见》（以下简称《意见》），提出在2027年底在全市范围内建立健全孤独症儿童全链条关爱服务体系。面对孤独症儿童数量不断增长的现状，来自医疗、教育、行政等层面的服务与资源不断发展以满足个体和家庭的需求。

在供给端，针对特殊儿童的早期干预逐渐从儿童本位转向家庭本位（申仁洪，2017）；在需求端，孤独症儿童受多方面障碍的影响无法自由表达主观想法，家长成为替代决策的"代言人"，同时孤独症儿童家庭的抚养负担也远超其他残疾家庭和普通家庭（朱宏璐、尤梦菲，2021；熊妮娜等，2010）。因此，家庭已经成为研究孤独症儿童的重要切入视角，该类特殊儿童所处的家庭会因为个体的异质性而发生极大的变化。但是鲜有研究从纵向时间维度上衡量转变过程的动态性与周期性。在过往静态与横向研究的基础上，本研究旨在将研究视角由关注孤独症儿童本身的同时转向关注父母和祖父母等与之联系最为紧密的家庭成员，以时间推演对个体生命与家庭生活造成的影响作为研究基础，进而探究家庭整体的系统，解析孤独症儿童家庭的独特家文化。

二 文献回顾

（一）孤独症儿童与家庭关系的相关研究

孤独症是一组具有神经基础的广泛性发展障碍，患者普遍表现为社会交往障碍、刻板行为、语言表达障碍等。生态系统理论认为家庭是一个完整的生态系统，其中生活的儿童的成长发展与其所处环境中的角色、活动与人际关系模式紧密关联（李学会，2018；梅越等，2023；Bronfenbrenner，1979）。相关量化研究已经表明家庭环境与养育模式对孤独症儿童的成长与发展具有重要作用，其中养育环境、家庭功能、家庭教养方式、社会污名化等因素作为重要因子对家庭关系与系统施加不同程度与方向的作用（钱晟等，2020；金艳等，2020；张晓霞，2021；牟劲松等，2023）。孤独症儿童家庭中儿童与家长的联结格外紧密，且两者间的相互作用会同时影响双方的心理健康（金艳等，2020）。

然而较少有质性研究对家庭系统中的亲子关系、夫妻关系、祖孙关系、同胞关系等进行剖析，孤独症儿童的存在可能会使关系间的亲密性增强，也有可能导致部分家庭成员间变得冷淡与疏离（Tucker et al.，2001；杜晨阳，2018；汪招霞等，2016）。与其他类型的家庭相比，孤独症儿童家庭中健康成员需要面临更大的压力与挑战，包括家庭经济的压力、家庭资源的分配不均、家庭空间的挤压与变形、亲情时间的牺牲、家庭关系的冲突等（汪招霞等，2016；李学会，2018）。这些矛盾与问题不应仅仅局限在个人主义层面上。不仅应聚焦对实体性家庭的研究，更应该将其放置在当前我国社会的大背景下进行解析（肖瑛，2020）。

综上所述，需要对作为主体的家庭成员和作为客体的关系进行更加深入的研究。有必要围绕不同的家庭关系脉络梳理出儿童及家庭整体需求的侧重点，并以此为基础探究家庭系统的结构与演变过程，从而更好地对相关症状、问题与解决策略进行分析。

（二）家庭生命周期的划分与应用研究

家庭生命周期也被称为家庭生活历程。家庭治疗将家庭看作一个随着时间的推移而不断演变的系统，结构化的家庭也处于周期性的运动与变化过程中，并认为个体的生命历程发生于家庭生命周期之中且两者互相影响与作用（赵芳，2008）。国外对家庭生命周期的研究形成于1947年（Glick，1947），此后学者们对该理论不断加以完善和修正，提出了各具特色的阶段模型，使家庭生命周期成为考察家庭发展变化的重要视角（杨菊华，2022）。家庭生命周期一般以时期数据为基础，以静态视角对家庭系统中的各方面因素进行考察（王跃生，2011）。其中家庭信念、家庭抗逆力与家庭教养方式是影响孤独症儿童家庭系统的三个重要因素，大量研究已经证实了其对孤独症儿童康复的作用（赵芳、刘潇雨，2017；陈一心等，2010；华红琴、曹炎，2019；李丹虹等，2018）。

在周期的划分方式上，Bennett 等（1996）将四阶段家庭生命周期理论应用于残疾儿童家庭的研究中，分别为婴幼儿期（出生至 5 岁）、儿童期（6 岁至 12 岁）、青春期（12 岁至 21 岁）和成年期（21 岁及以上）；随着周期的发展，家庭面对的压力源存在动态变化的特点，部分来自支持网络的资源则保持相对稳定（Bennett et al.，1996）。陆奇斌等（2014）则将孤独症患者家庭的生命周期划分为形成期、困惑期、确诊期、身份认同期、抚养期和解体期六个阶段，其中将形成期至抚养期的五个阶段界定为以家长照护子女为主的周期。Glick（1947）提出的六阶段中的收缩期更好地对应了孤独症患者家庭中子女成年但尚且无法独立生活的阶段，这种特殊的"啃老"现象使孤独症患者家庭生命周期在满足一般规律的同时又能够呈现独特性。总之，不同学者对家庭生命周期的划分方式受家庭成员、家庭关系、家庭结构等影响而有所差异，但都以周期中的主要事件与重要时间节点两方面因素为主要参照。

（三）孤独症儿童的生存、关系与成长需求的研究

对特殊儿童的帮扶需要在充分了解家长的看法与需求情形后才能"对症下药"并获得显著的成效（谌小猛、李敏，2011）。以往对孤独症儿童及其家庭的需求研究大多聚焦其面临的最紧迫与"显眼"的需求，需求研究的领域则涵盖了内外部环境、个体身心健康、医疗干预与教育矫正、福利资源分配等（陈顺森等，2011；刘蔓，2020；魏寿洪、王雁，2015）。但是同时将孤独症儿童、家长和家庭的需求纳入同一尺度下进行分析仍然需要依靠成熟的理论工具为支撑。

Alderfer（1969）在马斯洛的需求层次理论的基础上提出了 ERG 理论，将需求层次分为生存需求、关系需求与成长需求。三种层次的需求虽然有高低等级区分，但并不严格按照时间先后迭代发生，而是可能在同一时间内并存，在强烈程度与先后次序上存在一定差异（曹娟等，2015）。该理论揭示出了三种规律：满足-上升、不足-加强与受挫-回归。相较于"满足-上升"，"受挫-回归"的现象更加显著地体现在孤独症患者家庭上，具体表现为妥协、退让、被迫接受、寻找其他出路等。对于个体与社会而言，"受

挫-回归"现象带来的抑制、挫败、压抑等会产生不利影响，进而危害个体身心健康与社会安定（王全美，2011）。通过 ERG 理论对个体到家庭整体需求的评估能够在保持衡量尺度一致的同时揭示孤独症儿童家庭多元化的需求及其所呈现的规律（周森森，2018）。

在上述理论基础上，本文将个体需求与家庭需求进行了拆分与辨析。家庭在"再福利化"的背景下已然成为弱势人群抵抗危机与风险的重要庇护所，以孤独症儿童为例，不同症状和年龄的患儿及其家长对相关福利体系提出的期望与要求也各不相同（吴莹，2023）。大多数服务需求和使用情况因年龄而异，但所有年龄段的服务需求中未得到满足的数量仍较高（Shivers et al.，2019）。以家庭为单位的需求主要覆盖经济、精神心理、教育、家庭结构、社会环境等内外部五个层面，满足 ERG 需求理论的层次关系（刘鹏程、刘金荣，2018；黄辛隐等，2009；林云强等，2007）。

（四）分析框架

为了更好地理解婴幼儿期至青少年期的孤独症儿童所处的家庭生命周期，本文参考六阶段家庭生命周期理论的应用方式，拟提出一个扩展期、稳定期与收缩期三阶段模型。以该模型为基础解释孤独症儿童家庭的演变能够呈现其特殊需求在不同周期内的转折点上所发生的变化，以及需求的满足或受挫反应时间的流动。同时，六阶段论中划分家庭生命周期的开始与结束标志能够契合孤独症儿童家庭阶段性转折的标志（Glick，1947），因此本研究择取六阶段论中的三个部分作为划分孤独症儿童家庭生命周期的理论依据。生命周期的因素不仅形塑了孤独症儿童及其家庭的生命与生活状况，还对其福祉的变动产生了重要影响（Georgiades et al.，2022）。本研究在家庭生命周期的理论视角上聚焦不同阶段的个体需求与家庭需求，并使用 ERG 理论剖析存在的问题。孤独症儿童生命历程作为家庭生命周期的一部分呈现独特的成长轨迹，并折射出家庭生命周期的阶段性变化；同时，孤独症儿童在生存、关系与成长三个方面的需求也表现为家庭整体的主要需求。本文将从儿童的生命历程与需求角度出发，以小见大反映家庭在两个维度的变化，并挖掘其中存在的相互影响关系，从而形成图 1 所示的分析框架。

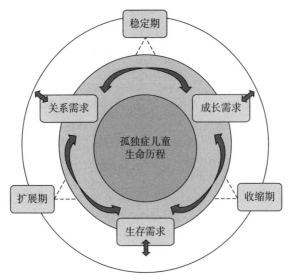

图1　孤独症儿童家庭的动态分析框架

三　研究设计

本研究采用质性研究中的访谈法与观察法收集资料，并运用主题分析法深入呈现"孤独症儿童家庭生命周期与动态需求"的逻辑关系。质性研究能使研究者更近距离地接近孤独症儿童家长的切身经验，在既有量化研究的基础上补充实证材料（徐胜等，2016）。通过访谈与观察，研究者希望挖掘出家长心中的真实想法，通过"心里话"深入了解不同类型的家庭正在经历的困难与转变，站在特殊儿童及其家属的角度获得对该类特殊家庭的解释性理解（宋林飞，2009；陈向明，2000）。

（一）资料来源

本研究的调查点及访谈对象选取点均为上海市。其一，上海市在孤独症儿童的支持与服务上走在全国前列，来自全国各地的孤独症儿童家长为了使子女享受到更好的医疗与教育而来到上海并进入不同的地区、学校和机构。因此，以上海为研究地可以接触到来自不同阶层、地域、结构的家庭，从而保证样本选取的信/效度和代表性。其二，分析框架中所包含的整合性与结构性因素要求研究者同时剖析相关社会环境、政策机制与文化场域对家庭的影响。基于政府支持与政策推动，研究者与当地的相关主体建立了顺畅的联系渠道，便于收集来自不同层面的资料。

（二）样本构成与资料收集方法

本研究采用目的性抽样的方法选取研究对象。抽取标准为：第一，孤独症儿童家长；第二，正在参与机构干预或康复课程；第三，愿意接受访谈；第四，子女年龄在 21 岁及以下[①]（Bennett et al.，1996）；第五，来自不同经济条件的家庭；第六，总人数在 20 人左右。最终参与本研究的受访者为 19 名家长，具体信息见表 1。

表 1　受访者信息一览

个案号	受访者角色	子女性别	子女年龄（岁）	子女所处生命历程	家庭所处生命周期
C1	妈妈	男	4	婴幼儿期	扩展期
C2	妈妈	男	4	婴幼儿期	扩展期
C3	爸爸	女	4	婴幼儿期	扩展期
C4	爸爸	女	4	婴幼儿期	扩展期
C5	妈妈	男	5	婴幼儿期	扩展期
C6	爸爸	男	7	学龄期	稳定期
C7	外婆	男	7	学龄期	稳定期
C8	外婆	男	7	学龄期	稳定期
C9	爷爷	男	7	学龄期	稳定期
C10	妈妈	男	8	学龄期	稳定期
C11	妈妈	女	11	学龄期	稳定期
C12	妈妈	男	12	学龄期	稳定期

[①]　本研究参考 Bennett 等（1996）应用的四阶段家庭生命周期理论，以及美国《全体残障儿童教育法》（覆盖了 3~21 岁的残疾儿童），将孤独症儿童从青少年迈向成年期的转折年龄设置为 21 岁（Bennett et al.，1996；Turnbull & Turnbull，1990；武丽杰，2024）。在此基础上，本研究结合访谈编码，将孤独症儿童生命历程划分为：婴幼儿期（0~5 岁）、学龄期（6~15 岁）、青少年期（16~21 岁）。其中，学龄阶段前期的主题为干预，中后期的主题为教育，因此，学龄期进一步细分为学龄前期（6~8 岁）与学龄中期（9~15 岁）。

续表

个案号	受访者角色	子女性别	子女年龄（岁）	子女所处生命历程	家庭所处生命周期
C13	爸爸	男	13	学龄期	稳定期
C14	妈妈	男	14	学龄期	稳定期
C15	爸爸	男	14	学龄期	稳定期
C16	妈妈	男	15	学龄期	稳定期
C17	妈妈	男	20	青少年期	收缩期
C18	妈妈	男	21	青少年期	收缩期
C19	爸爸	男	21	青少年期	收缩期

注：本研究遵循保密原则，使用"C+数字"代表受访者；下文中括号内的数字表示对应受访者，如（C10）对应为10号受访者及其所陈述的话语。

通过对以上家长的深度访谈，研究者主要了解了两方面的内容：第一，孤独症儿童家庭在其子女的婴幼儿期至青少年期已经经历和可能出现的生活状况；第二，孤独症儿童家庭在不同周期中已经满足和潜在的需求。研究者于2023年3月28日至9月24日间共进行了五次访谈，所有的访谈工作以及访谈录音均是在征得受访者同意后完成的，严格遵循了保密原则，每次访谈在1小时至2小时不等。

（三）编码

本研究采用Braun和Clarke（2023）提出的六阶段主题分析法进行编码，分析步骤包括熟悉数据、形成初始编码、寻找主题、复查主题、定义和命名主题与撰写报告。访谈完成后，研究者将录音转录为文本，形成了19份合计25万余字的文本数据，之后对文本进行了主题分析，结果见表2和表3。

表2 编码文字举例

访谈文本语句摘录	编码为
投入了这么多，只要小孩能好，其实都不是问题。好了以后，我也可以出去上班了。（C10）	家长需求
我不再关心他能不能上大学、能不能跟其他孩子玩在一起、能不能结婚生子之类的，我完全不为这些东西焦虑。（C4）	生命错序问题

表3　主题分析的结果

主题	类别	子类别
生存与健康	安全、健康、经济、矫正	歧视与标签化危险意识、生命错序问题等
关系与联结	父母、祖辈、同辈 学校、政府、社会	同辈差异、夫妻取舍时间、祖辈辅助等
成长与发展	教育、就业、自理	"好孩子"阶段、教育经历、随班就读等

四　研究发现

家庭生命周期围绕着孤独症儿童生命历程发生变化与转折。扩展期的主要标志是第一个孩子出生，在此阶段中家长会从孩子出生所带来的喜悦逐渐过渡至确诊所施加的痛苦与压力中；稳定期的标志是家庭中最后一个孩子的出生，家长选择将生活的重心转移至照顾患病子女身上；收缩期的标志是第一个子女离开父母，尽管孤独症儿童受病症影响很难独立生活，但随着其步入青少年期，家庭不可避免地需要面对帮助子女独立自理的命题，并为之后的生活打下良好的生存与生活基础。以家庭生命周期为时间轴观察孤独症儿童家庭，发现需求与事件在横轴上交汇编织成数个转折点，引发个体与家庭的变化。个体与家庭互相交织与相互作用的关系是孤独症儿童家庭生活中的显著特征。

（一）"改天换地"的扩展期

普通家庭的扩展期往往是香火延续的幸福开始，家族中的众人都为新生命的到来而欢欣鼓舞。然而在孤独症患者家庭中子女的出生与确诊不仅标志着扩展期的开始，也拉开了一个家庭对抗孤独症的持久战序幕。整个家庭在经历了这一重大转折后，父母们需要快速从痛苦与悲伤的情绪中挣脱，在自己的支持网络中寻求所有力所能及的资源以促进子女康复。

> 反正就是改变了，生命的轨迹都改变了。有这样的孩子其实是一个"改天换地"的变化，生命不一样了。（C16）

初期缺乏相关知识与经验的家长亟须获取来自政府、医院、学校和相关机构的支持，但是资源的匮乏与信息的闭塞致使大部分父母在开始之初就处处碰壁，甚至错过子女治疗的黄金时间。

> 当时是零几年，社会对孤独症认识和筛查还没有这么普及，大家连这个常识都没有。我们身边也没有这样的小孩，所以真的只是以为他说话晚而已。所以我们在他五周岁之前都没有去系统地进行各种训练，什么都没有。（C17）

此时父母面对子女的病症会产生复杂且难以自我消解的负面情绪，而这种情绪又会逐渐演变为过度补偿，即家长受愧疚、痛苦、无力等情绪影响而将自身的大部分精力放在照顾子女上，并对其生活的细枝末节"大包大揽"，从而使家庭教养方式逐步转变为溺爱型（黄燕虹，2009；徐慧等，2008；陈陈，2002），这一现象在独生子女家庭中并不罕见。

> 家庭环境的局限性导致他们本可在关键时期成长得更多，却因这个局限而被家庭给搅乱了。家庭过多地涉入其中，我觉得有时候并不是一件好事情，但是现在没有办法。（C14）

这种补偿现象会一直伴随子女步入学龄期，使其在发育过程中失去自我成长与独立学习的机会，为青少年期后的就业与就读埋下隐患。过度补偿的产生同时促使父母牺牲大量的工作与休闲时间，投入照顾子女的"无底洞"中。确诊前后的巨大差距也使家长在开始之初难以适应，经过长时间的消磨后放弃了绝大部分兴趣爱好，不断培养新的生活习惯以适应子女的生活节奏。

> 带着孩子玩、跑步、去释放，就是去运动，我觉得那是释放的最佳途径，经济实惠。（C2）

> 他出生以后，我有一段时间就不玩游戏，集中心思养育孩子，体

验到这种责任感。但后来我发现其实孩子也需要游戏，所以我又回到游戏，也希望跟他一起玩游戏（培养感情）。(C19)

面对巨大的生活压力，父母们并没有选择自暴自弃，而是竭尽全力地为子女的生存与生活而奋斗。同时，父母也积极调整自己的心态与想法，增强自身应对困境与挫折的能力。在外人看来这是一种无奈与放弃，在父母眼中则是一种选择与坚持。

我比较强调的是家长自己的转变，就是你自己是否接受这个现实。如果自己埋怨生活不公，没有任何意义，不解决任何问题。(C15)

从最开始就像他们讲的，刚开始查出来是不信，然后是迷茫、绝望，然后重新振作。为母则刚，没有什么是天生的。(C10)

在此阶段中，子女病症的发现与确诊将促使家庭经历最为艰难的适应过程，如何满足以子女健康与康复为核心的生存需求是孤独症儿童家庭生活中的主旋律。这就要求家长抓住子女治疗的黄金时间并消除由复杂情绪导致的过度补偿，快速完成家庭系统与结构的初始转变。来自多方面的压力如同一把无形的达摩克利斯之剑横悬在家庭上方，在苦痛中憧憬与希望、在困境中摸索与前进是家庭在这一时期的主旋律。

（二）"有的放矢"的稳定期

稳定期的划分标志为最后一个子女的出生，这也意味着在成员停止增减后家庭将进入一段暂时的平静期。该阶段中家庭成员围绕着亲子、夫妻与祖孙等关系的调整进一步加强彼此之间的联系，使家庭系统的运转维持稳定。同时来自社会系统的诸多要求与限制也促使孤独症儿童家庭转向新的发展方向，以子女教育为核心产生新的需求与形成对应的资源获取手段。家长希望通过教育的途径使子女融入社会并顺利生活在一般的结构与规则中。

主要需求，第一个就是自理能力，第二个就是能跟上社会规则。

不一定要多么讨人喜欢，但一定不能招人讨厌，我就是希望他以后能当个普通人就行。（C10）

处于稳定期的孤独症儿童家庭大多不再考虑生育其他子女，而是将生活重心稳定在照顾患有孤独症的孩子身上。父母中的一方甚至双方都会对工作进行取舍与放弃，从而使自己能够全身心地投入到照护中。这一周期中的生活主题围绕着家庭关系的联结与子女的成长展开。家庭对疾病的应对方式也会导致家庭本身朝着不同的方向发展：一部分家庭以更加积极的态度面对外部结构所带来的挑战，另一部分家庭则在漫长的煎熬过后走向了破裂的边缘。

没有特别的变化，一直都还挺融洽，都还挺负责任的，蛮团结的，（对）这个小孩子都是一心想让他好好的。（C11）

我们做外公外婆的就看在心里，我们的孩子缺少父爱，我们的眼里（孩子）只有母爱没有父爱。这里很多宝宝虽然都是爸爸带来的，但是我们孩子星期天送来后他爸爸就回去了。（C7）

此时祖辈的加入或退出会使原有的家庭结构发生变化：选择加入的祖辈会帮助家长分担一部分照顾的压力，使家长能够维持自己的工作，为家庭提供稳定的经济来源。在孤独症儿童家庭中祖辈往往接受其子女的安排，扮演次要照顾者的角色。

我们肯定不想（日间照料），要想也是他爸爸妈妈想，假如我们想了，他们不同意，我们也白想，要他们知道。（C7）

就是有一个人（外婆）出来了，还有另外一个人（外公）要做内勤工作，我爸爸就负责买菜烧饭。（C12）

也有部分祖辈退出照顾者角色：一方面，家长受国外或现代生活方式的影响而不再倾向于传统的"四二一"家庭模式；另一方面，是家长在综合父母的理念、年龄、身体状况等因素的考量后认为其无法独立照顾子女，因而拒绝祖辈的介入并避免意外事故的发生。

> 我们哪敢交给老人搞啊？老人本来年纪就大了，又是特殊孩子，不太听话的，不敢给他们搞的。（C14）

> 两家距离比较远，而且老人的（育儿）认知与教育方式是我不能接受的，七十多岁的那种思想观念、教育理念是不适合孩子发展的。（C2）

随着子女进入义务教育阶段，家长需要就教育方式进行抉择。随班就读是政府与学校鼓励的教育方式，但其与普通学生融合的特殊性会使孤独症学生无法跟上班级正常课程进度，普通学生也会受到其带来的负面影响，最终导致双方家长都无法接受这一教学方式。同时，处在这一阶段的孤独症儿童还会面临校园适应与身心健康问题。

家长对子女的教育需求以"提高"为出发点，但不应该局限在学习与成长的层面，还需要综合心理健康、生理安全、社交关系等多维度的考量，使子女接受最为契合的教育方式。家庭需求在子女需求得到满足的基础上将进一步演变为家长对喘息服务、心理疏导、经济援助等层面的需求。作为子女最重要的照顾者与代言人，家长的需求在紧迫性上甚至超过孤独症儿童本身的需求。

> 比较大的需求就是能有一个人来照顾孩子，分担一些，能让我们自己拥有一点时间。（C9）

> 经济上和心理上的需求也是有的，我们两个人工作的话（在经济上）其实还好一点，但是其他方面就不敢多想了。（C3）

在子女的学龄期中，家长迫切希望子女能够融入普通人的生活，将自己寄予康复的最后希望与憧憬充分燃烧以换取子女合群的可能性。内部结构的调整与外部环境的适应都会对儿童和家长的生活方式与身心感受产生较大影响。

（三）"顺其自然"的收缩期

孤独症儿童家庭的收缩期并没有特别显著的划分标志，大部分孤独症儿童受病程影响往往终身都无法脱离原生家庭而实现独立生活。当子女的学前期与学龄期结束后，家长需要面对的是青少年期在就业和就读上的转衔，家庭随之进入收缩期。因此，家长需要在子女青少年期开始帮助其奠定良好的基础，从而在子女成年期与老年期来临之前完成准备与善后工作，这一过程也被家长形象又悲切地称为"闭眼工程"。

家长为了帮助年纪日渐增长的子女解决独立生活障碍、监护人缺失等问题，需要面临由社会时钟安排的就业、财产管理、遗产继承和抚养等接踵而至的事件。

在对未来的安排上，家长最关注的是子女成人后的自理与经济问题，而在就业、婚恋与犯罪等方面，家长普遍持消极和保守的态度。

> 我也看到，哪怕能力再好一些的孩子也一定是需要有庇护型的就业的，更何况我孩子的能力还是比较弱的，所以就业目前不考虑。（C18）

> 不是说不可能，是我没有办法承担他婚恋这件事情，因为对我来说，我能够把他这个人照顾下来，已经用尽了我所有的能力了。（C12）

> 我倒不担心他犯罪，因为我们孩子对这些的认知是很清晰的，我们以前对他的教育也是让他很小心的，而且某种意义上他也缺乏跟人打交道的能力，所以这个我不担心。（C19）

处在收缩期的家庭会产生逆社会时钟的现象，即父母在子女身上率先体会到了养老的感受，"养儿防老"转变为了"为儿养老"。"夹心一代"的父母需要采取类似的照护方式以同时照顾年长的祖辈和年幼的子女，部分父母甚至将自己的养老事宜与子女捆绑在了一起。

在他确诊之前，从幼儿园、小学这个阶段开始，就是提前体验了，而且以强化的形式体验了各种各样的焦虑、烦恼和挫折感。（C19）

最好有一个就是比较好的双养机构，我跟他能够一起待在里面。等他慢慢地适应了环境，然后我们老去，他能够在这个稳定的环境继续生活下去，这是一个比较理想的状态。（C18）

经过三个阶段的发展，家长由最初的痛苦、嫌弃、憎恨等负面情绪逐渐发展为无奈、适应、释怀等平和或积极的情绪。在矛盾与挣扎中经历过水深火热后，家长不再对命运的不公抱有强烈的反抗意识，一种坦率的"认命"态度占据了上风。

我觉得平平淡淡的就可以了，就是自然而然的。假如有一天，自己离开这个世界了，那（坚持）唯物主义的我也不可能咋的，就是让其顺其自然地发生就很好了。（C2）

同时，在长时间的磨合后，家长逐渐适应了子女特殊的生活节奏与难以捉摸的脾气。子女的成长与发展也深刻地影响了为人父母的态度与方式，促使家长重新思考如何更好地维护亲子关系。

关系是双向的，我后来特别意识到不能过于以自我为中心去改变他，这种关系是相互调节的。这个时候我更多地去理解和适应，跟他交谈的时候更平等地对待他，这样他就对我也产生影响了。（C19）

在此阶段中，关系与成长需求的受挫使个体的主要需求再次回归至生存需求，家庭应对的问题和调整后的姿态与收缩期中的经历类似。但是家长的妥协并不是放弃，而是选择以另一种更加包容的态度面对困境。随着家庭生命周期与个体生命历程的继续发展，孤独症儿童将步入成年阶段，面对接踵而至的问题，家长仍然不能掉以轻心，需要投入更多的时间与精力规划好子女与自己的未来生活，通过实施好"闭眼工程"以保障其稳定与安全。

五 总结与讨论

（一）个体与家庭的交织

孤独症儿童的生命历程及其产生的需求是与其家庭生命周期紧密结合在一起的，形成一种双重影响的结构。一方面，家庭生命周期是依据家庭成员的增减、家庭关系的变动、家庭结构的调整等因素而变化的，因此普通家庭与孤独症儿童家庭的生命周期划分在本质上并无区别；另一方面，与普通家庭中家庭成员对家庭生命周期的集体作用相比，孤独症儿童家庭生命周期因受到孤独症儿童的影响而可划分为不同阶段，在保持阶段同质性的基础上从划分的时间点与转折点上显示出异质性。简而言之，这种特殊的双向作用关系是指孤独症儿童家庭受儿童的显著影响，即在一般意义上的家庭生命周期不同阶段中所经历的需求与事件的特殊调整与变化（见表4）。

表4 孤独症儿童家庭生命周期特征

	扩展期	稳定期	收缩期
孤独症儿童生命历程	婴幼儿期	学龄期	青少年期
主要事件	治疗与康复	教育与矫正	自理与独立
核心需求	生活与健康	联结与成长	生存与适应
社会化载体	家庭	学校、机构	家庭、社会

研究结果显示，家长的情绪从侧面映衬出家庭在某一阶段内所经历的变化与转折。在扩展期，包括父母和祖父母在内的家庭成员会经历喜悦、震惊、愤怒与悲哀等情绪的转变，经过稳定期尚且存在的康复希望与憧憬被现实所消磨后，最终在进入收缩期时定格在一种无奈与释怀的情绪上（见图2）。

孤独症儿童家长以子女为核心开展家庭活动与发展家庭关系，整合各类资源集中提供给子女，家庭生活的主线也由此围绕着个体的康复、教育、成长与融入等需求展开。因此，孤独症儿童家庭生命周期在符合一般家庭生命周期规律的基础上，是以孤独症儿童为中心、以家庭成员为支点、以需求为导向而围绕着孤独症儿童的生命历程延伸的运动过程。

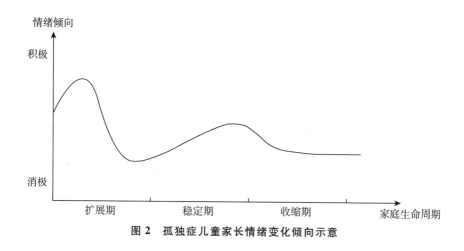

图 2　孤独症儿童家长情绪变化倾向示意

（二）回环结构的提出

通过对个体与家庭的交织关系分析，研究发现在以家庭生命周期为时间尺度、以需求为驱动因素的基础上，两者构成了相互影响且循环往复的内外圈关系。普通家庭的生命周期一般以线性模式为主，但在孤独症儿童家庭中具有高度相似性的事件与需求的重复产生使周期呈现为环形模式。为了更好地分析孤独症儿童家庭生命周期及其动态需求的特殊性，本文提出类似于环扣结构的回环结构概念（胡珊、郑作彧，2022）。"回环"带有循环往复之意，出自《关尹子·四符》："五行之运，因精有魂，因魂有神，因神有意，因意有魄，因魄有精。五者回环不已。"同时，回环作为一种重要的修辞手法能够展现两种事物或情理的相互关系，带有均衡中变通、变化中整齐的含义（刘英凯，1991）。本文参考上述含义，提出双重回环结构以表示孤独症儿童家庭生命周期与动态需求的双重关系，以及孤独症儿童与家庭间的紧密联结所构成的动态循环结构（见图3）。

回环结构所蕴含的循环往复之意有以下三种表现路径。

其一，"人本位"下的需求回环。首先，生命历程是个体化的，这意味着孤独症儿童的生命历程具备其独有的显著性与特征（郑作彧、胡珊，2018）。以个体需求的动态变化作为衡量孤独症儿童生命历程发展的尺度可以发现生存需求始终是其成长过程中的基础需求，在出生与确诊伊始成为主要需求，随后在学龄阶段有所减弱，在成年及老年阶段再次回归成为主

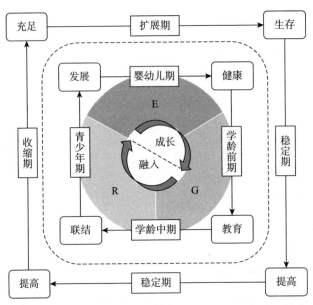

图3 孤独症儿童家庭生命周期与动态需求的双重回环结构

要需求；关系需求与成长需求作为进阶需求伴随着生存需求的变化而进行有规律的调整（见图4）。这种规律性的变动不仅使需求呈现循环变化与互相补充的特征，也影响着儿童生命历程中发生的事件与产生的感受。

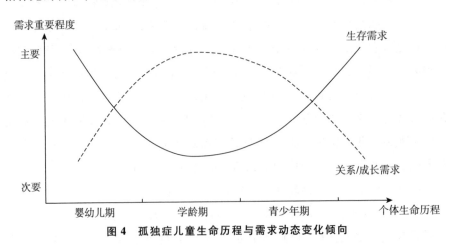

图4 孤独症儿童生命历程与需求动态变化倾向

　　其二，"家本位"下的代际回环。环扣结构与世代叠加是"家本位"下中国人生命历程的显著特征（胡珊、郑作彧，2022）。孤独症儿童需求的循环变化会对其他家庭成员的生命历程造成影响，进而改变家庭系统在不同阶段中的应对模式与关系结构。例如，孤独症儿童的成长与发展离不开祖辈的教育与照顾，当祖辈的介入改变原有的家庭结构时，其他家庭成员的生活轨迹也会发生变化。这种由个体需求变化导致的家庭结构调整，进而影响其他个体生活的循环作用关系在孤独症儿童家庭生命周期内不断地重复。

其三，"社本位"下的支持回环。生命历程是时序化的，"序"强调并突出了社会时间对一般人所做出的有秩序的、有规律的、有节奏的安排（郑作彧、胡珊，2018）。但是孤独症儿童本身无法满足绝大部分的社会期望，在通过扮演一般性的社会角色以实现个人与社会发展方面存在显著的障碍。因此，政府与社会希望通过"全生命周期"模式支持这类特殊儿童，这种全生涯、长周期、多维度的规划体现出社会支持的循环性与补充性。目前，全生命周期的服务内容主要集中在低龄孤独症儿童及其家庭上，对大龄儿童与成年人群的服务尚且没有达到理想的水平。

综上所述，本研究提出的回环结构包含循环、依赖与补充三层重要含义。循环包括儿童、照顾者、家庭与社会等不同主体的内外影响关系；依赖指在回环结构下，各主体间存在着"牵一发而动全身"的强烈依赖与相互作用关系；补充指上述主体间的互相弥补与联合使家庭结构保持在一个相对平衡稳定的状态。

（三）回环结构的讨论

本研究勾画了孤独症儿童从婴幼儿期、学龄前期、学龄中期至青少年期的四阶段生命图谱，其中以健康、教育、联结和发展为四类主要需求，契合 ERG 需求的变化规律。由于孤独症儿童家庭及其监护人的生活轨迹受到患儿病症的深刻影响，家庭生命周期理应建构在个人生命历程基础上。孤独症儿童经历的成长阶段分别对应家庭生命周期的扩展期、稳定期与收缩期，并以生存、充足和发展为三个主要需求维度。由此本文通过个体生命历程与家庭生命周期的结合反映家庭生活轨迹及需求变化的规律性与动态性，构建出孤独症儿童家庭生命周期与动态需求的回环结构。

首先，本研究对"动态性"的刻画围绕生存、关系与成长三个维度的需求主题。动态变化的需求在相对稳定的生命周期中不断地交替与演变，依照"受挫-回归"与"满足-上升"的规律运转，以生存-提高-充足为整个家庭在子女婴幼儿期至青少年期中的主要发展方向。周飞舟等认为分家与父母的在世与离世无根本联系，而是与后代的结婚生子密切相关，但在孤独症患者家庭中分家意味着孤独症子女将失去最亲近的依赖者，即必须面临父母的离世与独立生存（周飞舟、余朋翰，2022）。"合中有分、分中有合"的亲子关系在孤独症患者家庭中转变为"难分难合"，亲子均无法完全摆脱和离开对方生活（王跃生，2020）。因此，生存需求作为孤独症儿童最重要的核心需求伴随着个体与家庭的成长与发展，是其生命历程中唯一具有持续性的需求。本研究以生存需求为基础、以关系需求与成长需求为进阶所建立的回环结构能够更好地解释孤独症儿童的需求特征，以需求和问题反映纵向尺度的演变，进而帮助明晰不同阶段中个体需求变化导致的家庭系统变化。

其次，与陆奇斌等（2014）所提出的孤独症患者家庭生命周期相比，本研究并没有重新构建新的阶段架构，而是遵循了 Click（1947）提出的经典理论，印证了孤独症患者家庭生命周期围绕个体与家庭需求进行延续与变化的性质。这种新旧结合、旧中求新的研究方式不仅能够为相关研究提供借鉴，也能帮助专业领域外的家长、机构负责人、学校教师等更好地识别家庭所处的困境。其中，尤其需要注意两种家庭关系——夫妻关系与祖孙关系。以往对孤独症患者家庭的研究中亲子关系是学者们热衷关注的焦点。但在孤独症核心家庭中家长与亲属网络保持着密切互动，夫妻与祖孙关系的重要性不容忽视，三者共同构成了这一类特殊家庭的三角结构并衍生出不同的需求方向（马春华等，2011）。

孤独症患者家庭中的夫妻关系与普通家庭生命周期中表现出的不规则"U"形变化趋势相比，显示出更多的不稳定性（童辉杰、黄成毅，2015）。例如，其低谷期的持续时间由子女学龄期延长至青少年期。由于子女无法独立生活，夫妻所扮演的家庭角色强度无法减弱，收缩期的重心依旧保持在子女与家庭中（Rollins & Cannon，1974）。夫妻间互动的机会并没有增加，长期高压的生活容易引发家庭生活中的矛盾。当夫妻关系受到冲击时，祖辈的介入作为重要的调节剂能够缓解夫妻关系紧张程度与照护压力，祖孙关系将发挥重要的替代作用，影响孤独症子女的成长进程与节奏（刘丽、张日昇，2003）。本研究发现三种关系在家庭生命周期的演变基础上依次发生变化与转折，对个体的身心健康施加积极或消极的影响，提示专业支持的介入应根据不同阶段中的关系侧重点设计有针对性的服务。

最后，本文在理论应用与模型建构上，将经典家庭生命周期理论与ERG 需求理论进行结合，拓展了其在孤独症患者家庭中的应用，研究结果可以通过比较的方式运用至分析其他类似的心智障碍家庭的相关研究中。在孤独症患者家庭生命周期中，夫妻生命历程事件不再是划分阶段的唯一标志，子女的成长历程也成为周期与阶段划分的重要依据（王跃生，2011）。家长能够在家庭中体验到交织的复杂感受：类似于空巢家庭和失独家庭中家长无法与子女联结，从而在亲情上体会到的失落感和孤独感；单亲家庭和丧偶家庭中家长独立抚养子女，在生活的重担下感受到的无力感与疲惫感。诸如养老照护的提前和子女离家独立生活时间的无限推迟等错序事件会让家庭成员产生逆社会时钟的感受。这种与社会时钟安排相比发生偏差的历程致使家庭与个体在原有的阶段中提前或延后产生对应的需求，从而增加了满足家庭需求的难度。通过梳理不同孤独症患者家庭的相关研究，本研究提出的回环结构能够帮助其他类似家庭提前识别未来将要面临的问题，不让他们再走前人踩过的"坑"。

（四）展望

从孤独症儿童出生到确诊伊始，整个家庭的活动便沿着"康复-失望-康复-希望"的轨迹不断重复。以普通人的视角观察孤独症患者家庭，一个特殊的孩子可能对家长乃至整个家族都是打击，会带来沉重的压力。但在亲身经历后的父母们看来却是"失之东隅，收之桑榆""同居同财"的生活，不会使孤独症患者家庭分化为小家庭并弱化成员间的联系，子女能够长时间驻留在父母身边，使父母双方的角色始终保持着有效性，一种无声且特殊的"孝"在精神与心理慰藉层面给予了家长较大的慰藉（周飞舟、余朋翰，2022；李珍、辜胜阻，1984）。面对提升个人生命质量、增强家长照顾体验与家庭生活福祉的"三位一体"问题，社会工作者在其中大有可为。一方面，社会工作者可以参照个体生命历程与家庭生命周期中的关键节点为孤独症儿童及其家庭提供转衔服务，例如当孤独症儿童在青少年期面临毕业与就业的节点时，社会工作者通过扮演职业规划师的角色可以发挥信息互通与资源链接的作用以帮助解决就业难题，祛除家长的心头病，为收缩期中的"闭眼工程"添砖加瓦。另一方面，依托社会工作力量介入学校、医院、机构等场域可以更好地挖掘场域内的人力资源与环境优势，根据不同家庭的所处阶段与形态特征链接针对性支持，延长喘息服务的时间，提高家长的信任度与满意度。

在微观层面细致探讨孤独症患者家庭同质性与特殊性的基础上，也不能忽视从"家庭"出发理解宏观社会结构下的社会民情构成与变迁的过程（肖瑛，2020）。以家庭为单位构建孤独症儿童社会支持及融入体系不仅能够满足其需求，还能帮助家庭成员缓解内外压力，促进家庭系统的良性运转。党和国家提出的"民生七有"中的幼有所育、学有所教与劳有所得对应了孤独症儿童家庭生命周期中的扩展期、稳定期与收缩期三个阶段，也是儿童从婴幼儿期至青少年期的生活主题。面对我国庞大的人口基数，孤独症儿童的相关权利迫切需要得到切实保障，不能让其越长大越游离在社会之外。具体的家庭政策是动态且非系统性的（肖瑛等，2023）。社会工作者针对孤独症儿童家庭的支持与服务可以参考具有类似经历家庭的方式方法，根据不同家庭呈现的结构特点从"社区服务+居家服务"、"社会参与+机构服务"、"服务购买+居家服务"和"代际互惠+就近居住"等中选取适宜的策略（丁仁船、张航空，2013）。通过构建"政府托底、家庭能动、社会援助、市场供给"的社会支持体系，为孤独症儿童及其家庭营造一个更加友好和包容的社会环境，真正实现"幼有所育"、"学有所教"与"劳有所得"的目标。

参考文献

曹娟、安芹、陈浩（2015）："ERG 理论视角下老年人心理需求的质性研究"，《中国临床心理学杂志》第 2 期，第 343~345、284 页。

陈陈（2002）："家庭教养方式研究进程透视"，《南京师大学报》（社会科学版）第 6 期，第 95~103、109 页。

陈顺森、白学军、张日昇（2011）："自闭症谱系障碍的症状、诊断与干预"，《心理科学进展》第 1 期，第 60~72 页。

陈向明（2000）：《质的研究方法与社会科学研究》，北京：教育科学出版社。

陈一心、詹明心、濮正璋（2010）："孤独症儿童父母的心理特征与心理支持"，《中国儿童保健杂志》第 10 期，第 736~738 页。

谌小猛、李敏（2011）："特殊儿童家庭亲职教育需求的调查研究"，《中国特殊教育》第 1 期，第 4~11、17 页。

丁仁船、张航空（2013）："独生子女家庭结构演变与养老方案选择研究——以安徽省为例"，《南方人口》第 2 期，第 65~71 页。

杜晨阳（2018）："自闭症谱系障碍儿童的家庭同胞关系及改善策略"，《现代特殊教育》第 16 期，第 71~75 页。

韩家伟、石学云（2024）："我国孤独症儿童家庭需求研究综述"，《现代特殊教育》第 2 期，第 42~46、78 页。

胡珊、郑作彧（2022）："中国人生命历程的环扣结构与世代叠加"，《中国社会科学评价》第 4 期，第 95~108、157 页。

华红琴、曹炎（2019）："信念、沟通与联结：自闭症儿童家庭抗逆力生成研究"，《社会工作》第 3 期。

黄辛隐、张锐、邢延清（2009）："71 例自闭症儿童的家庭需求及发展支持调查"，《中国特殊教育》第 11 期，第 43~47 页。

黄燕虹（2009）："家长过度补偿对学前儿童的影响"，《浙江青年专修学院学报》第 2 期，第 40~41 页。

金艳、马晓晓、陈新茹（2020）："孤独症儿童家长孤独症广泛表型和家庭功能与社交回避及苦恼的关系"，《中国心理卫生杂志》第 3 期，第 234~236 页。

李丹虹、林璇、余伟、梁名慧（2018）："父母教养方式对自闭症儿童社会性发展的影响研究"，《现代特殊教育》第 16 期，第 76~80 页。

李学会（2018）："自闭症儿童对家庭的影响及家庭应对策略：基于文献回顾的理解框架"，《社会工作与管理》第 4 期，第 34~39 页。

李珍、辜胜阻（1984）："家庭生命循环初探"，《社会》第 3 期，第 14~17 页。

林云强、秦旻、张福娟（2007）："重庆市康复机构中自闭症儿童家长需求的研究"，《中国特殊教育》第 12 期，第 51~57、96 页。

刘丽、张日昇（2003）："祖孙关系及其功能研究综述"，《心理科学》第 3 期，第 504~507 页。

刘蔓（2020）："公共图书馆自闭症群体服务研究"，《图书馆工作与研究》第 1 期，第 101~106 页。

刘鹏程、刘金荣（2018）："自闭症群体的家庭需求与支持体系构建"，《学术交流》第 8 期，第 113~121 页。

刘英凯（1991）："汉英'回环'修辞格探微"，《现代外语》第 3 期，第 9~15、72 页。

陆奇斌、张强、付愈（2014）："自闭症家庭权利保护研究——基于自闭症家庭个案"，《残疾人研究》第 2 期，第 54~59 页。

马春华、石金群、李银河、王震宇、唐灿（2011）："中国城市家庭变迁的趋势和最新发现"，《社会学研究》第 25 期，第 182~216、246 页。

梅越、高兴慧、李鹏、赵德虎、王琳琳（2023）："孤独症儿童父母连带污名对亲子关系的影响：心理弹性的中介作用与家庭嘈杂度的调节作用"，《中国健康心理学杂志》第 1 期，第 13~19 页。

牟劲松、周海山、冯战桂、黄诗雅、汪育东（2023）："家庭亲密度和适应性与学龄前儿童孤独症特质关系的研究"，《实用预防医学》第 1 期，第 39~43 页。

钱晟、徐勇、颜博秋、徐鑫、王英全、李佳钰、贾瑞霞、李静（2020）："家庭养育环境与儿童孤独症特质的关系"，《中国儿童保健杂志》第 1 期，第 82~85 页。

申仁洪（2017）："家庭本位实践：特殊儿童早期干预的最佳实践"，《学前教育研究》第 9 期，第 14~24 页。

宋林飞（2009）：《社会调查研究方法》，南京：江苏教育出版社。

童辉杰、黄成毅（2015）："中国人婚姻关系的变化趋势：家庭生命周期与婚龄的制约"，《湖南社会科学》第 4 期，第 94~98 页。

汪招霞、刘勤为、罗贝贝、陈京军（2016）："儿童自闭症对家庭关系的影响"，《当代教育理论与实践》第 12 期，第 129~131 页。

王全美（2011）："基于 ERG 需要理论的新生代农民工市民化路径分析"，《农村经济》第 10 期，第 111~114 页。

王跃生（2011）："家庭生命周期、夫妇生命历程与家庭结构变动——以河北农村调查数据为基础的分析"，《社会科学战线》第 6 期，第 176~190 页。

王跃生（2020）："直系组家庭：当代家庭形态和代际关系分析的视角"，《中国社会科学》第 1 期，第 107~132、206~207 页。

卫宁、曾艳玲、蒋娜（2024）："家长医患沟通效能对孤独症谱系障碍儿童康复效果的影响"，《中国康复理论与实践》第 5 期，第 577~585 页。

魏寿洪、王雁（2015）："美国整合性游戏团体疗法在自闭症谱系障碍儿童干预中的应用"，《中国特殊教育》第 3 期，第 39~45 页。

吴莹（2023）："从'去家庭'到'再家庭化'：对困境儿童福利政策的反思"，《社会建设》第 10 期，第 29~41、56 页。

武丽杰（2024）："我国孤独症谱系障碍相关的政策地图及启示"，《中国儿童保健杂志》，第 1~6 页。

肖瑛（2020）："'家'作为方法：中国社会理论的一种尝试"，《中国社会科学》第 11 期，第 172~191、208 页。

肖瑛、郭琦、符佳佳、王东晖（2023）："家与社会治理：价值、方法、对象和主体"，《学术月刊》第 55 期，第 115~127 页。

熊妮娜、杨丽、于洋、侯嘉川、李佳、李圆圆、刘海荣、张颖、焦正岗（2010）："孤独症、肢体残疾、智力残疾儿童家庭经济负担调查"，《中国康复理论与实践》第 8 期，第 785~788 页。

徐慧、张建新、张梅玲（2008）："家庭教养方式对儿童社会化发展影响的研究综述"，《心理科学》第 4 期，第 940~942、959 页。

徐胜、王晶莹、蒲云欢（2016）："自闭症儿童家长对教育成效的评估及期望"，《学前教育研究》第 9 期，第 40~47 页。

杨菊华（2022）："生命周期视角下的中国家庭转变研究"，《社会科学》第 6 期，第 154~165 页。

张晓霞（2021）："家庭功能与孤独症儿童共情的关系：教养方式的多重中介作用"，《昆明学院学报》第 4 期，第 84~90 页。

赵芳（2008）："家庭治疗：一种分析人类行为的新框架"，《南京师大学报》（社会科学版）第 1 期，第 105～109 页。

赵芳、刘潇雨（2017）："家庭信念、父母参与及其双向整合视角的社会工作介入——以自闭症儿童家庭介入为例"，载王思斌主编《中国社会工作研究》（第十四辑），北京：社会科学文献出版社第 91～112、210 页。

赵亚楠、李智文、李琳、关春荣、假玉芳（2023）："中国 0～6 岁儿童孤独症谱系障碍筛查患病现状"，《中国生育健康杂志》第 34 期，第 423～428 页。

郑作彧、胡珊（2018）："生命历程的制度化：欧陆生命历程研究的范式与方法"，《社会学研究》第 2 期，第 214～241、246 页。

周飞舟、余朋翰（2022）："家中有家：'分家'的理论探源"，《中央民族大学学报》（哲学社会科学版）第 49 期，第 58～69 页。

周森森（2018）："ERG 理论视角下孤残儿童融入寄养家庭的需求分析"，《劳动保障世界》第 8 期，第 29、31 页。

朱宏璐、尤梦菲（2021）："孤独症人士'被替代决策'向'支持性自主决策'的转型"，《残障权利研究》第 1 期，第 99～107、263～264 页。

Alderfer, C. P. (1969). "An Empirical Test of a New Theory of Human Needs." *Organizational Behavior and Human Performance* 4 (2)：142-175.

Bennett, T. , DeLuca, D. A. , & Allen, R. W. (1996). Families of Children with Disabilities：Positive Adaptation Across the Life Cycle. Children & Schools 18 (1)：31-44.

Braun, V. , & Clarke, V. (2023). "Is Thematic Analysis Used Well in Health Psychology? A Critical Review of Published Research, with Recommendations for Quality Practice And Reporting." *Health Psychology Review* 17 (4)：21-24.

Bronfenbrenner, U. (1979)："Beyond the Deficit Model in Child and Family Policy." *Teachers College Record：The Voice of Scholarship in Education* 81 (1)：1-6.

Georgiades, S. , et al. (2022). "Trajectories of Symptom Severity in Children with Autism：Variability and Turning Points through the Transition to School." *Journal of Autism and Developmental Disorders* 52 (1)：1-10.

Glick, P. C. (1947)："The Family Cycle." *American Sociological Review* 12 (2)：164-174.

Rollins, B. C. , & Cannon, K. L. (1974)："Marital Satisfaction Over the Family Life Cycle：A reevaluation." *Journal of Marriage and the Family* 36 (2)：271-282.

Shivers, C. M. , Sonnier-Netto, L & Lee, G. K. (2019)："Needs and Experiences of Family Caregivers of Individuals With Autism Spectrum Disorders Across the Lifespan." *Journal of Policy and Practice in Intellectual Disabilities* 16 (1)：21-29.

Tucker, C. J. , McHale, S. M. & Crouter, A. C. (2001)："Conditions of Sibling Support in Adolescence." *Journal of Family Psychology* 15 (2)：254 .

Turnbull, A. P. , & Turnbull, H. R. (1990). *Families, Professionals, and Exceptionality：A Special Partnership.* Merrill.

U. S. Government Accountability Office (1980). The Education for All Handicapped Children Act of 1975.

留守经历与儿童积极发展：经验证据与社会工作介入路径[*]

崔宝琛^{**}

摘 要 留守是儿童发展过程中遭遇的一种逆境，当前有关留守是否对农村儿童产生影响以及产生了何种影响的探讨尚未形成一致结论。本文运用倾向值匹配方法对湖北省和安徽省的欠发达农村地区儿童发展调查数据进行分析，探讨了留守经历对农村留守儿童积极发展的影响。研究发现：留守经历对儿童积极发展的总体情况及能力、品格、自信的发展情况均存在不同程度的负向影响，但对关爱维度的影响并不显著，而且留守经历也是造成有/无留守经历两类儿童之间存在发展差距的原因之一。留守经历对儿童积极发展的影响存在差异。就留守模式来看，父亲外出务工对儿童积极发展的影响主要体现在自信上，而双亲外出务工对儿童积极发展的影响范围更广、程度更深；就留守初始阶段来看，0~3岁阶段开始留守的显著影响主要体现在品格和自信两个维度上，7岁及以后开始留守的显著影响主要体现在能力和自信两个维度上，而4~6岁阶段开始留守对儿童积极发展的显著影响只表现在自信维度上，但对自信维度的不良影响最深。基于此，社会工作促进留守儿童积极发展的路径应兼顾问题预防与促进发展，加强对父母/监护人的亲职培训，完善留守儿童社会支持网络，充分发挥政策倡导功能。

关键词 农村留守儿童 留守经历 留守初始阶段 留守模式 积极发展

一 引言

改革开放 40 多年来，中国社会从安土重迁的乡土中国向人口流动的迁

---

* 天津市哲学社会科学规划青年项目"新时代志愿服务发展的激励机制研究"（编号：TJS-RQN23-003）的成果。

** 崔宝琛，天津社会科学院社会学研究所助理研究员，研究方向为儿童福利、社会工作。

移中国转变（段成荣等，2020），但现阶段城乡二元结构作为一种区隔机制阻碍了农村劳动力举家迁移的进程，由此催生了农村留守儿童群体。特别是由于劳动力转移与劳务输出地欠发达程度密切相关（Portes & Rumbaut，2006：3-19），农村儿童留守现象在欠发达农村地区更为普遍。根据《中国流动人口发展报告2018》，农村留守儿童在学龄前阶段与一般儿童相比不存在显著的发展差异，但他们在情绪控制、注意力、社会适应能力等方面的问题会随着年龄增长逐渐显现①。可见，留守对儿童发展的影响并不会随着留守状态结束而消失，其滞后性和长期性凸显了关注童年期留守经历的重要意义。

留守经历是不良童年经历（Adverse Childhood Experiences，ACEs）的一种特殊表现，特别是发生在生命历程早期阶段且持续时间较长的不良童年经历，对儿童生理和心理健康的威胁更大。然而，部分经历了严重逆境的儿童表现出了一定的适应力，其身心发展在成年后未受到损伤甚至仍能够实现积极发展（Garmezy，1993；Werner，1995）。这可能是由于农村留守儿童群体内部具有异质性，其在生存与发展机会方面呈现多元态势。一方面，留守对儿童发展的影响会因留守发生阶段、留守时长、留守模式以及父母外出务工距离等因素而存在差异（姚远、张顺，2018；胡枫、李善同，2009）；另一方面，问题视角下研究者关注的是留守儿童出现了哪些问题以及如何减少问题出现，但留守儿童能够运用抗逆力在不利环境中调整和适应（范燕宁，2006；同雪莉，2019）。综上，当前有关留守是否对儿童发展产生不良影响的探讨尚未形成一致结论，仍需更细致深入的实证研究。

社会工作在改善留守儿童生活状态、促进留守儿童发展等方面发挥了重要作用。2017年，民政部等5部门印发的《关于在农村留守儿童关爱保护中发挥社会工作专业人才作用的指导意见》明确了社会工作专业人才在农村留守儿童关爱保护中的主要任务，例如促进农村留守儿童人格健康发展、社会交往和社会适应能力提升等。2023年，民政部联合14部门印发的《农村留守儿童和困境儿童关爱服务质量提升三年行动方案》，要求到2026年以儿童需求为导向的农村留守儿童关爱服务工作更精准高效，农村留守

---

① 《国家卫生健康委员会2018年12月22日新闻发布会散发材料之八：中国流动人口发展报告2018内容概要》，http://www.nhc.gov.cn/wjw/xwdt/201812/a32a43b225a740c4bff8f2168b0e9688.shtml。

儿童生存、发展、受保护、参与等权利得到更充分的保障。在我国儿童福利事业深入发展的新阶段，社会工作以其专业价值理念和方法回应留守儿童的发展需要，激发他们的潜能，是落实留守儿童关爱保护有关政策和方案的重要路径。

实践性和服务性是儿童社会工作的基础所在，摸清和掌握留守儿童在积极发展方面的需要，明确留守经历及其不同亚类对儿童发展的哪些方面产生了影响，能够为社会工作促进留守儿童积极发展的介入路径提供重要依据。因此，本文通过对湖北省恩施市和安徽省金寨县农村儿童发展调查数据进行分析，考察留守经历是否会对农村留守儿童积极发展产生影响，以及产生了何种影响，并进一步探讨，不同留守初始阶段、留守模式对农村留守儿童积极发展的影响是否存在异质性。

二 研究回顾与研究假设

留守现象是我国近 20 年来的热点研究议题，随着农村留守儿童新情况、新问题的出现，相关研究不断深入并呈现以下发展趋势。一是研究进路与研究视角的转向，反映了对微观和宏观的双重聚焦。社会工作的干预目标是个人与社会的交界面（何雪松，2020），侧重宏观的研究者反思制约个人选择和机会的社会结构，主张推动社会福利和社会政策变迁（赵万林，2017）。侧重微观的研究者关注农村留守儿童的需要，主张提供保护性和发展性服务促进这部分儿童的发展。二是研究视野的横向拓展与纵向延伸，反映了研究者对留守内涵的挖掘。在横向拓展上，在留守儿童群体内部、留守儿童与非留守儿童之间建立了比较框架；在纵向延伸上，关注留守经历的长期影响，细化留守对儿童发展影响机制的研究（梁昆等，2019：26）。

（一）社会工作介入留守儿童发展的进路与视角

需要为本的社会工作模式主张从人的生命历程和社会结构中探寻需要无法满足的原因（廖文伟等，2018），社会工作介入留守儿童发展的研究进路呈现了从宏观社会结构到中观生态系统和微观儿童个体的转变。此外，需要为本的社会工作模式以服务对象的需要为核心，标志着社会工作模式

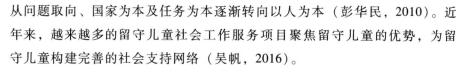

从问题取向、国家为本及任务为本逐渐转向以人为本（彭华民，2010）。近年来，越来越多的留守儿童社会工作服务项目聚焦留守儿童的优势，为留守儿童构建完善的社会支持网络（吴帆，2016）。

1. 留守儿童研究进路转向：从解决思维到应对思维

农村儿童留守是我国经济社会转型时期伴生的一种社会现象，是我国城乡发展不均衡、公共服务不均等、社会保障不完善等问题的表征[①]。因而，研究者从社会结构角度揭示农村儿童留守问题的本质，主张通过摒除城乡二元体制从根本上解决农村儿童留守问题（岳天明，2014），例如深入实施以人为本的新型城镇化战略、促进城乡融合发展以及促进农村公共服务全面增量与提质等。但制度变革的进程通常是渐进式的，而农村留守儿童的发展需要是迫切的，由此研究者认为政策实践应从根除儿童留守问题的解决思维转变成缓解问题的应对思维（叶敬忠，2019），协调个体与环境之间的关系，健全农村留守儿童关爱保护体系，通过推动留守家庭亲缘关系包容性发展、重构农村留守儿童的朋辈群体和师生关系、强化农村留守儿童非正式社区关系网络，使农村留守儿童在他助、互助与自助的生态关系建构中实现良好发展（王进文、张军，2018）。侧重微观分析的研究者认为，给予留守儿童一定的关爱和帮助只是暂时的支持行为，秉持助人自助理念，为留守儿童增能才是重中之重（魏晓娟，2015；凌宇等，2016），相关干预研究聚焦留守儿童能力提升，涉及希望感（吴佳慧、苗春凤，2023）、抗逆力（周晓春等，2021）等。儿童实现良好发展体现在多个方面，现有研究多是聚焦某一方面展开，而积极发展关注儿童采取行动的能力、认知能力、建立目标和抉择能力、抗逆能力、社交能力、分辨是非能力等多种潜能（Catalano et al.，2004），多维度地反映了儿童发展的情况。

2. 留守儿童研究视角转向：从问题缺陷到积极发展

学界围绕农村留守儿童发展议题展开的探讨初期从问题视角出发关注儿童的发展情况，认为儿童具有依赖性且易受外部环境影响。留守儿童因父母外出务工而长期处于离散化的家庭结构中，在发展过程中面临较多风险与困境。问题视角在推动农村留守儿童研究发轫与发展过程中做出了重

---

① 《国务院关于加强农村留守儿童关爱保护工作的意见》，http://www.gov.cn/zhengce/content/2016-02/14/content_5041066.htm。

要贡献（王晓慧、胡金平，2011），也正是对问题严重性的强调促使农村留守儿童群体获得了更多社会关切。然而，针对留守儿童心理、行为失范问题开展的服务属于对异常留守儿童的干预或治疗，只能作为留守儿童关爱保护政策的末端环节而非主体（董才生、马志强，2017），而且减少问题出现的概率并不意味着儿童实现了积极发展。

20世纪90年代，积极青少年发展理论（Positive Youth Development，PYD）兴起挑战了问题视角在儿童发展领域的主导地位。积极发展是儿童理解并作用于环境的能力不断提高的过程，指促进儿童达到全面、健康、成功发展的一套原理、方法及实践（Hamilton，Hamilton，& Pittman，2004：3-22）。积极青少年发展理论认为即使是处境不利的儿童也具有积极发展的潜能，应着眼于儿童发展过程中的潜在可塑性而不仅仅是减少问题本身，并且对于当前发展良好的儿童而言没有问题并不等于有足够的预备，这部分儿童也需要强化自身能力以更好地应对未来发展过程中可能遭遇到的风险（Lerner，2002）。此外，有鉴于儿童福利领域的资金分配、项目实施、组织社会力量会更多地向中西部地区倾斜，摸清和掌握中西部儿童的发展情况和发展需要能够提升儿童福利供给的精准性。

（二）留守与儿童发展：收入效应和分离效应

家庭作为儿童早期社会化的第一场所，对儿童发展有着直接影响。家庭环境由以家庭社会经济地位为代表的表层特征和以亲子关系为代表的深层特征构成，留守则可能通过收入效应和分离效应影响家庭的表层和深层特征进而作用于儿童发展。

收入效应认为外出务工有助于增加父母对儿童的资源投入进而对儿童发展产生影响。在学业成就方面，父母外出务工能够接触到更为开放的教育理念并改进自身教养方式、增强投资于儿童教育的意愿，研究者将其称为社会性汇款（social remittances）（Levitt，1998）。而且在教育投资偏好稳定的情况下，父母外出务工还能够通过提高家庭经济收入水平和教育投资能力降低留守儿童的辍学率，并使其获得更优质的教育资源（周春芳等，2021）。然而，也有研究发现留守儿童的辍学率在人口大量流出的农村社区不降反增，这是因为社区打工文化和家庭教育中传递的城市经验潜移默化地影响着儿童的认知，使他们低估了教育的价值，提前终止学业并复制父母的人生轨迹——外出务工（潘璐、叶敬忠，2014）。此外，父母外出务工带来的收入水平提升在迁移早期阶段可能因工作不稳定而波动，经济危机也会使劳动力市场收入锐减甚至中断导致儿童辍学（Alcaraz et al.，2012）。在健康水平方面，父母外出务工带来的家庭收入水平提升能够为儿童提供更高质量的营养保障和医疗卫生服务，从而提高儿童的身体健康水平（Suárez-Orozco et al.，2011）。

分离效应认为外出务工造成的亲子分离迫使父母一方或双方在儿童发展过程中不同程度缺位（parent absent），对儿童发展产生影响。有研究认为外出务工限制了父母对留守儿童的时间投入，导致儿童在发展关键期无法及时得到来自父母的监护照料、教育引导以及精神慰藉，部分留守儿童还要牺牲学习和娱乐时间承担农业生产与重体力家务劳动（李长洪、王智波，2015）。不仅如此，物理空间上的分离带来的亲子互动频率下降还可能拉大父母与留守儿童在心理社会空间上的距离，由此导致的家庭社会资本匮乏将进一步制约高质量人力资本的形成。但也有研究指出现代信息通信技术的发展使家庭成员之间的互动不必依赖于家庭实体形式的存在（Madianou and Miller，2011），外出务工的父母对儿童施加影响的时间和空间由此得到拓展，他们依然可以塑造自身作为有效父母的角色，留守儿童也能够通过跨时空的情感联结更深刻地理解父母外出务工的艰辛。

父母外出务工对儿童发展的影响取决于收入效应和分离效应的综合作用。社会经济地位较低往往是欠发达农村地区家庭中父母外出务工的重要促因，也正是受到家庭经济条件的限制，他们对于外出务工所得有着明显的消费优先顺序，且更倾向于用来提升家庭生活水平而非投资于儿童发展。这使得儿童在父母外出务工后获得的发展机会并未显著增加，却因与父母"聚少离多"而处于亲情饥渴状态，即分离效应带来的负面影响超过了收入效应带来的正面影响，制约着农村留守儿童的发展。综上，本研究提出如下假设：

假设1：留守经历负向预测农村留守儿童的积极发展情况。

（三）留守的异质性与儿童发展

留守儿童群体的核心特征之一是亲子分离，包含了分离形式、分离时机以及分离时长等丰富意涵，研究有必要据此呈现留守儿童群体内部不同留守儿童之间的差异性。

1. 留守模式与儿童发展

家庭作为一个完整的抚育团体应当包括两性合作，中国农村家庭"男主外，女主内"的传统性别分工模式使男性较女性而言投入儿童照料的时间较少，但随着社会文化和养育方式变迁，既能为家庭提供经济保障又能为儿童提供情感关怀和生活照料的"新父亲"（new father）、"参与型父职"（involved father）被更多地提倡，母亲参与劳动力市场并贡献于家庭经济的重要意义也逐步凸显。角色分工的变化使得儿童的留守模式愈发多样，而不同留守模式会通过影响亲子依恋关系进而对儿童发展产生差异化影响。

独立假说（independence hypothesis）认为父子依恋和母子依恋分别影响儿童发展的不同方面或对同一发展方面具有不同程度的影响。研究发现，儿童的生长发育更适合由母亲照料，而且母亲在儿童日常生活照顾上的卷入程度也更高（Updegraff et al. ，2009），母亲外出务工对儿童健康有显著负面影响而仅父亲外出务工对留守儿童的健康则不会产生显著影响（李强、臧文斌，2010）；相似地，仅父亲外出务工对留守儿童学习成绩和时间配置方面的冲击也较小甚至不会产生显著影响（许琪，2018）。此外，母亲较为重视情感支持给予与亲密关系培养，更倾向于鼓励儿童进行情绪表达并据此做出建设性回应，而父亲作为儿童链接外部环境资源的桥梁在帮助儿童独立、勇敢面对新环境方面发挥了更重要的作用，他们倾向于在游戏中鼓励儿童独自探索、培养儿童的自主性（Coyl-Shepherd and Newland，2013）。因而，母子依恋对儿童的情绪调节能力影响更大（Girme et al. ，2021），而父子依恋对儿童社会适应发展的相对贡献则大于母子依恋（Lux & Walper，2019）。综上，本研究提出如下假设：

假设2：不同留守模式对农村留守儿童积极发展的影响存在差异。

整合假说（integrative hypothesis）认为父子依恋和母子依恋可以被整合到一个依恋表征结构中对儿童发展产生综合影响。依据母子依恋和父子依恋安全性的不同组合可以分为双重安全依恋、双重非安全依恋、母亲安全-父亲非安全依恋、父亲安全-母亲非安全依恋四种形式。研究发现，儿童拥有的安全型依恋关系越多其发展结果就越理想（Dagan and Sagi-Schwartz，

2018）。双重非安全依恋的儿童面临的风险最大、发展结果最差，而双重安全依恋的儿童发展结果最优，他们通常比双重非安全依恋的儿童拥有更高的自尊水平、更积极的自我评价、更强的社交能力（Al-Yagon et al.，2016）。然而，现有研究的分歧在于多重安全型依恋关系是否比单一安全型依恋关系更有利于儿童发展。有研究发现，拥有多重安全型依恋关系的青少年相较于拥有单一安全型依恋关系的青少年，问题行为水平较低、适应性更强（Umemura et al.，2018）；但也有追踪研究发现，拥有双重安全型依恋关系的儿童与只有一种安全型依恋关系的儿童相比，其行为问题不存在显著差异，这可能是因为与父母中一方形成的安全型依恋关系能缓冲或补偿与另一方形成的不安全型依恋关系对儿童发展的负面影响（Kochanska and kim，2013）。综上，本研究提出如下假设：

假设 3.1：有双亲外出务工经历的农村留守儿童积极发展情况最差，无留守经历的农村儿童积极发展情况最好，有单亲外出务工经历的农村留守儿童积极发展情况介于中间。

假设 3.2：有双亲外出务工经历的农村留守儿童积极发展情况最差，有单亲外出务工经历的农村留守儿童与无留守经历的农村儿童相比，其积极发展情况不存在显著差异。

2. 留守初始阶段与儿童发展

留守时间长短对儿童发展的差异化影响已为研究者所关注。研究发现，父母外出务工带来的收入效应和分离效应对儿童发展的影响具有先来后到的顺序，短期来看父母外出务工对农村留守儿童的负面影响更明显，而长期来看效应并不明确（王亚军等，2021）。但也有研究发现父母外出务工时间的长短对农村留守儿童的主观和客观福祉均无显著影响（唐有财、符平，2011）。研究结论存在分歧可能是未区分留守初始阶段早晚所致。因此，本研究梳理了留守初始阶段影响儿童发展的两种竞争性解释机制——依恋中断机制和抗逆力挑战模型。

依恋中断机制（attachment disruption）认为留守初始阶段会通过影响依恋关系的安全性进而作用于儿童发展。依恋理论的奠基者鲍尔比（Bowlby，1982）指出，儿童在亲子互动中会根据父母对自己的反应评估自身被接受的程度，形成有关自我、父母及亲子关系的认知表征，即内部工作模型。

这种内部工作模型会在儿童与他人建立关系时复现并影响儿童在青少年期乃至成年期的角色表现。亲子依恋的安全性取决于父母对儿童的反应和儿童对父母可获得性的认知（岳建宏等，2010）。共同在场有助于在儿童早期发展阶段塑造具象父母，使亲子之间基于互动交流和触觉经验建立安全型亲子依恋关系（Brumariu and kerns，2010），而外出务工不仅会挤压亲子互动的时间和空间，还会使儿童反复经历与父母的分离，削弱父母感知儿童需要的敏感度，降低儿童对父母可获得性的自信，阻碍安全型亲子依恋关系的形成。留守初始阶段发生得越早就越有可能影响安全型亲子依恋关系的建立，并进一步导致儿童在当前和未来发展过程中出现不良发展结果（Raudino et al.，2013）。研究发现，在学前期开始留守的儿童的合作倾向低于在青少年期开始留守的儿童（唐胜蓝等，2013），而且随着年龄增长儿童对父母照料的依赖程度降低而自理能力提升，父母外出务工对6岁及以下留守儿童健康的负面影响明显强于对6岁以上留守儿童的影响（苏华山等，2017）。综上，本研究提出如下假设：

假设4.1：留守初始阶段越早，留守对儿童积极发展的影响就越大。

抗逆力挑战模型（challenge model of resilience）认为遭遇中等水平（既富有挑战又非不可超越）逆境的经历，能够使个体获得应对危险的经验、抗逆力水平得到提升，为个体有效调配资源应对将来可能遇到的逆境奠定基础（席居哲、左志宏，2014）。抗逆力随着时间推移逐渐提升的纵向挑战模型又被称作行进发展过程（an ongoing developmental process）（Fergus and Zimmerman，2005）。亲子分离是留守儿童所要应对的逆境之一，但留守儿童具备应对亲子分离的抗逆力，能够调动资源缓冲或抵消逆境带来的不利影响并恢复初始平衡状态甚至达到更高水平的平衡。研究发现，对于抗逆力较强的留守儿童而言，留守经历对其发展的影响会随时间推移而消减（李燕平、杜曦，2016），而抗逆力较弱的留守儿童则会受到留守经历的持续影响（贾勇宏等，2020）。因而，儿童留守发生的初始阶段距离当前时间越近，儿童及家庭受到影响的可能性就越大，而随着时间推移，抗逆力在应对留守冲击的过程中逐步发挥作用并得到提升，留守给儿童发展带来的影响也将逐渐弱化。综上，本研究提出如下假设：

假设4.2：留守初始阶段越晚，留守对儿童积极发展的影响就越大。

三　数据来源、变量设置及分析方法

（一）数据来源

本研究使用的数据来自"益心华泰·一个明天"农村儿童发展调查项目[①]。调查对象为江苏省宿迁市 C 小学、安徽省岳西县 H 小学、安徽省金寨县 S 中学以及湖北省恩施市 L 学校（九年一贯制学校）四所农村学校的儿童。本研究选取初中样本，共 714 份有效问卷，他们全部来自安徽省金寨县 S 中学和湖北省恩施市 L 学校。安徽省金寨县和湖北省恩施市在全面打赢脱贫攻坚战前均为国家扶贫开发工作重点县（市），两地当前虽已摆脱绝对贫困但从经济发展水平和基本公共服务供给水平来看相对贫困问题仍较为突出，因而仍属于欠发达地区；二是初中学龄段的儿童正处于青少年期（11～18 岁），儿童发展具有阶段性特征，成就动机、自律和责任感等重要能力在青少年期更具可塑性（张宪，2020）。

（二）变量设置

1. 因变量

本研究的因变量是儿童积极发展。采用香港理工大学石丹理教授及其团队编制的《中国青少年积极发展量表（简版）》（Chinese Positive Youth Development Scale，CPYDS）测量，简版量表由采取行动能力、认知能力、明确及正面身份、亲社会规范、与重要他人的联系、抗逆能力、社交能力等十个一阶维度构成，十个一阶维度分为能力、自信、关爱、品格四个高阶维度。简版量表包含 31 个条目，其中能力维度共 6 个条目、自信维度共 6 个条目、关爱维度共 6 个条目、品格维度共 13 个条目。所有条目均采用 6 点计分，从 1 = "非常不同意"到 6 = "非常同意"。各一阶维度包含的测量条目分别累加得到该维度的总分，四个高阶维度的得分累加得到积极发展情况总分，得分越高表明儿童发展情况越好。本研究中整体量表的

---

① "益心华泰·一个明天"农村儿童发展调查项目得到华泰证券和爱德基金会支持，项目由南京大学 MSW 教育中心实施，项目主持人为南京大学 MSW 教育中心原主任彭华民教授。

Cronbach's α 系数为 0.928，其中能力、自信、关爱、品格四个高阶维度的 Cronbach's α 系数分别为 0.798、0.862、0.782、0.856，验证性因子分析得到的模型拟合指数为 $\chi^2/df = 2.645$，GFI = 0.913，CFI = 0.938，IFI = 0.938，RMSEA = 0.048，SRMR = 0.048，表明该量表在本研究中具有良好的信度和结构效度。

2. 自变量

本研究的自变量是留守经历、留守初始阶段以及留守模式。通过"你多大的时候爸爸/妈妈开始外出打工？①一直没有外出务工 ②0~3 岁 ③4~6 岁 ④7 岁及以后"两题（一题询问爸爸的务工情况，一题询问妈妈的务工情况）判别儿童是否有留守经历，将上述两道题目同时选择选项"①一直没有外出务工"的样本列为无留守经历儿童，赋值为 0，其余列为有留守经历儿童，赋值为 1。本研究依据留守初始阶段和留守模式对样本进行进一步划分。从留守初始阶段来看，分为无留守经历、0~3 岁开始留守、4~6 岁开始留守、7 岁及以后开始留守四类，依次赋值为 0~3。其中，对于双亲均外出务工的家庭，按照父母中外出务工时间较早的一方计算儿童留守的初始阶段；对于仅父亲或仅母亲外出务工的家庭，使用父亲/母亲开始外出务工的时间计算儿童留守的初始阶段。从留守模式来看，根据父母外出务工的不同组合形式分为无留守经历、与父留守、与母留守、双亲外出四类（见表 1），依次赋值为 0~3。

表 1 留守初始阶段和留守模式情况

单位：人，%

留守初始阶段	人数	占比	留守模式	人数	占比
无留守经历	194	27.17	无留守经历	194	27.17
0~3 岁开始留守	241	33.75	与父留守	24	3.36
4~6 岁开始留守	106	14.85	与母留守	204	28.57
7 岁及以后开始留守	173	24.23	双亲外出	292	40.90
总计	714	100.00	总计	714	100.00

3. 控制变量

控制变量包括个体特征、家庭特征、学校特征及地区特征（见表 2）。其中，个体特征包括儿童年级（0 = 七年级，1 = 八年级，2 = 九年级）、性别

（0＝女生，1＝男生）、民族（0＝汉族，1＝少数民族）；家庭特征包括父亲/母亲受教育水平（0＝小学及以下，1＝初中，2＝高中/职高，3＝大专/本科及以上）、是否独生子女（0＝否，1＝是）、父母婚姻状态（0＝在婚，1＝离异，2＝丧偶）；学校特征包括班级规模（0＝40 人及以下的班级，即小班；1＝40~50 人的班级，即中班；2＝50 人及以上的班级，即大班）①。鉴于样本中两地在人均 GDP、教育支出、生均专业教师数、农业人口从业比等方面均存在差异，为对这些差异进行控制同时避免地区层面其他不可观测变量的影响，本研究纳入地区虚拟变量（0＝湖北省恩施市，1＝安徽省金寨县）对地区效应进行了控制。

表 2　变量的描述性统计

变量名	样本比例（%）（均值）	标准差	变量名	样本比例（%）（均值）	标准差
性别			是否独生子女		
男生	54.90	——	独生子女	17.23	——
女生	45.10	——	非独生子女	82.77	——
父亲受教育水平			班级规模		
小学及以下	18.35	——	大班	20.31	——
初中	61.34	——	中班	72.55	——
高中/职高	17.09	——	小班	7.14	——
大专/本科及以上	3.22	——	民族		
母亲受教育水平			汉族	93.6	
小学及以下	30.95	——	少数民族	6.4	
初中	54.48	——	父母婚姻状态		
高中/职高	11.63	——	在婚	86.42	
大专/本科及以上	2.94	——	离异	11.06	
年级			丧偶	2.52	
七年级	30.11	——			
八年级	36.84	——			
九年级	33.05	——			

① 《农村普通中小学校建设标准》（建标〔2008〕159 号）规定农村初级中学的班额为近期 50 人/班，远期 45 人/班。

（三）分析方法

本文关注的核心议题是留守经历是否会对儿童积极发展产生影响。首先用 OLS 回归模型得到留守经历对儿童积极发展及其各高阶维度效应的基准估计，但仅通过 OLS 回归模型很难直接得出两者关系的"净效应"（Net Effects）。因为父母外出务工而儿童留守可能不是随机的，而是具有系统性的内部差异，如果将父母外出务工而儿童留守视为一种"干预"，那么在接受"干预"前，有留守经历儿童和无留守经历儿童在个体特征、家庭特征、学校特征以及地区特征等因素上就存在差异，这些因素不仅会影响父母外出务工而儿童留守的决策，还会影响儿童积极发展。由混淆因素带来的影响通常被称为选择偏误（Selection Bias），而要相对准确地推断留守经历对儿童积极发展的效应就必须对选择偏误进行处理。倾向值匹配法（Propensity Score Matching，PSM）是解决由可观测变量样本选择偏误引起的内生性问题较为有效的方法，其核心是基于反事实框架（Counterfactual Framework）创建一个与干预组在可观测协变量上分布尽可能接近的反事实（控制）组，以确保两个群组之间具有相似性和可比性，匹配后两个群组之间的差异即为真实的"干预效应"（Treatment Effects）。

本研究进一步引入倾向值匹配法处理选择偏误问题以减少回归模型对干预效应的估计偏差，具体有以下四个步骤。首先，建立二元 Logistic 模型估计样本中每个个体在控制可观测到的协变量的情况下成为有留守经历儿童的条件概率，即倾向值。其次，基于倾向值通过特定匹配法在有留守经历儿童和无留守经历儿童两组样本中找到倾向值相近的个案组成匹配样本进而重构干预组和控制组。一般而言只保留倾向值重叠部分的个体且使用多种方法进行匹配以保证匹配质量，本研究选取较为常用的最近邻匹配法（Nearest Neighbor Matching）、半径匹配法（Radius Matching）以及核匹配法（Kernel Matching）三种匹配方法①。再次，通过共同支撑假设检验（Common

---

① 最近邻匹配的基本思想是寻找与干预组样本倾向值差值最小的控制组样本实现匹配；半径匹配的基本思想是预先设定一个常数 r 作为匹配半径，寻找与干预组样本倾向值的差值小于 r 的控制组样本，实现匹配；核匹配的基本思想是对控制组样本按照与干预组样本特征的相似程度加权平均生成一个虚拟样本，实现匹配。

Support Assumption Test）和平衡性假设检验（Balancing Assumption Test）判断倾向值匹配的有效性。前者通过则说明匹配后两组样本之间倾向值的均值无显著差异，后者通过则说明匹配后两组样本之间在所有协变量上的分布达到均衡。最后，经过上述匹配并通过假设检验后理论上两组样本之间除了在有无留守经历上存在差异以外，在其他特征层面均无显著差异，因而可以利用匹配后的样本估计干预组的平均处理效应（Average Treatment Effect on the Treated，ATT），即留守经历对儿童积极发展的影响。

四 实证结果及分析

（一）留守经历对儿童积极发展的影响

1. 留守经历对儿童积极发展效应的基准估计

暂不考虑父母外出务工而儿童留守具有的选择性，通过 OLS 回归模型考察留守经历对儿童积极发展的影响（见表3）。在控制对儿童积极发展有影响的其他变量后，发现留守经历对儿童积极发展总体情况及能力、品格、自信三个维度的发展情况均存在不同程度的负向影响，但对关爱维度的影响并不显著。具体来看，有留守经历儿童在积极发展总体情况、能力、品格以及自信上的得分分别比无留守经历儿童低 3.92%（$1-e^{-0.040} \approx 0.0392$，下同）、3.44%、3.25%、7.69%，但两类儿童在关爱维度上的得分并不存在显著差异。然而，父母外出务工而儿童留守决策具有选择性，仅通过 OLS 回归模型估计留守经历对儿童积极发展的效应很难保证结果是无偏的，因而有必要使用倾向值匹配法处理样本选择偏误问题。

表3 留守经历对儿童积极发展的 OLS 回归结果

	模型1 积极发展总体情况	模型2 能力	模型3 品格	模型4 关爱	模型5 自信
有留守经历	-0.040** (0.014)	-0.035* (0.016)	-0.033* (0.015)	-0.020 (0.018)	-0.080*** (0.024)
女生	-0.025* (0.012)	-0.009 (0.014)	-0.033** (0.013)	0.018 (0.016)	-0.076*** (0.021)

续表

	模型 1 积极发展总体情况	模型 2 能力	模型 3 品格	模型 4 关爱	模型 5 自信
年级（参照组为九年级）					
七年级	0.054 **	0.066 **	0.065 **	0.025	0.055
	(0.020)	(0.024)	(0.021)	(0.026)	(0.034)
八年级	0.020	0.026	0.027	-0.012	0.029
	(0.020)	(0.023)	(0.020)	(0.025)	(0.033)
少数民族	-0.011	-0.033	0.004	-0.036	-0.016
	(0.027)	(0.031)	(0.028)	(0.034)	(0.045)
父母婚姻状态（参照组为在婚）					
离异	-0.079 ***	-0.063 **	-0.110 ***	-0.033	-0.090 **
	(0.021)	(0.024)	(0.021)	(0.026)	(0.035)
丧偶	-0.039	0.000	-0.058	-0.037	-0.035
	(0.039)	(0.045)	(0.041)	(0.049)	(0.066)
非独生子女	-0.020	-0.020	-0.031 †	-0.004	-0.008
	(0.017)	(0.020)	(0.018)	(0.022)	(0.063)
父亲受教育水平（参照组为大专/本科及以上）					
小学及以下	0.011	0.076	0.004	0.015	-0.061
	(0.05)	(0.058)	(0.052)	(0.063)	(0.084)
初中	-0.001	0.046	0.010	0.004	-0.109
	(0.047)	(0.055)	(0.049)	(0.060)	(0.080)
高中/职高	-0.000	0.054	0.002	0.004	-0.085
	(0.048)	(0.056)	(0.050)	(0.061)	(0.082)
母亲受教育水平（参照组为大专/本科及以上）					
小学及以下	-0.059	-0.104 †	-0.024	-0.084	-0.058
	(0.050)	(0.059)	(0.052)	(0.064)	(0.085)
初中	-0.045	-0.077	-0.013	-0.094	-0.028
	(0.049)	(0.057)	(0.051)	(0.062)	(0.083)
高中/职高	-0.008	-0.050	0.019	-0.024	-0.001
	(0.052)	(0.060)	(0.054)	(0.065)	(0.087)
班级规模（参照组为中班）					
小班	-0.053 †	-0.037	-0.048	-0.079 *	-0.076
	(0.029)	(0.034)	(0.030)	(0.037)	(0.048)
大班	-0.023	-0.001	-0.007	-0.045	-0.071
	(0.028)	(0.033)	(0.029)	(0.036)	(0.048)
地区效应	已控制	已控制	已控制	已控制	已控制

续表

	模型 1 积极发展总体情况	模型 2 能力	模型 3 品格	模型 4 关爱	模型 5 自信
常数项	5.036 *** (0.046)	3.370 *** (0.053)	4.135 *** (0.047)	3.440 *** (0.057)	3.429 *** (0.077)
F	3.32 ***	1.90 ***	3.72 ***	2.74 ***	3.27 ***
R^2	0.075	0.044	0.083	0.063	0.074

注：†、*、** 和 *** 分别表示在 10%、5%、1% 和 0.1% 的水平上显著（双尾检验），括号外是非标准化回归系数，括号内为标准误；积极发展总体情况、能力、品格、关爱、自信五个变量均取对数。

2. 建立倾向值预测模型

倾向值匹配法的关键在于估计倾向值。在构建二元 Logistic 模型估计倾向值前需要筛选对儿童积极发展（结果变量）和父母外出务工而儿童留守（干预变量）存在共同影响的协变量，但受到父母外出务工而儿童留守决策（干预变量）反向影响的变量不宜纳入 Logistic 模型。此外，部分不影响干预变量但会对结果变量产生影响的变量也应引入作为匹配依据，提高倾向值预测模型估计的精度。综上，参考已有研究并结合欠发达地区儿童、家庭、学校以及地区特点，选取如下协变量：一是个体特征（性别、年级、民族）；二是家庭特征（父/母受教育水平、是否独生子女、父母婚姻状态）；三是学校特征，主要是班级规模；四是区域特征，纳入县域虚拟变量对地区效应进行控制。

以二分变量是否有留守经历（无留守经历=0，有留守经历=1）为因变量，拟合 Logistic 回归并估计每个个体的倾向值。结果发现，低年级、父母离异、父亲受教育水平较低、母亲受教育水平较低、班级规模较小的儿童更可能成为有留守经历的儿童（见表4）。倾向值预测模型的估计结果验证了父母外出务工而儿童留守决策确实具有选择性，因而有必要运用倾向值匹配法更准确地估计留守经历对儿童积极发展的影响。

3. 倾向值匹配效果检验

倾向值匹配法的使用必须满足共同支撑假设和条件独立假设两个前提条件。共同支撑假设要求干预组与控制组的匹配得分必须存在较大的共同支持域（Common Support Assumption）。本研究通过倾向值概率分布图验证

表 4　倾向值的 Logistic 估计结果

自变量		模型 1
个体特征	性别（参照组为男生）	0.0218（0.180）
	年级（参照组为九年级）	
	七年级	0.615*（0.289）
	八年级	0.408（0.273）
	民族（参照组为汉族）	−0.187（0.405）
家庭特征	父母婚姻状态（参照组为在婚）	
	离异	1.585***（0.452）
	丧偶	−0.200（0.523）
	非独生子女（参照组为独生子女）	−0.414（0.279）
	父亲受教育水平（参照组为大专/本科及以上）	
	小学及以下	1.401*（0.711）
	初中	1.276†（0.675）
	高中/职高	1.198†（0.700）
	母亲受教育水平（参照组为大专/本科及以上）	
	小学及以下	−1.533†（0.834）
	初中	−1.323（0.815）
	高中/职高	−1.144（0.857）
学校特征	班级规模分类（参照组为中班）	
	小班	0.947*（0.406）
	大班	0.298（0.396）
地区效应	地区虚拟变量	−0.770*（0.327）
常数项		0.975（0.676）
	F	59.671***
	R^2	0.116
	−2LL	775.639

注：†、*、**和***分别表示在10%、5%、1%和0.1%的水平上显著（双尾检验），括号外是非标准化回归系数，括号内为标准误。

共同支撑假设，匹配前有留守经历儿童与无留守经历儿童的倾向值密度如图 1 所示，半径匹配后两组的倾向值密度如图 2 所示，可以发现匹配后两组的倾向值分布情况相比匹配前更接近，共同支持域也变大了。条件独立假设要求干预组和控制组的混淆变量在匹配后不存在系统差异。本研究通过平衡性检验（Balancing Test）验证条件独立假设，根据 Caliendo 和 Kopeinig（2008）的建议匹配后两样本的标准化偏差（Standardized Bias）应在 5% 以下，并且各混淆变量在两样本之间的 t 检验不再显著。本研究基本满足这两项要求并且半径匹配和核匹配的平衡性检验结果相对更好（见表 5）。综合来看，本研究通过了共同支撑假设检验和平衡性假设检验，倾向值匹配效果尚佳，可进行后续的分析和比较。

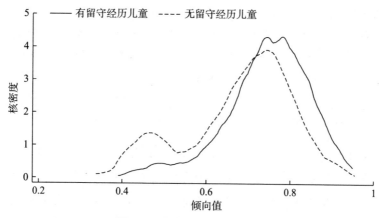

图1　匹配前倾向值概率分布

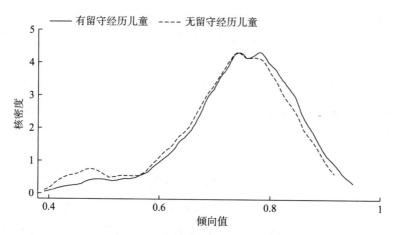

图2　匹配后倾向值概率分布

表5 平衡性检验结果

变量	匹配前		半径匹配		核匹配		近邻匹配	
	标准化偏差	t检验	标准化偏差	t检验	标准化偏差	t检验	标准化偏差	t检验
性别	9.200	1.100	-5.400	-0.860	-2.700	-0.440	-4.300	-0.680
年级	-34.400	-4.100***	-6.000	-0.970	-4.300	-0.690	-13.400	-2.230
民族	0.700	0.080	2.000	0.320	0.200	0.020	6.300	1.080
父母婚姻状态	-22.600	-2.600**	-1.200	-0.170	-3.900	-0.540	-0.500	-0.060
是否独生子女	-23.000	-2.610**	0.700	0.110	-8.000	-1.210	4.800	0.690
父亲受教育水平	-1.000	-0.110	-2.600	-0.420	-4.200	-0.680	11.000	1.860
母亲受教育水平	12.800	1.500	3.700	0.580	1.500	0.240	17.700	2.910
班级规模	-20.500	-2.360*	0.700	0.100	-4.100	-0.630	-0.200	-0.040
地区效应	-9.800	-1.170	3.900	0.650	7.600	1.270	8.200	1.370

注：†、*、** 和 *** 分别表示在10%、5%、1%和0.1%的水平上显著（双尾检验）。

4. 留守经历对儿童积极发展的效应估计：基于倾向值匹配法

在倾向值匹配基础上估计留守经历对儿童积极发展的效应，研究发现与前述OLS模型得出的估计结果大方向一致，留守经历确实会对儿童积极发展产生负面影响，并且三种匹配方法得到的估计结果相似，一定程度上反映了匹配结果的稳健性。值得注意的是，对比OLS估计结果发现，有留守经历儿童在积极发展总体情况及各高阶维度上与无留守经历儿童相比虽然仍存在发展差距但差距均有所缩小，而且两类儿童在关爱维度上依旧不存在显著差异。以半径匹配为例，有留守经历儿童在积极发展总体情况、能力维度、品格维度以及自信维度上的得分分别比无留守经历儿童低3.73%、3.05%、3.15%、7.41%（见表6），即留守经历对儿童的自信发展情况影响效应最大而对儿童的关爱发展情况无显著影响。现有研究也发现农村留守儿童的非认知能力发展情况低于农村非留守儿童（周春芳等，2021），而且农村留守儿童在仁爱维度的发展情况最好而在勇气维度的发展情况最差（高永金等，2020），这也在一定程度上解释了为何有留守经历儿童和无留守经历儿童在关爱维度不存在显著差异但在自信维度差异最大。

这一研究发现表明有留守经历儿童和无留守经历儿童在积极发展上出现的某些差异并非完全由留守经历所致，在不纠正选择偏误的情况下将两者进行直接比较可能会放大留守经历对儿童积极发展的负面效应，低估有留守经历儿童的发展水平。此外，留守经历并不必然会给儿童发展带来不利影响，留守经历带来的负面效应表现在儿童发展的某些特定方面，研究假设 H1 得到部分支持。

表 6　留守经历对儿童积极发展的影响

	匹配方式	有留守经历儿童	无留守经历儿童	ATT
总体	核匹配	4.928	4.967	-0.039*** （0.014）
	半径匹配	4.928	4.966	-0.038*** （0.014）
	近邻匹配	4.928	4.954	-0.026 （0.017）
能力	核匹配	3.306	3.336	-0.030* （0.015）
	半径匹配	3.306	3.337	-0.031* （0.015）
	近邻匹配	3.306	3.325	-0.019 （0.019）
品格	核匹配	4.063	4.095	-0.032* （0.015）
	半径匹配	4.064	4.096	-0.032* （0.015）
	近邻匹配	4.063	4.086	-0.023 （0.019）
关爱	核匹配	3.325	3.343	-0.018 （0.021）
	半径匹配	3.325	3.345	-0.020 （0.021）
	近邻匹配	3.325	3.321	0.004 （0.026）
自信	核匹配	3.180	3.268	-0.088*** （0.023）
	半径匹配	3.181	3.258	-0.077*** （0.024）
	近邻匹配	3.180	3.246	-0.066* （0.029）

注：†、*、** 和 *** 分别表示在 10%、5%、1% 和 0.1% 的水平上显著（双尾检验）；括号内为标准误采用自抽样法（Bootstrap）反复抽样 500 次得到；核匹配带宽为默认带宽、半径匹配中半径设定为倾向值得分标准差的 0.25 倍，最近邻匹配为 1∶1。

（二）留守模式对儿童积极发展的异质性影响

考察不同留守模式对儿童积极发展影响的异质性发现，不同留守模式对儿童积极发展的影响存在明显差异①（见表 7）。相对于无留守经历儿童，

① 由于样本中母亲单独外出务工的数量较少，进行数据分析可能会导致第二类错误的发生，因而未对仅母亲外出务工的儿童进行分析；此外，由于核匹配和半径匹配的平衡性检验结果更好，因此只展现这两种匹配方式下的结果。

无论是有父亲外出务工经历的留守儿童还是有双亲外出务工经历的留守儿童，其积极发展总体情况均处于劣势，且有双亲外出务工经历的留守儿童发展劣势更明显。具体来看，以核匹配为例，有双亲外出务工经历的留守儿童在积极发展总体情况、能力维度得分、品格维度得分以及自信维度得分分别比无留守经历儿童低 4.88%、3.54%、4.50%、10.24%。有父亲外出务工经历的留守儿童在积极发展总体情况和自信维度得分上分别比无留守经历儿童低 3.15% 和 6.29%。

表7　留守模式对儿童积极发展的异质性影响

变量	匹配方式	ATT	
		父亲外出务工 VS 无留守经历	双亲外出务工 VS 无留守经历
总体	核匹配	$-0.032^{†}$ (0.018)	-0.050^{**} (0.016)
	半径匹配	$-0.032^{†}$ (0.017)	-0.050^{***} (0.017)
能力	核匹配	-0.027 (0.020)	-0.036^{*} (0.018)
	半径匹配	-0.026 (0.020)	$-0.033^{†}$ (0.020)
品格	核匹配	-0.020 (0.017)	-0.046^{*} (0.018)
	半径匹配	-0.020 (0.019)	-0.046^{*} (0.018)
关爱	核匹配	-0.029 (0.024)	-0.024 (0.024)
	半径匹配	-0.031 (0.023)	-0.026 (0.027)
自信	核匹配	-0.065^{*} (0.031)	-0.108^{***} (0.030)
	半径匹配	-0.067 (0.029)	-0.107^{***} (0.030)

注：†、*、** 和 *** 分别表示在 10%、5%、1% 和 0.1% 的水平上显著（双尾检验）；括号内为标准误采用自抽样法（Bootstrap）反复抽样 500 次得到；核匹配带宽为默认带宽、半径匹配中半径设定为倾向值得分标准差的 0.25 倍。

有父亲外出务工经历的儿童在能力、品格、关爱与无留守经历儿童均未显示出显著差异，但两类儿童在积极发展总体水平和自信维度上的发展差距较大。这可能是由以下原因所致。一方面，在中国大家庭的文化传统背景下，家庭中承担育儿责任尤其是生活照料责任的往往首先是母亲，其次是祖父母，最后才是父亲（许琪、王金水，2019），父亲投入育儿活动的时间本就不多并且由于性别刻板印象的存在也未被给予过多期待。另一方面，不同看护者在儿童成长过程中扮演的角色以及与儿童的互动模式存在差异，而父亲的抚育行为主要体现在陪伴儿童玩耍、休闲与户外活动上（Brandth and Kvande，2016）。父亲在与儿童互动游戏中倾向于给予儿童更多自由探索的空间，有利于增强儿童的自我效能感，因而拥有安全父子依恋的儿童通常更为自信，而父亲角色缺失则可能导致儿童出现不善交际、进取心较差、自卑等不良发展结果（王雨磊，2020）。

此外，双亲外出务工较之于单亲（父亲）外出务工对儿童积极发展的影响呈现影响范围更广、影响程度更深。这可能是由以下原因所致。一方面，外出务工削弱了父母对儿童需要的敏感性，儿童在此情况下容易形成非安全型依恋，而欠发达农村地区留守儿童替代抚育质量不高①进一步加剧了儿童与父母分离的不安全感，对儿童发展产生双重危险效应（邢淑芬、王争艳，2015）。即使（外）祖父母等扩大家庭成员在儿童留守期间能够承担起学习监督和生活照料责任，但父母给留守儿童带来的安全感和情感支持是其他监护人无法替代的。另一方面，儿童从多重依恋关系中获益的前提是儿童的多重依恋对象之间建立了良好关系且处于平衡状态，而生活方式、教养观念、认知能力等方面的差异使得祖辈和父辈在育儿过程中既保持着积极的合作关系又不可避免地存在矛盾（王兆鑫，2020）。

综上，不同留守模式对儿童积极发展具有差异化影响，父亲外出务工对儿童积极发展的显著影响主要表现在自信维度上，而双亲外出务工较之于单亲（父亲）外出务工对儿童积极发展的影响范围更广、影响程度更深，即研究假设 2 得到验证；此外，有双亲外出务工经历的农村留守儿童积极发展情况最差，无留守经历的农村儿童积极发展情况最好，有单亲外出务工

---

①　2016 年中国人口与发展研究中心对全国 12 个省 27 个县的贫困地区农村留守儿童开展的调查显示，近 95%的留守儿童主要监护人为（外）祖父母，且监护人存在平均年龄较大且平均受教育水平较低、知识素养不足等问题（国家卫生和计划生育委员会流动人口司，2017）。

经历的农村留守儿童积极发展情况介于两者中间，即研究假设3.1得到验证而研究假设3.2未能得到验证。

（三）留守初始阶段对儿童积极发展的异质性影响

考察不同留守初始阶段对儿童积极发展的异质性影响，发现不同留守初始阶段对儿童发展的影响存在显著差异（见表8）。就儿童积极发展总体情况而言，4~6岁开始留守对儿童影响最大，其积极发展总体情况比无留守经历儿童低4.31%~4.78%（$1-e^{-0.044} \approx 0.0431$，$1-e^{-0.049} \approx 0.0478$），这可能是由于4~6岁开始留守对儿童自信发展的影响程度太深所致；0~3岁开始留守对儿童积极发展总体情况的影响次之，其积极发展总体情况比无留守经历儿童低3.92%~4.02%；7岁及以后开始留守对儿童积极发展总体情况的影响相对最小，其积极发展总分比无留守经历儿童低3.73%。就儿童的能力发展情况而言，7岁及以后开始留守对儿童能力发展存在显著影响，其能力维度得分比无留守经历儿童低3.73%~4.21%。就儿童的品格发展情况而言，0~3岁开始留守对儿童品格发展存在显著影响，其品格发展总分比无留守经历儿童低3.73%~3.82%。就儿童的关爱发展情况而言，不同留守初始阶段的儿童与无留守经历儿童相比，在关爱维度的得分均不存在显著差异。就儿童的自信发展情况而言，4~6岁开始留守对儿童自信的影响最大，其自信维度得分比无留守经历儿童低9.43%；0~3岁开始留守对儿童自信的影响次之，其自信维度得分比无留守经历儿童低9.06%；7岁及以后开始留守对儿童自信的影响相对最小，其自信维度的得分比无留守经历儿童低6.67%~7.50%。

表8　留守初始阶段对儿童积极发展的异质性影响

	匹配方式	ATT		
		0~3岁开始留守 VS无留守经历	4~6岁开始留守 VS无留守经历	7岁及以后开始留守 VS无留守经历
总体	核匹配	-0.041* （0.018）	-0.044* （0.021）	-0.038* （0.017）
	半径匹配	-0.040* （0.018）	-0.049* （0.022）	-0.038* （0.018）

		ATT		
	匹配方式	0~3 岁开始留守 VS 无留守经历	4~6 岁开始留守 VS 无留守经历	7 岁及以后开始留守 VS 无留守经历
能力	核匹配	-0.028 (0.021)	-0.028 (0.023)	-0.038† (0.019)
	半径匹配	-0.027 (0.020)	-0.025 (0.025)	-0.043* (0.022)
品格	核匹配	-0.039* (0.019)	-0.033 (0.024)	-0.027 (0.019)
	半径匹配	-0.038* (0.019)	-0.033 (0.026)	-0.027 (0.020)
关爱	核匹配	-0.014 (0.026)	-0.035 (0.027)	-0.020 (0.024)
	半径匹配	-0.012 (0.028)	-0.027 (0.028)	-0.025 (0.027)
自信	核匹配	-0.095*** (0.030)	-0.099** (0.035)	-0.078** (0.030)
	半径匹配	-0.095** (0.033)	-0.099** (0.035)	-0.069* (0.032)

注：†、*、** 和 *** 分别表示在 10%、5%、1% 和 0.1% 的水平上显著（双尾检验）；括号内为标准误采用自抽样法（Bootstrap）反复抽样 500 次得到；核匹配带宽为默认带宽、半径匹配中半径设定为倾向值得分标准差的 0.25 倍。

从留守初始阶段早晚来看，0~3 岁开始留守对儿童积极发展的负向影响呈现范围广的特点，主要表现在品格和自信两个维度上。这可能是因为生命早期 1000 天（约 0~3 岁）是多数能力形成和发展的奠基阶段，而且此阶段的儿童脆弱性较强、对父母的依赖性也较强，缺乏父母的照顾和行为约束会使他们的发展更容易遭遇风险因素威胁。4~6 岁开始留守对儿童积极发展的显著影响虽然只表现在自信维度上但对自信的不良影响程度最深，这可能是因为 4~6 岁（学龄前期）是儿童自我概念发展的重要时期（齐亚楠、杨宁，2020），儿童在此阶段会更频繁地用社会比较结果来评价自己并发展出相对稳定的自我概念，而父母作为儿童形成一般化他人认知时的主要观察对象，在此阶段缺席容易导致儿童自我认知混乱且缺乏自信，而且儿童与不同照顾者之间形成的多重依恋关系如果缺乏协调性甚至相互冲突往往也会导致儿童自我认知混乱。7 岁及以后开始留守对儿童积极发展的显著影响主要表现在能力和自信两个维度，但7岁及以后开始留守对儿童积极发展总体情况的不良影响要弱于0~3岁开始留守和4~6岁开始留守带来的不良影响，这可能是由于学龄期儿童的依恋对象逐步从父母向同辈和教师转移，学校中的发展资源能够部分弥补或抵消亲子分离带来的消极影响。综上，本研究的研究假设4.1和研究假设4.2得到部分验证。

五　研究结论

本研究利用湖北恩施、安徽金寨农村地区儿童发展调查数据，对留守经历是否对儿童积极发展有影响以及留守的不同情况对于儿童积极发展的异质性影响进行了考察，有以下几点发现。

首先，留守经历对儿童积极发展总体情况及能力、品格、自信三个维度的发展情况均存在不同程度的负向影响，但对关爱维度的影响不显著，并且留守经历是造成有留守经历儿童和无留守经历儿童之间发展差距的原因之一。在倾向值匹配前后，有留守经历儿童的积极发展总体情况、能力、自信以及品格与无留守经历儿童相比均存在差距，但倾向值匹配后差距皆不同程度缩小。此外，本研究还发现父母受教育水平、地区发展水平等因素也是导致两类儿童在积极发展方面存在差距的原因，以往部分研究忽略了此类因素带来的内生性问题，可能高估了留守对儿童发展的负面影响。

其次，留守模式对儿童积极发展的影响存在显著差异，有父亲外出务工经历的留守儿童，其发展劣势主要体现在自信维度上，双亲外出务工对儿童积极发展的影响则范围更广、影响更大。这从侧面表明当前欠发达农村地区留守儿童替代抚育质量不高[①]。

最后，留守经历对儿童积极发展的影响具有时间效应，0~3岁开始留守的显著影响主要表现在品格和自信上，7岁及以后开始留守的显著影响主要表现在能力和自信两个维度上，而4~6岁开始留守对儿童积极发展的显著影响只表现在自信维度上但对自信的不良影响最深。

---

① 《中国儿童福利示范项目（2010~2015）中期评估报告》，http://www.bnu1.org/show_962.html，最后访问日期：2024年8月20日。

六 社会工作促进留守儿童积极发展的路径

留守儿童积极发展既要通过社会工作政策倡导改变或消除宏观环境中制约儿童发展的因素，也要注重留守儿童的能力建设和社会支持系统尤其是与儿童生活密切相关的近端支持系统的完善。

（一）兼顾问题预防与促进发展

留守儿童是有待培育的资源而非需要管理的问题，关爱保护服务不应止步于保障儿童不出问题，从长远来看还应发掘和激发儿童的优势和潜能。一是预防和干预留守导致的不良影响。建立集筛查、干预、评估、追踪于一体的预防和干预体系，密切关注留守儿童和曾留守儿童的心理和行为表现并筛查出异常儿童，运用个案工作方法为儿童提供心理疏导、情绪支持和行为矫正等服务，评估干预过程和成效，持续追踪接受干预后儿童的表现。二是开展儿童积极发展促进计划。引入设计全面、系统成熟的儿童积极发展服务计划，帮助儿童巩固当前发展成果，不断提升自身能力，为将来可能遇到的风险做好准备，社会工作者在这一过程中应注意儿童由留守模式和留守阶段初始等因素导致的差异化需求；同时，支持社会工作者开展系统性的留守儿童积极发展研究和干预实践，推进积极发展理论研究、干预实践与政策完善之间的良性互动。三是建立信息共享与支持平台。为有留守经历儿童及其家长提供发布需求、寻求支持的平台，社会工作者和社会工作机构可以通过平台及时发现需求并提供服务或帮助，实现服务需求和服务资源的精准高效对接。

（二）发挥留守儿童家庭基础作用

当前欠发达农村地区留守儿童呈低龄化趋势，《2020 年中国儿童人口状况：事实与数据》① 显示，0～2 岁留守儿童占同年龄段农村儿童的 46.6%，明显高于其他各年龄段留守儿童占农村儿童的比例。0～3 岁是儿童发展的

---

① 《2020 年中国儿童人口状况：事实与数据》，https://www.stats.gov.cn/zs/tjwh/tjkw/tjzl/202304/P020230419425666818737.pdf。

关键期，也是儿童最容易受到环境影响的时期，科学养育有助于儿童获得充分发展，因而家庭干预的重点在于提升养育能力和养育质量。一方面，增强留守儿童父母责任意识。社会工作者可以帮助父母了解自身在儿童早期发展阶段的不可或缺性，以及父母缺位可能会给儿童发展带来的影响，推动父母合理规划家庭外出务工决策，减少长时间、远距离、母亲外出的务工安排，履行好自身抚育责任。特别是强化父亲对育儿责任的认识，促动父亲与母亲协调合作形成共同养育联盟。另一方面，对留守儿童父母和监护人进行亲职培训。社会工作应考虑不同家庭成员外出对家庭功能造成的差异化影响，据此提供代际沟通、关系调适和能力建设服务。通过小组社会工作开展正面管教的知识教育，增加服务对象对亲职知识的了解，转变服务对象的非理性育儿信念，提升家长的亲职效能感；引导父母进行远程亲职实践，采取开放式亲子沟通形式，积极回应留守儿童的心理与精神需要，提升亲子交流的质量和增加亲子交流的频率。

（三）完善儿童社会支持网络

农村留守儿童的需要满足面临着复杂外部环境挑战，将其积极发展的实现完全寄希望于家庭是不妥的，应完善多元主体参与的关爱保护体系。一是协助建立良性有序的家校伙伴关系。学校社会工作者可以通过组织和开展乡村教师能力建设培训，提升教师的倾听能力、沟通能力、情绪管理能力以便更好地促进家校合作。二是挖掘社区潜力。社会工作者可以在入户访谈技巧、风险等级评估、心理咨询、压力管理培训等方面对儿童主任进行专项赋能培训。三是动员社会力量。社会工作者通过实地走访、入户探访、问卷调查等方式进行需求调研，发挥好资源链接者的作用，帮助农村留守儿童及其家庭链接资源，引导公益慈善力量、社会组织和志愿者等提供物质帮助和关爱服务。

（四）充分发挥政策倡导功能

社会工作者拥有文化与象征资本，可以作为政策专家参与政策编制过程，通过游说和知识生产推动环境变化，充分发挥自身政策倡导功能（金超然、张昱，2024）。一是推动出台留守儿童托管机构的建设标准和管理规范。细化对场地、设施等硬件的规定，明确托管服务的主要内容和规范，强化对托管机构的指导和对从业人员的日常管理等，同时推动政府通过购买服务、减免税收等措施降低托管机构运营成本。二是推动农村留守儿童周末寄宿学校试点工作并逐步全面铺开。在资源有限、学生分布较为分散的欠发达农村地区，利用学校现有的场地和师资开展留守儿童周末假日寄宿学校服务，为留守儿童提供基本生活照料、学业辅导、能力培育等全时段的关爱。三是持续提升基层儿童工作者队伍专业化、制度化水平。建设中国式基层儿童工作者知识体系、培训体系、督导评价体系和考核激励体系，通过对乡镇（街道）儿童督导员、村（社区）儿童主任进行赋能培训，提升其业务能力和服务水平，进一步增进农村留守儿童福祉。

本研究也存在一定的局限。第一，倾向值匹配法基于可观测变量展开分析虽然能够消除因样本选择偏误而产生的内生性问题，但难以避免由未被观测到或不可观测变量导致的选择偏误。第二，留守状态与儿童积极发展之间存在双向因果关系，即儿童原有的发展情况会反向干扰父母外出务工的决策。本研究基于横断面数据展开分析对此无法做出评估，后续研究可以通过追踪调查加以验证。第三，留守时间长短和父母外出务工距离均是影响留守儿童发展的重要因素。例如，留守经历对留守儿童发展的影响可能会随着留守时间增加而累积或是在某个特定时间点上存在明显变化（姚远、张顺，2018；侯玉娜，2015）；父母外出务工的距离对留守儿童义务教育产生的负面影响会因父母流动距离增加而明显变大（谷宏伟、吴华倩，2017）。本研究囿于问卷设计无法收集上述资料，后续研究可以丰富问卷内容并就该问题进行深入探讨。

参考文献

董才生、马志强（2017）："留守儿童关爱保护政策需要从'问题回应'型转向'家庭整合'型"，《社会科学研究》第 4 期，第 99~105 页。

段成荣、吕利丹、王涵、谢东虹（2020）："从乡土中国到迁徙中国：再论中国人口迁移转变"，《人口研究》第 1 期，第 19~25 页。

范燕宁（2006）："抗逆力在青少年成长过程中的两面性特点——以北京市未成年人社区矫正服刑者的情况为例"，《中国青年研究》第 11 期，第 10~12 页。

高永金、张瑜、余欣欣、计会玲（2020）："初中留守儿童积极心理品质发展现状调查"，《中国特殊教育》第 8 期，第 55~60 页。

谷宏伟、吴华倩（2017）："中国农村劳动力流动对儿童义务教育的影响——基于 CFPS 数据的经验研究"，《财经问题研究》第 3 期，第 91~98 页。

何雪松（2020）："积极而非激进：宏观社会工作的中国图景"，《学海》第 1 期，第 119~122 页。

侯玉娜（2015）："父母外出务工对农村留守儿童发展的影响：基于倾向得分匹配方法的实证分析"，《教育与经济》第 1 期，第 59~65 页。

胡枫、李善同（2009）："父母外出务工对农村留守儿童教育的影响——基于 5 城市农民工调查的实证分析"，《管理世界》第 2 期，第 67~74 页。

苏华山、吕文慧、黄姗姗（2017）："父母外出对留守儿童健康的影响——来自中国家庭追踪调查的证据"，《经济科学》第 6 期，第 102~114 页。

国家卫生和计划生育委员会流动人口司（2017）：《中国流动人口发展报告 2017》，北京：中国人口出版社。

贾勇宏、黄道主、张凌云（2020）："曾留守农村大学生的学业成就：现状、特征与精准帮扶——基于 4596 名本科生的调查"，《华中师范大学学报》（人文社会科学版）第 1 期，第 173~184 页。

金超然、张昱（2024）："共识制造与空间生产：社会工作政策倡导的二象性"，《社会工作》第 1 期，第 80~100 页。

李长洪、王智波（2015）："父母外出对留守儿童时间配置的影响——来自中国大样本微观数据的经验证据"，《南方人口》第 1 期，第 34~46 页。

李强、臧文斌（2010）："父母外出对留守儿童健康的影响"，《经济学（季刊）》第 4 期，第 341~360 页。

李燕平、杜曦（2016）："农村留守儿童抗逆力的保护性因素研究——以曾留守大学生的生命史为视角"，《中国青年社会科学》第 4 期，第 69~74 页。

梁昆、赵环、肖莉娜（2019）：《社会资本、抗逆力与农村留守儿童的发展状况研究》，上海：华东理工大学出版社。

廖文伟、李梦迪、王苗苗（2018）："从社区需要地图到社区资产地图：资产为本的城中村社区建设"，《社会工作》第 3 期，第 23~39 页。

凌宇、曾一方、屈晓兰（2016）："'缺陷'预防与积极青少年发展整合视野下的留守儿童行为研究"，《兰州大学学报》（社会科学版）第 4 期，第 171~176 页。

罗国芬（2019）："'形同'与'质异'：农村留守儿童问题建构中的国际比较"，《青年探索》第 3 期，第 73~82 页。

潘璐、叶敬忠（2014）："'大发展的孩子们'：农村留守儿童的教育与成长困境"，《北京大学教育评论》第 3 期，第 1~12 页。

彭华民（2010）："需要为本的中国本土社会工作模式研究"，《社会科学研究》第 3 期，第 9~13 页。

齐亚楠、杨宁（2020）："4~5 岁留守学前儿童自我概念与社会退缩的关系——心理弹性的中介和调节作用"，《学前教育研究》第 2 期，第 41~56 页。

谭深（2011）："中国农村留守儿童研究述评"，《中国社会科学》第 1 期，第 140~

141 页。

唐胜蓝、肖芳、辛培娜（2013）："留守经历对大学生人际交往能力的影响"，《社会心理科学》第 5 期，第 42~45 页。

唐有财、符平（2011）："亲子分离对留守儿童的影响——基于亲子分离具体化的实证研究"，《人口学刊》第 5 期，第 41~49 页。

同雪莉（2019）："留守儿童抗逆力生成机制及社工干预模式研究"，《学术研究》第 4 期，第 64~71 页。

王进文、张军（2018）："关系视域中农村留守儿童问题的社会工作生态介入"，《社会工作》第 1 期，第 71~81 页。

王晓慧、胡金平（2011）："'问题范式'下的留守儿童研究及其拓展"，《教育学术月刊》第 6 期，第 14~17 页。

王亚军、郑晓冬、方向明（2021）："留守经历对农村儿童长期发展影响的研究进展"，《中国农业大学学报》（社会科学版）第 9 期，第 277~290 页。

王雨磊（2020）："父职的脱嵌与再嵌：现代社会中的抚育关系与家庭伦理"，《中国青年研究》第 3 期，第 63~70 页。

王兆鑫（2020）："台前幕后：农村家庭儿童抚育过程中祖辈、父辈的职能分工和代际关系"，《社会建设》第 2 期，第 54~65 页。

魏晓娟（2015）："积极青少年发展观视角下的留守儿童'问题'与出路"，《青年探索》第 4 期。

吴帆（2016）："我国农村留守儿童社会工作服务发展现状与主要问题"，《中国民政》第 12 期，第 18~20 页。

吴佳慧、苗春凤（2023）："农村留守儿童希望感提升的小组干预研究——基于鹰潭市 D 村的实践"，《社会工作与管理》第 6 期，第 46~58 页。

席居哲、左志宏（2014）："抗逆力（Resilience）研究需识别之诸效应"，《首都师范大学学报》（社会科学版）第 1 期，第 115~123 页。

邢淑芬、王争艳（2015）："多重看护背景下多重依恋关系及其对儿童发展的影响"，《首都师范大学学报》（社会科学版）第 5 期，第 147~156 页。

许琪（2018）："父母外出对农村留守儿童学习成绩的影响"，《青年研究》第 6 期，第 39~51 页。

许琪、王金水（2019）："代际互惠对中国老年人生活满意度的影响"，《东南大学学报》（哲学社会科学版）第 1 期，第 104~115 页。

姚远、张顺（2018）："持久的'心灵烙印'：留守时间如何影响青年早期的主观福祉"，《青年研究》第 4 期。

叶敬忠（2019）："农村留守人口研究：基本立场、认识误区与理论转向"，《人口研究》第 2 期，第 21~31 页。

岳建宏、王争艳、文娜（2010）："从非母亲看护与亲子依恋的关系看中国当前的祖辈看护及启示"，《首都师范大学学报》（社会科学版）第 3 期，第 121~127 页。

岳天明（2014）："'流动'的时代与'留守'的必然——对农村'留守儿童'现象的社会学解读"，《学习与实践》第 9 期，第 103~111 页。

张宪：《非认知能力激发成长正能量》，《中国教育报》2020 年 7 月 2 日，第 6 版。

赵万林（2017）："扩展临床视角下的农村留守儿童服务"，《当代青年研究》第 2 期，第 69~75 页。

周春芳、苏群、张立冬（2021）："乡村振兴视域下农村留守儿童人力资本质量研究"，《江海学刊》第 3 期，第 109~114 页。

周昆、袁丹（2020）："破解儿童留守问题的复杂性思维范式转向"，《西南大学学报》（社会科学版）第 6 期，第 114~121 页。

周晓春、韩旭冬、张肖蒙、尹姝亚、聂睿（2021）："留守儿童抗逆力提升的历奇干预：基于混合方法试验研究的项目可行性探讨"，《社会工作与管理》第 4 期，第 16~24 页。

Alcaraz, C., Chiquiar, D., and Salcedo, A. (2012). "Remittances, Schooling, and Child Labor in Mexico." *Journal of Development Economics* 97 (1): 156-165.

Al-Yagon, M., Kopelman-Rubin, D., Brunstein Klomek, A., & Mikulincer, M. (2016). "Four-model Approach to Adolescent-Parent Attachment Relationships and Adolescents' Loneliness, School Belonging, and Teacher Appraisal." *Personal Relationships* 23 (1): 141-158.

Bowlby, J. (1982). "Attachment andLoss: Retrospect and Prospect." *American Journal of Orthopsychiatry* 52 (4): 664-678.

Brandth, B., and Kvande, E. (2016). "Fathers and Flexible Parental Leave." *Work, Employment and Society* 30 (2): 275-290.

Brumariu, L. E., and Kerns, K. A. (2010). "Parent-child Attachment and Internalizing Symptoms in Childhood and Adolescence: A Review of Empirical Findings and Future Drections." *Development and Psychopathology* 22 (1): 177-203.

Caliendo, M., and Kopeinig, S. (2008). "Some Practical Guidance for the Implementation of Propensity Score Matching." *Journal of Economic Surveys* 22 (1): 31-72.

Catalano, R. F., Berglund, M. L., Ryan, J. A. M., Lonczak, H. S., & Hawkins, J. D. (2004). "Positive Youth Development in the United States: Research Findings on Evaluations of Positive Youth Development Programs." *Annals of the American Academy of Political and Social Science* 591: 98-124.

Coyl-Shepherd, D. D., and Newland, L. A. (2013). "'Mothers' and 'Fathers' Couple and Family Contextual Influences, Parent Involvement, and School-age Child Attachment." *Early Child Development and Care* 183 (3-4): 553-569.

Dagan, O., and Sagi-Schwartz, A. (2018). "Early Attachment Network with Mother and Father: An Unsettled Issue." *Child Development Perspectives* 12 (2): 115-121.

Ej, V. D. V., Tieman, W., Van, d. E. J., Ferdinand, R. F., Verhulst, F. C. and Tiemeier, H. (2009). "Impact of Early Childhood Adversities on Adult Psychiatric Disorders: A Study of International Adoptees." *Social Psychiatry and Psychiatric Epidemiology* 44 (9): 724-731.

Fergus, S., and Zimmerman, M. A. (2005). "Adolescent Resilience: A Framework for Understanding Healthy Development in the Face of Risk." *Annual Review Public Health* 26 (1): 399-419.

Garmezy, N. (1993). "Children in Poverty: Resilience Despite Risk." *Psychiatry* 56 (1): 127-136.

Girme, Y. U., Jones, R. E., Fleck, C., Simpson, J. A., and Overall, N. C. (2021). "Infants' Attachment Insecurity Predicts Attachment-relevant Emotion Regulation Strategies in Adulthood." *Emotion* 21 (2): 260-272.

Hamilton, S. F., Hamilton, M. A. and Pittman, K. (2004). *Principles for Youth Development.* Sage Publications.

Hamilton, S. F., Hamilton, M. A., & Pittman, K. J. (2004). "The Youth Development Handbook: Coming of Age in American Communities." in S. F. Hamilton & M. A. Hamilton (eds.) *The Youth Development Handbook: Coming of Age in American Communities.* Thousand Oaks, C. A.: Sage Publications.

Imbens, G. W and Rubin, D. B. (2015). *Causal Inference for Statistics, Social, and Biomedical Sciences: An Introduction.* N. Y.: Cambridge University Press.

Kochanska, G., and Kim, S. (2013). "Early Attachment Organization with both Parents and Future Behavior Problems: From Infancy to Middle Childhood." *Child Development* 84 (1): 283-296.

Lerner, R. M. (2002). *Concepts and Theories of Human Development* (3rd ed.). Mahwah, N. J.: Lawrence Erlbaum.

Levitt, P. (1998). "Social Remittances: Migration Driven Local-level Forms of Cultural Diffusion." *International Migration Review* 32 (4): 926-948.

Lu, R., Zhou, Y., Wu, Q., Peng, X., Dong, J., Zhu, Z., and Xu, W. (2019). "The Effects of Mindfulness Training on Suicide Ideation among Left-behind Children in China: A Randomized Controlled Trial." *Child: Care, Health and Development* 45 (3): 371-379.

Lux, U., and Walper, S. A. (2019). "Systemic Perspective on Children's Emotional Insecurity in Relation to Father: Links to Parenting, Inter-parental Conflict and Children's Social Well-being." *Attachment & Human Developmentarental Conflict* 21 (5): 467-484.

Madianou, M. and Miller, D. (2011). "Mobile Phone Parenting: Reconfiguring Relationships between Filipina Migrant Mothers and Their Left-behind Children." *New Media & Society* 13 (3): 457-470.

Portes, A. & R. G. Rumbaut (2006). *Immigrant America: A Portrait.* Berkeley: The California University Press.

Raudino, A., Fergusson, D. M., & Horwood, L. J. (2013). "The Quality of Parent/Child Relationships in Adolescence is Associated with Poor Adult Psychosocial Adjustment." *Journal of Adolescence* 36 (2): 331-340.

Suárez-Orozco, C., Hee Jin Bang, and Ha Yeon Kim. (2011). "I Felt Like My Heart was Staying Behind: Psychological Implications of Family Separations & Reunifications for Immigrant Youth." *Journal of Adolescent Research* 26 (2): 222-257.

Umemura, T., Lacinová, L., Kraus, J., Horská, E., and Pivodová, L. (2018). "Adolescents' Multiple Versus Single Primary Attachment Figures, Reorganization of Attachment Hierarchy, and Adjustments: The Important People Interview Approach. " *Attachment & Human Development* 20 （5）: 532-552.

Updegraff, K. A. , Delgado, M. Y. , and Wheeler, L. A. (2009). "Exploring Mothers' and Fathers' Relationships with Sons versus Daughters: Links to Adolescent Adjustment in Mexican Immigrant Families. " *Sex Roles* 60 （7）: 559-574.

Werner, E. E. (1995). "Resilience in Development. " *Current Directions in Psychological Science* 21 （5）: 342-347.

《中国社会工作研究》征稿启事

为推动社会工作专业在中国的发展，加强各院校、机构及相关方面专业人士之间的联系，中国社会工作教育协会决定与出版机构合作出版《中国社会工作研究》。本集刊为小 16 开本，每本 25 万字左右，计划每年出版两本。特此向全国专业界人士征集稿件，同时也欢迎中国香港、台湾，以及海外专业界人士来稿。

一　出版宗旨

①推动社会工作专业在中国的发展。协会希望借出版集刊的机会，总结中国社会工作专业发展的经验，介绍西方社会工作研究成果，以推动中国社会工作专业发展。

②推动学术自由，促进社会工作研究的规范化。本集刊提倡用严谨的社会工作研究方法开展社会工作理论与实务研究，提倡广大作者充分发表不同的学术观点，共同探索中国社会工作专业的发展道路，以满足中国社会发展对社会工作专业的需求。本集刊要求来稿遵循国际公认的学术规范，共同推动中国社会工作研究的规范化。

③推动专业理论与实务工作的结合。本集刊希望通过发表实务研究报告和论文，推动理论与社会工作实务的结合。

④推动社会工作专业知识在中国的创新。社会工作是一个新学科、新专业，它的发展与成熟需要不断有新探索、新发现，不断创造新的知识，完善知识和学科体系。中国社会工作在这方面既有迫切的需要，也有创造的空间。

因此，这也就必然成为本集刊的任务。

⑤推动对本土知识的总结和积累。在我国传统文化和现实社会中，存在大量可以用来建构社会工作知识的元素，对其进行总结，推动本土社会工作知识的积累是专业人士不可推卸的责任，也是中国社会工作参与国际社会工作发展进程的必然要求。

二 来稿要求

①稿件范围：本集刊欢迎一切社会工作、社会福利、社会政策以及相关社会理论方面的学术论文、研究报告、学术评论、书评和学术动态综述。一般来稿以 10000 字为限（包括注释和参考文献），特殊稿件可增至 15000 字，书评和学术动态综述以 3000~4000 字为限。

②来稿必须遵循国际公认的学术规范，引文注释必须清楚准确，论述言之有据，论证逻辑全文一致，使用研究方法和分析工具清楚、准确。来稿应特别注意社会工作专业术语的规范性。在专业术语的使用上，一般专业术语可参考《社会工作概论》（王思斌主编，高等教育出版社，1999 年第 1 版），国际通用术语可参照美国社会工作者协会（NASW）出版的《社会工作词典》或《社会工作百科全书》（均为英文）。特殊术语应给出明确界定，或注明出处，如属翻译术语请用圆括号附原文。文章格式可参考《社会学研究》（中国社会科学院社会学研究所）或《中国社会科学季刊》（香港）。

③来稿中出现外国人名时，一律按商务印书馆出版的《英文姓名译名手册》翻译，并在第一次出现时用圆括号附原文，以后出现时不再附原文。

④海外来稿主题应是与中国问题相关或是对中国社会工作及中国社会发展有借鉴价值的理论与实务研究，同时也欢迎具有普遍价值的理论与实务研究论文。

⑤来稿请同时寄上打印稿一式三份和软盘一份。软盘请以 HTML 文件格式存储。来稿一律不退，请自留底稿。来稿请在封面上打印如下内容：文章标题、作者及简介（包括学位、职称、工作单位）、联络办法（包括寄信地址、E-mail、电话、传真）。内文请勿署名。

⑥本书编辑对稿件有修改和删改权，如不同意请注明。

⑦来稿请自备副本，概不退稿。采用与否，编辑部均于 3 个月内通知作者，作者可自行处理稿件。

⑧来稿文责由作者自负，来稿必须未经正式出版，本集刊严禁一稿多投。

⑨被本集刊选中出版的稿件，著作权属于作者本人，版权属于中国社会工作教育协会。

⑩来稿要求以中文写作，来稿请附 200 字的中英文摘要。

投稿本集刊的文章，即视为作者同意上述约定。

来稿请寄：中国社会工作教育协会《中国社会工作研究》编辑部。

地址：北京大学社会学系中国社会工作教育协会秘书处（法学楼 5246 室）。

邮编：100871；请在信封上注明"来稿"字样。

欢迎通过电子邮件投稿和联络，邮址为：caswecswr@ 126. com。

三 审稿制度

为保证集刊的质量，本集刊对来稿采用匿名审稿制度。

①所有来稿首先经编辑委员会进行初审，主要审查稿件的一般规范、稿件是否与出版宗旨相符。

②通过初审的稿件即送交不少于两名学术评审委员会委员或相关学科的专家进行匿名评审。

③稿件是否采用，基本以评审委员的评审意见为准，当两位评审委员意见不一致时，由主编最终决定是否采用。

四 来稿文献征引规范

投稿本集刊的作者，请遵循以下文献引征规范。

①为保护著作权、版权，投稿本集刊的文章如有征引他人著作，必须注明出处。应包括：作者/编者/译者、出版年份、书名/论文题目、出版地、出版者，如是对原文直接引用则必须注明页码。

②参考文献应在文章末尾列出征引出处，在文内则简要列出作者/编者姓名和年份，例如：

（正文）对于处于初步专业化的社会工作来说，应采取这种专门化的发展模式，而在专业化程度比较高的阶段，就应采取整合的社会工作模式（李增禄，1996）。

（文末）李增禄（1996）：《社会工作概论》，台北：巨流图书公司。

例如：征引书籍

对作者的观点做综述性引用：

（文内）（Richmond，1907）

（文末）Richmond, M.（1907）. *The Good Neighbor in the Modern City*. Philadelphia：J. B. Lippincott.

（文内）（李增禄，1996）

（文末）李增禄（1996）：《社会工作概论》，台北：巨流图书公司。

引用原文应注明页码，如：

（文内）（李增禄，1996）

（文末）李增禄（1996）：《社会工作概论》，台北：巨流图书公司，第25页。

说明：英文参考文献中，书名请用斜体字；中文参考文献中，书名请用书名号。

例如：征引文集中的单篇文章

（文内）（Hill，1987）

（文末）Hill, J.（1987）. Evaluating Effectiveness. In J. Harding（ed.）, *Probation and the Community：A Practice and Policy Reader*（pp. 226-238）. London：Tavistock.

（文内）（阮曾媛琪，1999）

（文末）阮曾媛琪（1999）："迈向 21 世纪香港社会工作的趋势、挑战与使命"，载何洁云、阮曾媛琪主编《迈向新世纪社会工作理论与实践新趋势》，香港：八方文化企业公司，第 441~472 页。

说明：英文参考文献中，书名请用斜体字，并标明页码；中文参考文献中，文章题目请用引号，书名请用书名号，并标明页码。

例如：征引期刊中的单篇文章

（文内）（Reamer，1998）

（文末）Reamer，F. G. （1998）. The Evaluation of Social Work Ethic. *Social Work*，Vol. 43，No. 3，pp. 488－500.

（文内）（王思斌，1995）

（文末）王思斌（1995）："中国社会工作的经验与发展"，《中国社会科学》，第 2 期，第 97～106 页。

说明：英文参考文献中，刊名请用斜体字；中文参考文献中，文章题目请用引号，刊名请用书名号，并标明页码。

③转引文献，应注明原作者和所转引的文献，如：

（文内）在成立大会上，会长崔乃夫对社会工作做了如下界定："社会工作是……"（崔乃夫，1991）。

（文末）崔乃夫（1991）：《1991 年 7 月 5 日在中国社会工作者协会成立大会上的讲话》，转引自《中国社会工作百科全书》，1994 年第 1 版，第 2 页，北京：中国社会出版社。

④在文献的使用中，请避免使用"据统计……""据研究……"字样。使用文献、数据必须注明准确的出处。

⑤参考文献的排序采取中文、英文分别排列，中文在前，英文在后；中文按作者姓氏的汉语拼音、英文按作者姓氏分别以字典序列排列。

⑥作者对文内需要进一步说明的，采用脚注，序号一律采用"①、②、③……"。

⑦行文中，外国人名第一次出现时，请用圆括号附原文，文章中再次出现时则不再附原文。在英文参考文献中，外国人名一律姓氏在前，名字以缩写随后，以逗号分隔。

如：Mary Richmond 应写为：Richmond，M.

中国人的外文作品，除按外文规范注明外，在文末应在其所属外文姓名之后以圆括号附准确的中文姓名，如无法确认中文姓名则不在此列。

⑧外国人名、地名的翻译以商务印书馆 1983 年出版的《英语姓名译名书册》和《外国地名译名书册》为标准。

中国社会工作教育协会

《中国社会工作研究》编辑委员会

 China Social Work Research

Volume 23

December 2024

Table of Contents and Abstracts

Abstract: In modern societies, the state's prosperity and citizens' good life has been considered as a core objective of socio-economic development. Since economic reform and openness, China has significantly accelerated the people's living standard in the process of rapid economic growth. China currently is standing at the crossroad of an unprecedented transformation, it is extremely valuable for us to learn the advanced countries' social policy experience of shared prosperity without ignoring potential traps. Based on self-reflection on our own trajectories of social policy reform, we are prone to explore new approaches of policy innovation toward modernization with Chinese characteristics. In this paper, the authors aim to discuss the subject matter of social policy innovation and related theories in the context of China's own modernization toward the common prosperity. By analyzing the main policy reform experience and reflecting on the potential traps of welfare states, the author attempt to explore the approaches and areas of social policy innovation in the foreseeable future in China.

Keywords: Shared Prosperity; the Good Life; Big Transformation; Social Policy Innovation

Abstract: With the vertical implementation of social governance and the deepening of social work professional practice, grass-root governance has gradually become an important field of professional practice in China. In this way, how to solve the real life problems of the clients while promoting the improvement of human-land relation and the deep growth and change of individual psychology has become an urgent challenge for social work in grassroots governance. By reviewing the practical logic of Western professional social work, we find that due to the positivism philosophical framework of subject-object dichotomy adopted by western professional social work, the "person in situation" of social work is regarded as a dual structural relationship between the interaction of people and the environment, which leads to the over-emphasis on either the need for change in human psychological growth and change or the demand for social security or relationship improvement in the environment, making the reality and professionalism of social work in permanent opposition to the practical demands of grassroots governance social work. In this regard, Chinese social work needs to introduce the multiple interpretation of the excellent traditional Chinese culture about the relationship between human and land, reconstruct the triadic structure of people, environment and self in "person in situation" through the combination of problem solving and action reflection, closely combine the reality and professionalism of social work, expand the depth of professional practice, and construct Chinese independent knowledge system.

Keywords: Intensive Social Work; Grassroots Governance; Chinese Independent Knowledge

Abstract: Emergency social work denotes the service activities conducted by professional social workers in response to diverse emergencies and crisis situations, aiming to safeguard national security, social stability, and the safety of individuals and families. Clarifying the conceptual logic and development path of emergency social work within the framework of "Macro-security and Macro-emergency" is crucial for its effective integration into the emergency governance system. Based on the overall national security perspective, this paper systematically examines the policies and practical development of emergency social work in China under the "Macro-security and Macro-emergency" framework. It explores the conceptual logic of emergency social work from the aspects of narrative basis and knowledge production, as well as problem awareness and practice fields. It investigates the generation basis of emergency social work from the three dimensions of "object-action-subject" and suggests that in the future, emergency social work in China needs to make joint efforts in three aspects: institutional embedding, talent cultivation, and professional enhancement.

Keywords: Emergency Management; Emergency Social Work; Holistic Approach to National Security

Configurations, Sets, and Qualitative Comparative Analysis: A New Approach to Effects Evaluation of Social Work Services

Liu Jiang / 73

Abstract: Utilizing prevailing causal frameworks and research methodologies as a foundation, researchers typically utilize a variable-oriented methodology by adopting experimental techniques, regression analyses and other methods to establish causal connections between the provision of services and subsequent outcomes (or objectives). However, the inherently complex causal processes in social work services render variable-oriented methodologies unsuitable for such evaluations. In response to this dilemma, this article first utilizes configuration theory as a guide to identify novel causal concepts that are suitable for addressing the complexities of causal relationships. Second, this article employs a set-theoretic approach to comprehend the causal relationships between services and outcomes. Third, this article utilizes qualitative comparative analysis (QCA), a Boolean algebra-based methodology, to dissect the relationships between sets. Lastly, in this article the authors utilize a government-sponsored program as a case to illustrate the differences between the variable-oriented methodology and the novel approach proposed.

Keywords: Social Work Services; Effects Evaluation; Configuration Theory; Set-theoretic Approach; Qualitative Comparative Analysis (QCA)

Going Back to "Needs-based": The "Technique-Relationship" Differentiation of Indigenized Social Work Supervision Practice and Its Integration

Gao Yiduo / 98

Abstract: Supervision is the significant part in the professionalization of social work. In recent years, the construction of social work supervision in China has increasingly received the institutional attention, meanwhile, the local exploration has been flourished. Utilizing the typological perspective to understand the supervision practice at present, we can find that: the "technique-oriented" supervision practice aims to create an orderly teaching and learning space, which focuses on ability improvement of supervisees, paying more attention to the organizational issues, following the logic of the direction and authority. While, the "relationship-oriented" supervision practice aims to construct a safe emotional space, which focuses on the relationship construction of participants, paying more attention to the individual embodied emotions, representing the empathy and listen attentively in the interaction process. However, we can find that there exists division and imbalance in the supervision practice. In this article, we suggest to go back to the "needs-based" supervision practice, including that: the contextualized need identifying, differentiated need response, and empowered need evaluation. The "needs-based" orientation may help to overcome the deficiency of extreme of sensibility and rationalization, however, we also face multiple challenges to apply it to reality.

Keywords: Social Work Supervision; Technique-oriented; Relationship-oriented; Needs-based

Life Orientation: A New Perspective of Social Work Supervision in Grassroots Governance

Xiong Jingwei　Ji Junhan / 119

Abstract: Under the historical conditions of the new era, new localization emphasizes the rethinking and positioning of the relationship between social work and institutional environment, highlighting its value pursuit of adapting measures to local conditions and effective services. It is a useful perspective for inspiring the development direction of social work at this stage. As a leading element of practical development model, social work supervision is a concentrated reflection of the interaction between social work and institutional environment. From the perspective of social work supervision, through empirical research on the innovation of grass-roots governance supervision in Fengjie, East China, this study presents and analyzes a kind of "life" oriented supervision paradigm that integrates "professional" and "management" orientations. This paradigm is characterized by carrying out life education-oriented supervision practice with the specific grass-roots situation where the supervised person is located as the core, and fully integrating social work expertise and methods into the construction of the interaction between grass-roots political power and administrative system relations through the generalization of supervision goals, the practicalization of supervision content, and the institutionalization of supervision assessment. The life-oriented social work supervision strategy demonstrated in the case has well adjusted the conflict between "professionalism" and "management". In this sense, "life" orientation provides a new possibility for further promoting the integration of social work into China's national governance localization.

Keywords: Lifeism; Professionalism; Managerialism; Social Work Supervision; Grass-root Governance

Diffusion and Balance of Power: An Exploration of the Interactive Supervision Model in Social Work

Ren Min Lyu Jiangrui / 144

Abstract: Power relation is a significant issue in reflective researches on social work supervision. Previous studies have categorized supervision into two distinct types based on power relationships presence in supervisory work: the hierarchical authoritative instructional model and the equal partnership collaborative model. While these studies highlight the differences between the two models, they have overlooked interconnections between them, as well as the developmental nature and practical complexities inherent in supervisory relationships. This paper, based on action research conducted in the supervision work on a series of Community Governance Innovation projects in H Province, proposes a new interactive supervision model that integrates the above two. It elucidates the connections between them and explores the evolving and complex nature of supervisory practices. The findings indicate that interactive supervision comes out of the process consisting of three phases: trust-building, knowledge co-production, and value co-creation. This presents a developmental trajectory that evolves from the authoritative instructional model towards a collaborative partnership model, ultimately resulting in a context where the two supervisory types coexist in later supervisory practices. Interactive supervision underscores that the distribution of resources necessary for completing supervisory tasks varies between supervisors and supervisees at different stages of practice and dealing with different supervisory issues. Supervisors are not always the primary providers of resources; effective supervision relies on harnessing the strengths of various entities, with the dominant power position shifting flexibly between supervisors and supervisees. This transformation fosters a shift in supervisory relationships from a purely authoritative or egalitarian model to a dynamic interactive composite model centered on dynamic egalitarianism, ultimately facilitating the establishment of a growth-oriented professional community that co-creates value.

Keywords: Interactive Supervision; Resource Dependence; Dynamic Balance of Power; Dynamic Egalitarianism; Action Research

From "Embedding" to "Chimerism": the Development and Innovation of the Clubhouse Model in Community Rehabilitation for Mental Disorders in China

Gao Wanhong　Li Xiaojiao　Wang Ruiqing / 177

Abstract: The requirement to "comprehensively promote community-based rehabilitation services for mental disorders" was proposed in the Outline of the "Healthy China 2030" Plan. The clubhouse model was introduced to China in 2007 as an internationalized community rehabilitation model. What is the development history of the localization of the clubhouse model? This study takes five clubhouses in three cities, Changsha, Shenzhen and Chengdu, as case studies to examine the development history of the clubhouse model in China, the difficulties and model innovations in its promotion, and to explore feasible paths for social work intervention in the community rehabilitation of mental disorders. The study found that: in the initial phase, the clubhouse model was embedded in government mental health hospitals and the community-based rehabilitation health system. The embedding was a two-way adaptation between international standards and the local environment, with a specific pathway for clubhouses to be located in hospitals and to move towards hospital-community integration. In the middle stage, due to the influence of national mental health policy and social culture, the clubhouse model has seen structural tensions of multi-agency cooperation and functional resistance to the achievement of members' employment goals. At the current stage, a multiple embedded development path of localization of the clubhouse model has been gradually developed, and a preliminary cooperation mechanism embedded and resource integration has been reached with multiple subjects of service provision. The multiple chimerical paths of localized development of the clubhouse model have positive implications for social work's participation in the construction of the national psychosocial service system.

Keywords: Clubhouse Model; Chimerism; Community Rehabilitation; Mental Disorder

A Dual-Loop Structure: The Life Cycle and Dynamic Needs of Families with Autism

Chen Beili   Zhang Zhichu / 207

Abstract: China has the highest proportion of autistic people worldwide in terms of absolute numbers, and childhood autism is now the most prevalent type of mental illness in China. The issues that autistic people and their families experience have garnered significant attention from the general public, particularly in light of their distinct life paths. We gathered information and polished the concept of "life cycle and dynamic demands of autistic families" with topic analysis by conducting in-depth interviews with 20 parents of autistic groups in Shanghai. Our focus was on how family life cycle and requirements alter correspondingly. The study discovered that the family life cycle for children aged 0 to 18 may be split into three stages: expansion, stability, and contraction. Each phase brings about distinct changes and development directions, and when combined with demands, it creates a pattern of interwoven influence, a mix of dynamism and stability, and a "variation" cycle of stillness and activity. This pattern results in several focal points of need along the family life cycle timeline, ranging from the expansion phase's emphasis on life and health to the stability phase's emphasis on connection and growth, and lastly to the contraction phase's concern with survival and adaptation. The research finishes by developing a dual-loop structure model of the autistic family life cycle and dynamic demands that better reflects the needs, problems, and expectations of individuals and families.

Keywords: Autism; Family Life Cycle; ERG Theory; Dual-loop Structure

Left-behind Experiences and Positive Development of Children: Empirical Evidence and the Pathways to Social Work Intervention

Cui Baochen / 232

Abstract: Being left behind is an adversity encountered in the process of children's development, and there is currently no consensus on the impact of being left behind on rural children. In this study, propensity score matching method was used to analyze the survey data of children's development in less developed areas of Hubei Province and Anhui Province, and the influence of left-behind experience on the positive development of left-behind children in these areas was discussed. It is found that the left-behind experience has negative influence on the positive development of children and the development of their abilities, character and confidence to varying degrees. However, this kind of experience has no significant influence on the dimension of care, and it is one of the contributing factors for the gap between left-behind children and non-left-behind children. The influence of left-behind experiences on children's positive development varies with modes and initial stages of left-behind. In terms of modes, if a father goes out as a migrant worker, its influence on his child's positive development is mainly reflected in the dimension of confidence. By contrast, if parents both go out as migrant workers, its influence is much broader and deeper. In terms of the initial stage, the significant impact of being left behind from 0 to 3 years old is mainly manifested in character and self-confidence. For those left behind after the age of 7, the significant impact is mainly manifested in ability and self-confidence. However, for children who are left behind at the age of 4-6, the significant impact on their positive development is only manifested in self-confidence, but the adverse effect on self-confidence is the deepest. Therefore, the path for social work to promote the positive development of left-behind children should balance problem prevention and development promotion, strengthen parental/guardian parenting training, improve the social support network for left-behind children, and fully exert the function of policy advocacy.

Keywords: Rural Left-behind Children; Left-behind Experience; Stay at the Initial Stage; Left-behind Mode; Positive Development

图书在版编目(CIP)数据

中国社会工作研究. 第二十三辑 / 王思斌主编. —
北京：社会科学文献出版社，2024.12. --ISBN 978-7-
5228-4772-6

Ⅰ.D632

中国国家版本馆 CIP 数据核字第 2024JS2421 号

中国社会工作研究　第二十三辑

主　　编 / 王思斌

出 版 人 / 冀祥德
责任编辑 / 胡庆英
责任印制 / 王京美

出　　版 / 社会科学文献出版社·群学分社（010）59367002
　　　　　 地址：北京市北三环中路甲 29 号院华龙大厦　邮编：100029
　　　　　 网址：www.ssap.com.cn
发　　行 / 社会科学文献出版社（010）59367028
印　　装 / 三河市尚艺印装有限公司

规　　格 / 开 本：787mm×1092mm　1/16
　　　　　 印 张：17.5　字 数：279 千字
版　　次 / 2024 年 12 月第 1 版　2024 年 12 月第 1 次印刷
书　　号 / ISBN 978-7-5228-4772-6
定　　价 / 89.00 元

读者服务电话：4008918866